中國經濟史

賀耀敏 著, 金勝一 譯

集玉齋

中國
經濟史

이 책을 읽는 분에게

역사연구에는 횡적연구와 종적연구 두 가지 방법이 있다. 횡적연구라는 것은 시대를 구분하여 각 단계별 시기의 상황을 분석 파악하는 방법으로, 예를 들면 조선시대의 경우 그 전체 역사를 다시 시대 구분하여 전기, 중기, 후기, 혹은 태종시기, 세종시기 등으로 구분하여 그 시대의 진면목을 파헤치는 연구 방법을 말한다. 이에 반해 종적연구라는 것은 고대부터 현대까지 각 분야별 역사발전 상황의 전체모습을 파악하는 방법으로, 예를 들면 사회사적, 경제사적, 사상사적, 문화사적 등으로 대상국 혹은 대륙별 전체의 역사상을 파악하는 방법이다.

이 책은 바로 종적연구 방법을 통해 중국의 경제가 어떻게 전개해 왔는가를 분석한 책으로 그 주요 목적은 두 가지로 요약된다. 하나는 중국의 전통경제가 갖고 있는 특징과 시대에 부합하는 제도적 뒷받침으로 중국이 세계사에서 찾아볼 수 없는 위대한 경제적 성취를 이루었다고 하는 점을 부각시키는데 있었고, 두 번째는 비록 위대한 전통경제를 구가해 왔지만, 궁극적으로는 유럽과 같은 근대화를 이룩하지 못하게 됐다는 원인을 분석하여 중국이 반식민지화로 전락할 수밖에 없었던 배경을 설명하면서, 동시에 최근 중국의 경제발전 요소를 그러한 중국의 특수한 전통경제 체제의 연속선상에서 찾고 있다는 점을 들 수 있다.

특히 저자는 사회주의국가의 학자답게 마르크스의 역사 발전 단계론에 의한 시대구분, 즉 원시공동체사회, 노예제사회, 봉건제사회, 자본주의사회, 사회주의사회로 진보해 간다는 이론에 따라 기원전 9000년 경에 나타난 앙소문화로부터 1949년 중국혁명까지의 기간을 저자 나름대로의 시각을 통해 시대를 구분해서 각 시기별 특징을 잘 분석했으며, 또한 그러한 특징을 시대적 상징으로 잘 규정하였다고 볼 수 있다.

오늘날 중국의 경제발전에는 여전히 많은 모순점을 안고 있음을 부인할 수는 없다. 그러나 사회주의국가가 자본주의적 요소와 결합해 가며 오늘날의 경제발전을 이끌어 나가고 있다는 점에서는 "중국식 경제유형"을 눈여겨보지 않을 수 없는 것도 또한 사실이다. 이런 의구심에 타당성을 제시하려는 듯 이 책은 그러한 의문점을 부식시키려는 노력을 나름대로 하고 있고, 그에 걸맞게 중국식 경제유형이라는 것이 어떻게 가능하게 실현되고 있는 지를 우리들에게 역사적으로 그 해법을 제시해 주고 있다고 할 수 있다.

그런 차원에서 본다면 이 책은 우리에게 많은 시사점을 주고 있다고 할 수 있다. 이러한 점을 종합해 보면, 첫째, 중국 전통경제의 참모습은 어떠한 것이었는지, 둘째, 왜 자본주의 맹아가 싹트지 못하고 근대화를 이루지 못했는지, 셋째, 사회주의와 자본주의의 겸병이라고 할 수 있는 중국식 경제유형을 어떻게 봐야 하는지, 넷째, 이러한 유형으로의 경제발전이 이후에도 계속적으로 가능할 것인지 등의 의구심을 어느 정도 해결해 줄 수 있는 하나의 바로미터적인 책이 아니지 않는가 하는 생각이 든다. 그런 점에서 전공자는 물론 중국과의 미래지향적 관계를 생각하지 않을 수 없는 한국인이라면 반드시 읽어야 할 필독서가 아닐까 권유하고 싶다.

끝으로 어려운 환경 속에서도 불철주야 이 책의 출간을 위해 애써주신 집옥재 김미영 사장님께 감사의 말씀을 드린다.

2010년 8월

옮긴이

차 례

머리말

머리말

중국은 4대문명이 일어난 지역 중 하나이다. 또한 유일하게 자신의 고대문명을 유지 보호하며 지속적으로 발양(發揚)시키고 있는 나라로서 지금까지 국가의 품격을 이어오고 있는 나라이다. 여기에서 최초의 인류문명이 탄생하고 성장해 왔다. 그리고 이러한 문명을 통해 동방만이 가지고 있는 독특하고 중후한 품격을 형성시켜 전 세계문명의 발전을 촉진시켜 왔다. 만일 중화민족이 창조한 이러한 찬란한 문명이 없었더라면 우리는 현재 어떠한 모습이 되어 있을지 상상하기조차 어렵다.

미국 학자 번스(Burns, 伯恩斯)와 래포스(Larpos, 拉爾夫)는 『세계문명사』라는 책에서, "일찍이 주나라에서부터 시작된 중국문명은 이미 고도로 문명화 되어 있었다. 당에 이르러서는 전 세계에서 전적(典籍)을 가장 많이 가지고 있는 풍부한 문화국가가 되어 있었다"라고 정의했다. 또 "중국인들은 기원후 4세기에 석탄을 연료로 하여 제련(製鍊)을 했는데 이는 유럽인들보다 훨씬 앞선 일이었다. 일찍이 기원전 28년에는 그들의 점성술가는 태양의 흑점을 발견했고, 기원후 132년에는 투박하기는 하지만 지진계를 만들었고, 자성을 이용한 나침판의 사용은 기원후 500년을 전후한 시기였다. 중국인들은 또한 그 당시에 화약의 성능을 발견하고 있었는데 이들은 이 화약을 살상하는데 사용하지 않고 폭죽에 사용하여 마을의 액운을 없애는데 사용하였다. 기원후 2세기 초 중국에서는 종이라는 중요한 것을 발명하였다. 이 종이는 나무껍질, 마, 헤진 천 등을 이용하여 만들었다. 그리고 대략 500년 후에는 조판인쇄를 사용하기 시작했다. 10세기에 이르러서는 서적 인쇄가 중국에만 한하지 않고 한국과 일본에서도 보편화 되고 있었다"고 또한 기술했다.

사실상 중화민족의 세계에 대한 공헌은 몇 가지 발명에만 한하는 것이 아니었다. 중국인들이 사랑하는 평화에 대한 전통은 기타 민족과 지구의 문명에 대해 훼멸시키거나 방해하지 않았다. 『세계문명사』를 지은 저자들도 "중국은 대부분의 역사시기에 있어서 침략성적인 정권을 건립한 적이 없었다"고 말하고 있는 점에서도 알 수 있다. 또한 더욱 중요한 것은 중국의 위대한 철학가와 윤리학가들의 평화주의에 대한 이론은 그 이론이 대외적으로 확장 발전하는데 영향을 주어 상대국들이 이를 받아들이는데 거부감이 없도록 되어 있었다.[1)]

중화민족의 유구한 역사발전 중에는 여러 차례 찬란한 발전의 시기가 있었다. 또한 반대로 굴욕적인 역사시기도 있었다.

고대 중국은 아시아대륙의 동쪽에 웅거하고 있었다. 이들이 창

1) (미국) 愛德華, 麥克諾爾, 伯恩棡, 菲利普 · 李 · 拉爾夫, 『세계문명사』, 중역본, 第1卷, 상무인서관, 1990年, 第366, 364, 173頁.

조한 위대한 문명은 당시 세계에서 숭앙받고 찬탄을 금치 못할 정도로 대단한 것이었다. 중국은 이들 대지 위에서 전통적인 농업을 핵심으로 하는 전통사회경제의 구조를 발전시키고 건립시켰다. 공업혁명 이전의 세계에서 가장 풍부한 경제성장을 이룩했을 뿐만 아니라 명확한 사회발전 진보를 이룩했고, 그러한 내용은 당시 최고의 경전에 가장 완비된 채로 전통사회경제의 형태를 남겨두고 있다. 이 속에는 전통농업 발전이 최대로 발전하고 있음을 잘 보여 주고 있다. 적어도 주(周)나라 때부터 시작된 전통농업은 경제적으로 아주 뚜렷한 결과를 남겼으며, 기타 경제활동을 배제한 채 나날이 사회의 주요 생산부문으로써 발전해 갔다. 적어도 전국(戰國) 진한(秦漢)시기에는 농업을 핵심으로 한 전통사회의 경제구조가 기본적으로 형성되었고, 이러한 구조는 2000여 년간 지속적으로 안정된 틀을 유지한 채 발전되어 갔다. 이러한 전통 농업경제의 고도 발전을 바탕으로 진한 양 대의 번영과 수당(隋唐)의 세계적인 발전, 그리고 명청(明清)제국을 출현시켰던 것이다. 이러한 전통농업을 핵심으로 하는 전통사회의 경제구조는 2000여 년의 긴 시간을 지나면서 계속적으로 발전을 유지하였으며 쇠락하거나 멸망한 적이 없었으니 그야말로 세계역사상에서 드물게 볼 수 있는 역사라고 할 수 있다.

근대중국은 아직 공업혁명의 흐름을 타지 못하고 있었으나, 서방의 주요 자본주의 국가들은 기계 돌아가는 소리로 천지가 뒤흔들릴 때였다. 중국은 겨우 소규모의 전통 수공업에 의존하여 생산하는 그런 단계에서 자본주의가 맹아하기 시작하는 단계였지만, 시종 전통사회의 경제를 이끌어 온 이들 계층의 강력한 대응을 벗어날 수는 없었다. 따라서 중국의 전통사회경제와 서방 자본주의 경제 간에는 거대한 차이가 생겨났는데 그에 대한 차이는 점점 더 비교가 안 될 정도로 커갔다. 이러한 낙후성은 스스로의 성장을 막아버렸다. 외적들이 침범해 들어와 불사르고 살해하고 약탈하는 일들이 끊임없이 자행되었다. 나아가 굴욕적인 조약을 맺어야 했고 할양지 및 배상금액은 점점 더 증가해 갔다. 중화민족은 공전에 없던 민족모순과 경제의 어지러움 속으로 빠져들어 갔다. 식민지, 반식민지라는 비참한 운명 속에서 중국인들은 어떻게 묘사할 수도 없고 상상할 수도 없는 거대한 고통을 헤쳐 나가지 못하고 그저 이들 고통을 받아들여야만 했다. 그러나 중국인은 굴복하지 않았다. 아편전쟁 이후 몇대에 걸친 중국의 지사들은 고통을 참아가며 추구했던 목표를 향해 나아갔고 강대한 국가와 현대화 경제를 건립하고자 했다. 임칙서(林則徐)는 호문(虎門)에서 아편을 금지시켰고, 위원(魏源)은 "이적들로부터 그들의 기술을 받아들여 이로써 이적들을 제압해야 한다"고 했으며, 증국번(曾國藩), 이홍장(李鴻章), 장지동(張之洞) 등의 양무파(洋務派)는 근대공업을 부흥시키려는데 매진하여 부국강병(富國强兵)을 도모했으며, 강유위(康有爲), 양계초(梁啓超), 담사동(譚嗣同) 등은 온 힘을 기울여 유신변법(維新變法)을 실시하고자 했다. 특히 위대한 혁명을 이끌었던 손중산은 백절불굴의 의지로 자산계급혁명을 일으키는 등 이들 모두는 시대를 변화시키는 쪽으로 인민들의 마음을 이끌어 가고자 하는데 매진했던 것이다.

일부 중국경제발전사에서 우리들에게 남겨져 있는 찬란했던 시기도 결국은 굴욕적인 것이었고, 찬탄을 연발시켰던 일도 실은 깊이 생각해봐야만 할 일들이었다. 그러나 우리는 우리 이전 사람들이 쓴 역사를 고칠 수는 없는 것이다. 그러나 우리들은 우리들이 세계 속에서 살아가는데 필요한 자양분을 수많은 지난 날의 사례와 엄청난 경험 속에서 흡수할 수가 있다. 이러한 태도는 과거에 대한 관심을 오로지 추억을 회상하는 데만 그치는 것이 아니라, 미래를 살아가는데 훨씬 더 중요한 의의를 갖게 할 것이다. 그렇기 때문에 미래를 선택한다는 점을 스스로 느끼기 위해서는 반드시 과거의 역사를 통해서 배워야만 할 것이다.

우리 인간은 이들 역사를 떨쳐낼 수가 없다. 마르크스는 "인민은 스스로 자신의 역사를 창조한다. 그러나 그들은 마음이 바라는 대로 창조하지를 못한다. 그들 스스로가 선정한 조건 하에서 창조하지를 못한다. 오로지 직접 부딪친 것, 이미 정해진 것, 과거로부터 계승되어 온 조건 하에서만 창조할 수가 있다"고 했다.2)

만일 그렇다면 역사는 현대화를 진행하는 과정에서 엄청난 부담을 갖게 될 것이고, 현대화를 진행하는 과정에서 또한 거대한 동력이 될 것이다.

그렇기 때문에 우리는 지혜와 힘을 빌려서 중화민족의 위대한 문명을 재건하는데 힘써야 할 것이다.

---

2) 『마르크스 · 엥겔스선집』, 第1卷, 第603頁.

1

원시사회와 노예사회경제

원시사회와 노예사회경제

인류는 원래부터 존재했던 것은 아니다. 또한 인류사회도 원래부터 있었던 것이 아니다. 미국학자 리차드 클린턴은 『지구사입문』에서 이를 재미있게 비유하고 있다. "만일 지구의 역사를 1년으로 압축시킨다고 한다면, 인류는 12월 31일 밤 11시 45분 경에 비로소 지구상에 출현하게 된다"고 했다. 인류가 역사를 기록한 시간은 겨우 이 1년의 마지막 60초에 해당하는 짧은 시간이었던 것이다. 이 짧은 시간에 인류와 인류사회는 저급한 상태로부터 고급화된 상태로 진행해 가는 발전과정을 지나왔던 것이다.

1) 원시사회경제

중국은 인류의 탄생지이고 인류문명의 고향이다. 수많은 고고학적 발견을 통해 우리들에게 중국 경내에는 인류문명의 유적들이 풍부하게 존재하고 있음을 알려주고 있다. 원모원인(元謀猿人), 남전원인(藍田猿人), 북경원인(北京猿人), 정촌인(丁村人), 그리고

"남전원인(藍田猿人)"의 끝이 날카로운 석기

산정동인(山頂洞人) 등이 대표적인 구석기시대 인류문화의 유적지이다. 그 중 산정동인은 이미 모계씨족사회로 들어가는 단계에 있었다. 앙소문화(仰韶文化)와 용산문화(龍山文化)는 신석기시대의 민족사회문화를 대표하는 유적지이다. 산정동인은 지금부터 1만 8천 년 전의 원인으로서, 이 시기는 원시수렵경제 단계에 있었다.

앙소문화는 지금부터 약 8, 9천년 전에 시작되어 발전하였는데, 이 문화는 황하 중하류의 하남(河南), 산서(山西)와 섬서(陝西)가 중심지역이었다. 그 문화의 전파와 영향은 그 주변 사방 넓은 지역에까지 미쳤다. 앙소문화는 중국의 모계씨족사회의 대표적인 문화형태로서, 이 시기에는 원시농업이 이미 장족의 발전을 하고 있었다. 이는 민족 부락의 모든 생활이 안정되게 살아갈 수 있도록 기본적인 경제적 보장이 되어 있었음을 말해준다. 원시수공업도

창원(滄源)지역 원시촌락도

당연히 어느 정도 높은 수준에 도달하고 있었다. 즉 돌을 깍고, 토기를 만들며, 뼈를 갈아 방직과 편직 등 가장 중요한 수공업 활동을 하고 있었던 것이다. 더구나 토기와 방직기술의 발전은 인류가 일차적으로 문명사회로 진입하는데 매우 중요한 역할을 하도록 하였다. 용산문화는 지금으로부터 약 5천년 전을 전후하여 번영하기 시작했다. 용산문화는 황하 중하류 및 위수(渭水) 유역에 집중 분포되어 앙소문화보다 그 범위가 훨씬 넓었다. 용산문화는 중국 부계씨족사회의 대표적인 문화형태를 보여주고 있다. 원시농업은 이 시기에 들면 이미 중요한 경제부문으로 되어 있었다. 가정에서는 가축을 기르고. 토기를 제조하고 방직업 등이 크게 발전하였다. 특히 주시할 것은 금속 제련업이 이미 출현하고 있었다는 사실이다. 이는 바로 인류가 계급사회로 들어가는 과도기적인 문호를 개방하기 시작했다는 점을 의미한다.

중국의 역사문헌 중에서 많은 씨족사회의 전설을 찾아볼 수가 있다. 예를 들면, "아직 3강(綱) 6기(紀)가 없을 때 민간인에게는 오로지 어머니만 있고 아버지를 모르는 상태였으며, 자는 법은 앞

채색 도자기 정(彩陶鼎)

으로만 엎어져 잤지 뒤로 눕는 것을 몰랐으며, 일어나면 활동하고 배고프면 먹을 것을 구하고, 배부르면 모든 것을 잊고 한가히 지내며, 털 있는 짐승을 길러 피를 마시고, 옷은 갈대 잎으로 지어 입었다. 그러다가 하늘을 우러러 보고 땅은 엎드려 관찰하며, 부부 사이에 5행을 정하게 되면서 인도(人道)라는 것이 정해지기 시작했다".[3]

원시씨족공사(原始氏族公社)는 원시사회의 기본단위로서 이는 혈연관계로 이루어진 유대관계였다. 혈통 세계(世系)로써 서로 연결된 인류사회 초기의 사회조직과 경제조직의 기본 단위였다. 씨

3) 『白虎通』卷1.

족공사의 생산력 발전과 가정조직의 연관으로 말미암아 서로가 생산을 촉진시켰다. 씨족공사의 기본 특징에는 다음과 같은 것을 포함하고 있다.

첫째, 사회의 생산력이 십분 저하되었기 때문에 사람들은 자연계와 독자적으로 저항할 방법이 없었다. 따라서 반드시 씨족단위로 조직되어 생산활동을 해야 했다. 씨족 구성원들은 자연히 자신이 할 일을 분담 맡아 서로 협조하는 집단노동을 해야 했다. 생산자료와 노동 생산품은 씨족이 공유하게 되었고, 노동에 의한 생산품은 씨족 내부에서 평균적으로 분배되었으며, 사유하거나 박탈하거나 깎는 일이 없었다.

둘째, 씨족 구성원의 지위는 평등했고 씨족 구성원 간에는 서로 지원하고 협조하며 보호해 주었다. 그리고 혈친에 대한 복수를 하는 것은 의무였다. 그리고 씨족 내부에서의 혼인을 금지시켰고, 씨족 구성원이 죽은 후에는 재산을 본 씨족 내부에 남겨주어야 했다. 본 씨족 구성원이 이를 계승하는 문제에 있어서 어떤 계급이나 박해는 없었다.

셋째, 씨족 내부에 존재하는 씨족 우두머리를 중심으로 하는 관리기구가 있었다. 씨족의 추장은 씨족의사회(氏族議事會)도 복종하기를 원했다. 씨족의사회는 전체 성인 씨족이 민주적인 표결권을 갖는 민주적인 집회였고, 씨족 최고의 권력기관이었다. 이 씨족의사회는 씨족 추장과 군사적 수령을 선거하고 물러나게 할 수 있으며, 생산과 분배를 토론하고 결정했다. 또한 기타 씨족과의 관계 및 외부인이 씨족 내로 들어오는 것을 받아들이고 키우는 일 등 중요한 문제를 결정했다.

원시 고기잡이 어구

넷째, 씨족에게는 자신들만의 언어와 문자가 있고, 자신의 명칭이 있으며, 토템과 토템숭배가 있었다. 그리고 자신들의 공동묘지가 있고 종교적 절일(節日)이 있어 의식을 거행했다.

씨족에게는 모계씨족과 부계씨족이 있었고 각각 발전단계가 있었다. 모계씨족사회는 씨족 발전의 첫 번째 단계였다. 이는 공동연원이 한 여자 선조의 혈연 친족집단이었고, 동일 여자 선조의 후대에 의해 조성된 것이었다. 이 발전단계에서는 부녀가 사회의 생산과 생활 중에서 중요한 지위에 있었다. 가정은 사회조직 단위가 아니고 될 수도 없었다. 부부간에는 두 개의 다른 씨족이 있었고, 피차간에 경제와 부양하는 의무를 갖고 있지 않았다. 세계(世系)를 모계 쪽에 기준하여 계산했고, 재산은 모계 쪽의 혈연 친족이 계승했다. 모계씨족사회 제도는 당시대에 있어서 상당히 저하된 사회생산력 발전 수준에도 서로 적응하고 있었다. 부녀들에 의한 사회생산은 생활 중에 처해 있는 지위 및 혈연관계 중의 지위를 결정했다. 모계씨족공사에 관한 고고학적 발견은 주로 앙소문화 유적에 있고, 이러한 문화유적의 첫 번째 발견은 1921년 하남성 앙소촌이었다. 그래서 앙소문화라는 이름이 붙여진 것이다. 서안의 반파촌(半坡村) 유적지는 오늘날에 이르기까지 고고학적으로 발견한 것 중 가장 완비된 앙소문화 유적지이다.

반파촌의 유적지 면적은 10만여 ㎡이고 전형적인 모계씨족사회의 취락이었다. 주요 구성부분은 거주지역, 창고지역, 토기제작지역 및 씨족 공동묘지 등으로 되어 있었다. 이미 발견된 거주지유적은 40여 곳이고, 움집이 100여 곳, 생산도구와 생활용구는 근 10,000건이나 발견되었으며, 묘는 200여 기나 되었고, 움집터는 6곳이었다. 생산도구는 주로 돌과 뼈, 그리고 토기파편을 이용하여 도끼, 자귀, 칼, 괭이, 대패, 호미, 화살촉, 방추, 토기칼 등이었다. 공구의 제작은 아주 공예적으로 정밀하고 세밀하여 기술수준이 이미 최고의 경지에 달해 있었다. 농업생산은 당시 가장 중요한 생산활동이었다. 농작물 중 재배하는 품종은 조가 중심이었다. 가축을 기르는 것은 아주 보편적이었다. 주요 가축은 돼지와 개였다. 그리고 소량의 소, 양, 말이 있었다. 수렵과 어로도 하나의 중요한 생산활동이었다. 반파촌에서 출토된 토기는 아주 풍부했다. 이는 당시 토기 제조기술이 아주 높은 수준에 이르고 있었음을 반영해 주는 것이다. 제작할 때 쓴 재료는 주로 진흙을 빚어서 이를 둥글게 말아 올리면서 만드는 방법과 길게 만든 진흙을 회전하는 선반에 놓고 쌓아 올라가는 방법 두 종류였다. 세니도(細泥陶), 조사도(粗砂陶), 세사도(細砂陶) 등 세 종류였다. 그 중 바닥이 둥근 것, 주둥이가 둥근 낮은 접시, 작은 주둥이에 길고 배가 큰 병, 조랑박, 주둥이가 크고 바닥이 적은 옹기 등 여러 가지 특색을 갖춘 것들이었다. 매장방법은 남녀를 따로 구분하여 매장하는 방식을 썼고, 남녀 합장을 한 경우는 발견되지 않았다. 반파촌 유적은 안정되고 화해스런 모습도 보였지만, 대단히 어려웠던 모계씨족 사회생활의 모습을 보여준 두루마기 그림 같은 형태였다.

부계씨족사회는 씨족이 발전하는 제2단계에 속한다. 남자는 사회의 생산과 생활상에서 중요한 지위를 점하였다. 세계는 부계에 따라 계산하였다. 재산은 부계의 혈연 친속에 따라 계승되는 씨족 제도였다. 부계씨족은 모계씨족을 취하여 대신할 수 있는데, 그 근본 원인은 사회생산력의 발전 및 남자가 사회적 생산과 생활 중에서 작용하는 지위가 점점 강해졌기 때문에 나타난 결과였다. 모계씨족 사회 후기는 원시적 곡물 재배방법이 쟁기로 경작하는 농경법으로 전환되었고, 원시적 가축 사육이 목축업으로 전환 되어가는 과도기였다. 수공업도 토기를 돌려서 제조하는 기술을 발명했고, 연금술의 맹아는 큰 발전의 기회를 가져왔다. 이처럼 고도로 발전한 개인활동 능력은 노동생산력을 증대시켰고 남자는 이들 영역에서 주요 노동자로 인정되어져 남자가 사회 생산 중에서 차지하는 지위와 작용은 현저히 증강되었다. 이와 동시에 사회생산력의 발전과 인구의 증가는 씨족 내부 가정의 규모를 점점 더 축소시켜 서서히 일부일처제 가정제도로 변환해 가는 과도기에 들어서게 하였다. 부녀는 점점 더 사회의 생산부분에서 제외 되어져 그들은 주로 가사에 종사하게 됨으로써 사회성을 잃어가게 되었다. 부녀와 부녀들이 종사하는 노동은 점점 더 남자와 남자들이 종사하는 노동으로 바뀌어 갔다. 이와 더불어 씨족간의 교류와 전쟁은 점점 더 증가했다. 이러한 사회의 변화현상은 말할 것도 없이 남자들이 씨족 중에서 지위를 강화하게 되는 외부적 조건이 되었던 것이다.

모계씨족사회 후기에는 원시적인 곡물 재배방법에서 쟁기를 통한 농업 경작방식으로, 원시적 가축 사육업이 목축업으로 전환하였고, 수공업 또한 굴림판을 이용한 토기제작법의 발명, 야금술의 맹아 등 대단한 발전을 가져왔다. 이러한 발전은 대대적으로 개인 활동능력을 증강시켰다. 그리하여 노동생산력이 제고되어 남자들이 이 영역에서 주요 노동자 신분으로 되어 갔다. 이로써 남자는 사회생산이라는 과정에서 지위가 상승되었고 그 역할 또한 증대되었다. 이와 동시에 사회생산력의 발전에 따라 인구가 증가하자 씨족 내부 가정의 규모는 점점 작아져 갔다. 그리하여 일부일처제 가정제도로 넘어가는 과도기에 이르게 되었다. 부녀자들은 주요 사회생산 부문에서 제외되어 갔다. 그들은 이제 주로 가정 일에만 종사하게 되어 사회성을 잃어 갔던 것이다. 부녀자들이 종사하는 일은 남자들이 하는 노동으로 종속되어 갔다. 이에 더하여 씨족간의 교류와 전쟁도 점점 많아져 갔다. 이는 남자들이 씨족 중에서 그 지위를 강화시켜 나가게 했음은 말할 것도 없는 것이다.

중국에서 부계씨족공사 단계의 문화유적은 용산문화 유적이다. 용산문화 유적은 1928년 산동성 장구(章丘) 용산진 성자애(城子崖)에서 처음으로 발굴되었다. 이후 계속해서 수백 개에 달하는 같은 문화체계에 속하는 유적이 발굴되었다. 이러한 문화 체계는 중국

대부분 지역에 널리 분포되어 있었다. 용산문화의 촌락유적지는 앙소문화와 거의 같았다. 강가 주변의 대지 위에 위치한 촌락이 상당히 조밀하게 분포되어 있었고, 하남성 안양현 원수(洹水) 연안 7.5 Km지역 내에서 19개의 촌락 유적지가 발견되었으며, 평균 0.5Km도 안 되는 곳에 모여 있었다. 섬서성 풍하(灃河) 하류 양안 지역 7Km 안에서는 8개의 촌락 유적지가 있었고, 평균 1Km도 안 되는 한 지역에 모여 있었다. 촌락이 이처럼 밀집되어 있었다는 것은 이 시기에 농업의 발전, 인구의 증가, 생활의 안정 등이 되어 있었다는 것을 반영해 주는 것이다. 촌락의 주요 부분은 역시 거주구역이었고, 창고구역, 토기제작지역 및 씨족 공동묘지 등으로 되어 있었다.

복희녀(伏羲女) 왜백화, 당대

용산문화의 사회경제는 앙소문화보다 비교적 현저하게 진보되어 있었다. 농업은 경제 중에서 비중이 증가했고, 당시 가장 중요한 경제부문이었다. 농업 생산과정에서 남자는 여자를 대신하는 중요한 노동자였다. 용산문화 유적지 중에서 발견된 대량의 식량

황새, 어류, 돌도끼 무늬의 도자기 항아리

저장창고인 넓은 혈지(穴地)는 농업 생산이 고도로 발전했음을 반영해 준다. 이는 농산물의 잉여가 계속해서 증가했다는 상황을 말해주기 때문이다. 주요 농작물로는 기장, 조, 벼, 콩, 마 등이 있었다. 그 중 황하 유역에서는 기장과 조가 주요 작물이었고, 장강(長江)유역에서는 수도(水稻)가 주요 작물이었다.

가정에서 사육하는 가축도 앙소문화 시기에 비해서 장족의 발전을 가져왔다. 가축과 가금(家禽)은 그 숫자가 대량으로 증가했고 또한 사육하는 종류도 많이 늘어났다. 오늘날 말하는 6축, 즉 말, 소, 양, 닭, 개, 돼지 등이 이 시기에 모두 사육되고 있었던 것이다. 돼지는 사육하는 가축 중에서 수량이 가장 많았다. 이러한 가축 사육은 경제활동의 주요 부문이었다. 이는 당시 사회경제생활 중에서 점하는 위치가 뚜렷했을 뿐만이 아니라 비교적 일찍이 사유적 경제형식으로 전환되고 있었음을 말해준다고 할 수 있다. 이와 동시에 수렵과 채집활동도 계속해서 증강되었다.

석기와 토기의 제작은 용산문화 중에서 아주 중요한 수공업 분야였다. 석기는 여전히 당시 사회에서는 중요한 생산도구였고, 이것을 만드는 재료는 아주 널리 분포되어 있었으며, 이들을 제조하는 방법도 아주 간단하였고 용도도 보편화 되어 있었다. 더구나 마제기술과 방법의 개량과 진보는 석기를 대규모로 제작하는 여건을 갖추도록 하였다. 이 외에 옥기의 제작도 출현하여 석기 수공업의 특수한 의의를 갖는 면도 있었다. 용산문화의 제도기술은 이미 현저하게 높아져 있는 상태였다. 이들 토기의 일반적인 사용은 제도기술을 크게 발전시켰고, 이들 토기는 홍색, 회색, 흑색 등 여러 색깔로 나타나게 하였다. 더구나 산동성에서 출토한 계란 껍질처럼 얇고 정미한 흑토기는 두께가 0.1㎜에서 0.2㎜ 정도로 아주 높은 수준에 달해 있었다. 토기의 품종도 다양했다. 가장 대표적인 것은 규(鬹), 가(斝), 정(鼎) 등이었다.

방직업도 크게 발전하였다. 이 시기에는 이미 방륜(紡輪)이 널리 사용되고 있었고, 성자애(城子崖) 유적지에서는 직물을 짜는데 사용하는 골사(骨梭)가 발견되었다. 이는 수평식 방직기가 이미 있었다는 것이 아닌가 추측케 한다. 산동성 등현(滕縣) 강상촌(崗上村) 유적지에서 출토된 토기 밑 부분에 있는 마포무늬(麻布紋)는 매 ㎟마다 7, 8개의 경선(經線)과 위선(緯線)이 있는데, 이는 당시의 방직기술 수준 정도를 잘 반영해 주는 것이라고 할 수 있다.

그러나 부계씨족사회가 존재했던 기간은 매우 짧았다. 즉 계급사회로 들어가는 원시씨족사회를 이미 지향하고 있었기 때문에, 사회생산력의 제고와 사회분업의 발전은 부계씨족공사에 큰 변화를 일으켰다. 그리하여 개체 가정은 나날이 공고해져 갔다. 잉여생산물의 교환도 날로 번창하여 갔다. 이는 바로 사유제와 계급적 생산을 창조할 수 있는 조건을 제공했던 것이다. 씨족구성원간의 빈부 격차는 날로 심각해져 갔다. 대량의 전쟁포로는 죽일 필요없이 노예화 되어 갔다. 이러한 상황은 씨족사회를 소멸시켜 가게 했던 것이다.

사유제와 계급적 생산은 개체노동과 노동의 차별을 함께 일어나게 했다. 개체노동의 증강과 노동 차별의 확대로 말미암아 씨족의 집체노동을 개체노동으로 넘어가게 했고, 씨족재산의 공유는 사적 개인재산으로 넘어갔다. 사유재산의 최초는 목축업을 하는 부락에서 나타났다. 가축의 무리는 최초의 사유재산이었던 것이다. 농업 부락의 사유재산도 계속해서 나타났다. 그러나 토지를 사유재산으로 하는 것은 비교적 늦게 출현했다. 사유제 생산과 씨족공사의 해체과정 중 계급과 계급에 대한 착취, 계급에 대한 압박 등이 이러한 현상에 따라 나타났다. 사유제는 계급생산의 선결조건이었고, 잉여생산품은 계급을 생산하는데 있어서 물질적 전제조건이었다.

특히 반드시 지적해야 할 것은 중국 씨족공사의 경제활동 중에서 원시농업이 갖는 독특한 위치이다. 고고학의 발견은 7천여 년 전 황하유역과 장강유역에서 발달한 어로채집경제 외에 원시농업은 이미 상당한 수준으로 발달하고 있었다. 그리고 황하유역 중류와 장강유역 하류에서의 원시 종식업은 이미 두 종류가 서로 다른 방향으로 발전하기 시작했다. 황하유역 중류지역은 북방의 한지농

짐승 얼굴 무늬 옥돌 받침대, 신석기시기

업이 일어났던 최고의 한지(旱地)지역이었다. 장강유역의 하류지역은 가장 일찍이 수도를 재배한 지역이었다. 약 4, 5천 년 전인 신석기 말기에 황하유역과 장강유역, 그리고 주강(珠江)유역의 씨족부락은 이미 원시농업이 비교적 보편적으로 형성되어 있었다. 이들 지역은 가축 사육과 어로 채집을 하는 종합경제였다.

이상에서 알 수 있듯이 중국은 세계농업의 중요 발원지였던 것이다.

2) 하(夏) · 상(商) · 주(周)의 노예제 사회경제

하 · 상 · 주시기는 중국이 계급사회로 들어가는 제1단계 사회

(노예제사회 단계)였다.

하나라 때 나라를 세운 후 춘추시대 후기까지 약 1600여 년 동안 역사 발전을 해온 이들 나라는 기원후로 넘어가기까지 476년이 모자라는 기간이었다. 하나라의 역사는 대우(大禹)가 그의 아들에게 물려줌으로써 시작되었다. 바로 계급사회의 서막을 알리는 일이었다. 하나라가 존재했던 시기는 약 14세대에 걸친 400여 년간이었다. 하나라 사람들의 생활은 주로 황하 하류지역에 집중되어 있었다. 오늘날 하남성 서부의 하락(河洛)유역이 하나라 사람들의 주요 거주 지역이었던 것이다. 고고학적 발굴에 의하면 하나라의 세력과 영향은 황하 남북에서 직접 장강유역까지 달했고, 이는 하나라의 문화유적인 하남성 언사이리두(偃師二里頭) 유적이 그 대표적이다.

상나라가 존재한 연대는 대략 기원전 16세기에서 11세기까지였다. 총 17대 31왕 600여 년간이었다. 상나라 통치지역은 더욱 확대되어 직접 통치했던 지역은 대체로 현재의 하남성 안양(安陽), 정주(鄭州) 등이 중심 지역이었다. 즉 황하 중하류지역 모두를 포함하는 지역이었다. 상나라 주변에는 신속된 지방국과 소수민족이 많이 있었다. 상나라에는 건전한 국가기구와 조직이 갖춰져 있었다. 상 왕조는 최고의 통치자로써 각급의 종법(宗法) 귀족이 중앙과 지방의 행정관리로써 충원되었다. 상나라는 행정기구와 관리도 완비되어 있었다. 행정기능은 명확하게 종법 권력 가운데서 나뉘어져 있었다. 상나라는 또한 거대한 군대를 가지고 있었고 잔혹한 형벌을 구비하고 있었다. 이때 이미 성문법을 가지고 있었던 것으로 보고 있다. 은허(殷墟)는 반경(盤庚)에서 은(殷)으로 옮겨온 후의 수도 유적지이다. 여기서는 상나라의 궁침종묘(宮寢宗廟), 왕실묘지 및 수공업 방(坊, 점포)과 넓은 움집 등이 발굴됐고, 또한 많은 청동기 유물과 거북 등껍질과 짐승 뼈가 출토되었다. 이는 상나라가 매우 발달했던 청동기시대의 국가였음을 말해준다.

주나라가 존재했던 연대는 대체로 기원전 11세기로부터 기원전 476년으로 약 6~700년의 기간이었다. 기원전 771년에 주의 평왕(平王)은 동쪽으로 이동하여 서주시기와 동주시기(즉 춘추시기)로 나뉘어 불려지게 되었다. 주나라의 통치지역은 상나라에 비해 더 많이 확대되었다. 황하의 중하류지역만이 아니라 주나라 천자는 모든 지역을 엄격하게 통치하였다. 뿐만 아니라 봉건제를 실시하여 오늘날 중국영토에 해당하는 전 지역을 간접적으로 통치하였다. 이들의 세력은 장강유역, 한수유역 및 사방 전 지역에 해당하는 모든 지역에 미치고 있었다. 주나라 시기는 하나라와 상

대우의 상(大禹像)

나라 등 삼대 왕조 중에서 가장 발전하고 번영했던 시기였다. 말할 것도 없이 정치, 경제, 사회제도 상에서만이 아니라 문화, 사상, 의식 등의 영역에서 볼 때 주나라는 중화민족과 중화문명의 품격을 모두 만들어 낸 왕조였던 것이다.

(1) 하 · 상 · 주의 종법노예제

하 · 상 · 주 삼국의 중요한 사회적 관계는 종법관계였다. 주요한 사회원칙도 또한 종법이 원칙이었다. 종법제도는 하 · 상 · 주의 정치, 경제, 문화 등 모든 영역에 걸쳐 관철되고 있었다. 혈연관계는 종법제도의 기초와 핵심이었다. 종법제도는 혈연관계의 승화와 발전이었다. 세계 각지의 씨족공사가 해체되는 과정을 보면, 우리는 다음과 같은 두 종류의 상황을 발견할 수가 있다. 하나는 씨족 혈연관계가 철저히 충격을 받게 되어 이를 대신해서 새로운 사회관계가 맺어지게 되었던 것이고, 다른 하나는 씨족 혈연관계가 새로운 형식과 새로운 면모가 긍정되는 가운데 종법제도가 나타나게 된다는 점이다. 중국의 하 · 상 · 주 세 왕조에서 종법제도의 생성과 출현은 씨족 조직이 원시사회로부터 계급사회로 전향하는 과도기에서 완전히 해체되지 않았다는데 그 원인이 있었던 것이다. 이를 통해 유럽사회는 계급관계의 출현과 발전이 국가 조직을 출현시키는데 추진작용을 했던 것에 비해 중국은 국가조직의 출현과 발전이 계급관계를 명확하게 촉진시켰다는 점을 볼 수 있다. 그렇기 때문에 우리는 하 · 상 · 주 세 왕조를 종법노예제 시기라고 말하는 것이다.

하 · 상 · 주 시기 사회에서 가장 중요한 생산조직과 기본단위는 종법(경제공동체), 즉 농촌공사였다. 동시에 많은 전쟁포로와 각국에서 공납하는 노예들이 있었다. 이들 노예노동의 대부분은 수공업에 종사했으나, 그 생산 영역과 부문은 비교적 적었다.

도철(흉악하고 먹이를 밝히는 짐승) 문양으로 장식한 정(鼎), 상대

첫째, 종법은 경제공동체 즉 농촌공사였다. 농촌공사는 살고 있는 주민들이 결합하여 조직된 것으로 생산자료 공유제이다. 이는 사유재산제로 넘어가는 과도적 사회조직 형태였다. 중국 하 · 상 · 주 삼대 사회에서는 농촌공사가 보편적으로 존재했는데, 사람들은 씨족공동공사를 벗어나 지연적인 관계로 결합된 일종의 종법적 경제조직을 조직했다. 농촌공사 중에는 공사공동체와 개체별 가정이 구성한 이중 경제구조가 정착되어 가고 있었다. 농촌공사는 공동으로 경제이익과 경제활동을 하였고, 개체별 가정의 사유경제는 눈에 띄게 발전했다. 종법관계와 원칙은 사회관계를 이해하는 기본원칙이었다. 중국의 농촌공사와 유럽의 마르크스가 논한 경제활동과는 뚜렷한 구별이 있음을 발견할 수가 있다.

『한서(漢書)』「식화지(食貨志)」는 중국 농촌공사에 대해서 다음과 같이 묘사하고 있다.

> "5가를 인(隣)으로, 5인을 리(里)로, 4리를 족(族), 5족을 당(黨), 5당을 주(州), 5주를 향(鄕), 향은 12,500호(戶)이다. 인장(隣長)의 지위를 하사(下士)라 했고, 이로부터 위로 1급씩 올라가 향에 이르면 경(卿)이라 한다……. 봄에 인민(隣民)은 들에서 나가지를 않고, 겨울에는 읍(邑)으로 들어가지를 않는다…….봄에 인민들이 들에 나오면 리서(里胥)는 우측 방(塾) 평탄한 곳에 앉았고, 인장은 좌측 방에 앉아 있다가 인민이 밭에서 나오면 돌아갔다. 저녁에도 또한 이와 같았다. ……겨울에 인민이 집에 들어가서는 부인과 함께 마을 어귀에서 밤늦게까지 방직을 했다. 여공은 한 달이 45일간이었다. 이처럼 반드시 같이 종사해야 했던 것은 불을 밝히는데 들어가는 비용을 절약하려는데 있었다. 잘하고 못하고 관계없이 함께하는 것이 습속이었다".

이러한 기술은 후세 사람들에게 상상과 억측을 하게 하지만, 그러나 어느 정도는 중국 농촌공사의 생산 및 생활상황을 반영하고 있다고 할 수 있다.

먼저 하 · 상 · 주시기 농촌공사의 족(族)은 많이 존재했다. 이들이 당시 사회조직의 가장 중요한 계층이었다. 예를 들면 서주 초기 주나라 왕이 제후들에게 분봉을 했고, 이들로 하여금 그 지역의 기타 민족을 통수(統帥)토록 하였다. 이들 민족은 모두가 취락에 거주하는 백성들로서 족을 위주로 생산하고 생활조직이 이루어져 있었던 것이다. 역사서에서는 "옛날 무왕(武王)이 상나라를 물리치고 왕이 되어 이를 정했으며, 명덕을 베풀어 번족(異族)들이 주를 따르게 했다"고 기록하고 있다. 더불어서 노공(魯公)은 "은나라 백성을 조씨(條氏), 서씨(徐氏), 소씨(蕭氏), 색씨(索氏), 장조씨(長勺氏), 미표씨(尾勺氏) 등 여섯으로 나누어 그들 종씨를 통수토록 했고, 그 나누어진 족들을 모아서 이들 잡류족을 주공(周公)이 만든 법으로써 주나라의 명에 따르도록 했다", 또 강숙(康叔)은 "은나라 사람을 도씨(陶氏), 시씨(施氏), 번씨(繁氏), 기씨(錡氏), 종계씨(終葵氏) 등 7족으로 나누었고" "이는 모두 상나라 정치에서 비롯된 것이고, 그 강토는 주나라에서 만든 것"이라 하였다.4)

청동으로 된 인면구(人面具), 상대

실제적으로 주나라 왕은 같은 종족의 백성들에 대해서 족을 단위로 하는 종법으로써 정치적 통치를 선택했던 것이다. 이러한 종법제도는 "큰 나라로써 발전을 유지케 했고, 대종(大宗)으로써 유

4) 『左傳』定公 4年.

지토록 했으며, 덕으로써 안녕과 질서를 유지케 했으며, 종자(宗子)로써 성(城)을 유지케 하였다".[5] 선양(宣揚)한 것은 "천자는 나라를 세워야 하고, 제후는 집안을 세워야 하며, 경(卿)은 측실을 두어야 하고, 대부는 이종(貳宗)이 있어야 하며, 사(士)는 건강한 자제를 두어야 하고, 서인(庶人)과 공상인(工商人)은 각각 친척을 두어야 한다. 그렇지 않으면 얼마 후에 모두 쇠하고 말 것이다"[6]라는 것이었다.

이족(異族)에 대해서도 주나라 왕은 종족조직을 보존하도록 허락했고, 그들에게 토지를 나누어 주었으며, 그들로 하여금 주나라의 통치를 받아들이도록 했다.

그 다음 하·상·주시기 사회에서 가장 기본적인 경제조직은 또한 족 단위의 농촌공사였고, 농촌사회의 토지경작제도는 정전제(井田制)였다. 맹자는 정전제에 대해서 다음과 같이 기술했다.

> "교외에 있는 밭에서 나오는 생산물은 아홉으로 나누어 그 중 하나로서 서로를 도왔고, 도성에서는 열 개로 나누어 그 중 하나를 국민들 스스로가 공물로써 납부했다……무리들은 자신의 본향을 떠날 수가 없다. 같은 정전에 속해 있는 각 가정은 서로가 출입 왕래하여 우애가 깊었다. 도둑을 방어하는 데는 서로 도왔고, 또한 병이 나면 서로 보살폈다. 그리하여 백성들간에는 단결과 화목을 유지할 수 있었다. 1리(里) 정도 되는 토지를 하나의 정전으

5) 『詩』, 「大雅」.
6) 『左傳』 桓公 2年.

로 나누었고, 매 하나의 정전은 900묘였다. 그 중 정(井) 가운데 있는 100묘가 공전(公田)이었다. 나머지 800묘는 사전(私田)이었다. 8개 가정이 각각 100묘 씩 소유했다. 공전은 공동으로 경작했는데, 공전에 대한 경작이 끝난 후에야 각자 자신의 일을 했다. 이것이 관리와 농민을 구별하는 방법이었다"7)

이러한 정전제에 대한 기록은 많이 있다. 따라서 정전제에 대한 구체적인 설명은 생략하기로 한다. 농촌경제가 발전하는 일반 역사과정과 삼대시기 농업생산력의 발전수준 시각에서 보면, 정전제는 바로 농촌공사의 농업경작제도였던 것이다. 이러한 제도의 근원은 북방 한지(旱地)농업지역에서 비롯되어 수리관개 방식에도 기획하게 되었다. 또한 농촌공사의 평균 토지 원칙에서 기원되기도 한 것이다. 이는 즉 경제공동체 조직인 농촌공사(종법)는 정전제에 생명력을 주입시켰고, 또한 삼대시기의 분봉제도(分封制度), 봉록제도(俸祿制度)와 부역제도(賦役制度)도 정전제와 결합되어 있었음을 알게 해준다.

둘째, 보편적으로 존재하고 있던 노예노동이다. 하 · 상 · 주시기 노예의 보편적인 존재는 의심할 바 없는 사실이다. 단지 이러한 노예제는 종법관계를 벗어나 예외적으로 이루어진 것이라 이를 종법노예제라고 칭하는 것이다.

당시의 통치집단은 최고 통치자인 천자와 혈연 종법에 의해서 맺어진 다양한 종족의 수령과 공동이익을 위해 연계된 이족 종족

---

7) 『孟子』, 「滕文公」 上.

네 마리 양을 부조해 놓은 사각 술잔(四羊方尊)

의 수령 등으로 이루어졌다. 상나라 때 기록된 최고의 귀족집단은 20여 조직이 있었다. 주대에는 더욱 많아져 초기 분봉된 제후국은 71개로 그 중 성이 같은 제후국은 40개나 되었다. 각 계층별 종법귀족은 본 종족의 수령이 될 뿐만이 아니라 대량의 노예를 거느리는 노예주이기도 했다.

노예의 내원은 주로 전쟁 포로였다. 당시에는 전쟁이 빈번하였기에 전쟁 포로의 숫자가 많았다는 것은 누구나 알 수 있는 일이다. 이외에 각급 소수민족의 수령들이 조공한 노예, 예를 들면 가무, 기술자 등의 노예 종류도 아주 많았다. 범죄를 저질러 노예가 된 자들도 많았다. 그러나 이런 노예의 신분은 잠시적이었다. 조공으로써 노예를 하사하는 일은 당시 노예를 분봉 받는 주요한 방식으로 쉽게 볼 수 있었다. 노예의 활동은 주로 두 가지 였다. 하나는 종교적으로 혹은 장례를 치를 때 희생되거나 순장하는데 사용되었다. 다른 하나는 수공업과 상업활동을 하는데 이용되었다. 농업 경작에 이용되는 노예는 상당히 적었다.

노예가 많이 이용된 것은 종교활동이나 장례식 때 희생되거나 순장되는 경우였다. 이는 중국 종법노예제의 주요한 특징이다. 삼대에 성행했던 신령과 조상에 대한 숭배의식과 종교활동은 매우 성행하여 그 거행의식도 빈번했다. 죽이거나 순장을 하는 노예는 이러한 활동의 중요한 내용이었다. 이를 헌부(獻俘)라 했다. 통상 헌부라고 칭해지는 노예 수는 수십 명에서 수백 명이나 되었다. 그 중에서 상나라 때 순장된 자가 제일 많았다. 갑골 연구에 의해 발견된 상나라 제사 때 사용에 관한 기록 688개 기록 중 465개에는 순교한 노예의 숫자를 기록한 것이 확실하지는 않지만, 223개의 기록에는 살해하거나 순장한 기록 숫자가 보인다. 이들 기록의 통계를 보면 모두 7,443명이나 되었다.[8]

오늘날 발견되고 있는 상나라 때의 갑골 조각이, 당시 상나라에서 사용했던 갑골조각의 어느 정도에 해당하는가 하는 문제는 아래의 예를 통해서 짐작할 수 있을 것이다. 이미 발견된 몇 개의 상나라 시기의 대형 묘지 유적 중 모두에서 대량의 순장된 노예가 발견되었다. 상나라 때의 종묘에서는 순장 자가 600여 명이나 되었다. 안양 후가장(安陽侯家庄)의 아자형(亞字型) 상나라 시기 무덤에서는 수백 명이 순장되었다. 또 안양무관촌(安陽武官村)의 상나라 시기 묘에서는 152구의 순장 유골이 발견되었다.

노예는 광범위하게 수공업과 상업 등 경제영역에서도 이용되었다. 하 · 상 · 주에서는 '공상식관(工商食官)'이라는 제도와 정책이 실행되어 수공업과 상업은 각급 정부와 종법 귀족들에 의해 통제되었다. 수공업과 상업경영은 종족 성원간에 의지하지 않고 노예

8) 姚孝遂, 『商代的俘虜』, 『古文字硏究』, 第1輯에서 인용.

들에게 의지하였다. 특히 일정한 노동기능을 가진 노예가 있었다. 이는 당시의 수공업과 사업이 그다지 발전하지 못했기 때문이었고, 또한 당시 사회에서 이들 경제는 보조성 경제에 해당했기 때문이었다. 그 목적은 또한 각급 정부와 귀족들을 위해 복무하는 것에 불과했다. 특히 대형 예기(禮器)와 대형 건축 등은 그들이 통제하고 있는 대량의 노예들에 의거하여 진행되었다. 따라서 중국의 찬란한 청동기문화는 무수한 노예들의 피와 땀으로 범벅된 노예노동에 의해 이루어진 것임을 부정할 수 없는 것이다.

(2) 하 · 상 · 주의 사회경제

하 · 상 · 주 삼대의 사회경제는 이미 많은 발전을 이루고 있었다. 농업, 목축업, 수공업, 상업 등 제 방면에서 원시사회와는 비교할 수 없는 거대한 발전을 이룩했다. 농업은 점점 더 중요한 생산부문이 되었다. 농업을 중시하는 사상과 정책이 이미 나타나 농업의 경제방면에서의 우세는 이미 명확히 나타나고 있었다. 공상업도 어느 정도 발전적인 성과를 가져오고 있었다. 청동기문화를 대표로 하는 수공업 기술은 상당한 수준에 이르고 있었다. 수공업에는 이미 전문화 된 분공(分工)이 세밀하게 이루어지고 있었고, 금속제련과 제조업, 토기업, 옥석기제조업, 방직업, 칠기제조업, 양주업 등 여러 행업(行業)이 출현하고 있었다.

첫째, 농업경제를 보면 다음과 같다.

하 · 상 · 주 3대의 농업경제는 상당히 신속한 발전을 이루고 있었는데, 농업은 사회경제 상에서 그 위치가 많이 높아졌다. 농업

돼지를 조각해 넣은 무늬의 도자기 항아리

의 진보는 집중적으로 다음 항목에서 나타났다. 농업생산을 위한 도구에서 많은 개량된 것들이 나타났다. 전문화 된 농구는 점점 더 많아졌다. 사람이 끄는 쟁기는 이미 농업경작에 사용되고 있었다. 춘추시기에 출현한 금속농구는 농업생산기술을 많이 제고시켰다. 농업의 관개기술도 많이 정비되었고 개량되어 졌다. 농전농작제(農田壟作制)적 생산도 널리 확대되었다. 농전의 관리, 시비(施肥)기술, 병충해 방지기술도 발전했다. 농업 경작방법도 많이 변화하였다. 즉 정기적인 휴경제(休耕制)가 나타났다. 이는 토지의 생산력을 빠르게 회복시키는데 큰 도움이 되었다. 농작물의 종류도 오랜 경험을 통해 얻어진 것들이 나타나 비교적 안정적으로 농사를 지을 수가 있었다. 오늘날 우리가 식용하는 대부분의 양식과 과실수는 모두 이때 이미 갖추어져 있었다. 동시에 농업생산 지식도 발전해 있었다. 특히 이와 관련해서 역법과 농사짓는 시간, 농업기상학 등에 관한 지식이 나타난 것이다. 이러한 것들은 농업을 발전시키는데 큰 원동력이 되어 주었다.

상 · 주시기의 농업은 이미 가장 중요한 생산부문이 되었다. 장강과 황하유역의 농업경작구는 날로 확대되어 갔다. 특히 서주시기에는 농업의 지위는 이전에 없던 높은 힘을 갖게 되었다. 주나라의 선조인 기(棄)는 농경에서 존중하는 농신(農神)이다. 주나라 사람들은 농업에 유리한 황토고원에서 장기간 거주해 왔다. 따라서 주왕조가 건립된 후에는 농업도 이를 따라서 사회경제 중에서 가장 중요시 되는 생산부문이 되었다.

『시경』 중에 있는 기술들 가운데 농사활동에 관한 장구(章句)와 시편(詩篇)이 가장 많은 것에서도 알 수 있다. 『주송(周頌)』에는 농사와 관련된 시가 6편이 있고, 『상서(尙書)』와 『주서(周書)』에는 거의 매 편마다 농업활동에 관한 문장이 실려 있다. 더불어서 전(田)에 대한 예의를 기록한 책도 한 세트로 제정되었다. 서주 말기에 주의 선왕(宣王)은 1천 무(畝)를 대장에 올리지 않은 관계로 문공(文公)에게 호되게 비평을 받았다. 그는 농업의 지위와 의의에 대해서 다음과 같이 지적했다.

> "무릇 백성의 대사는 농사에 있다. 상제(上帝)에 올리는 곡식도 농업을 통해 산출한다. 백성들이 이를 축적하여 살 수 있고, 이를 공급하는 것이 바로 농업이다. 또한 백성들이 평화롭고 화목함도 이로부터 흥하게 되는 것이고, 재산을 축적하는 것도 이것에서 비롯된다. 그리하여 이를 돈독히 하고 방대하게 하며 이를 꾸준히

> 유지케 하는 벼슬아치가 대관(大官)이다……왕의 일은 오직 농민으로 하여금 농무에 힘쓰게 하는 것이고, 관리에게 이로움을 구하지 않고 농무 관리에 힘쓰게 하였다. 항상 농사에 힘쓰고 잠시 시간을 내어 문장을 강하고 무예를 연마토록 했다. 따라서 정벌은 곧 위험을 가져오게 하는 것이고, 지키는데 힘쓰면 재보를 확보할 수 있었다. 만약 이와 같이 하면 신에게 잘 보이게 되어 백성에게 화평을 줄 수 있으며, 제사를 지낼 때에 이르면 더욱 더 풍요롭게 보시할 수가 있다"[9]

고 했다. 이러한 확고한 중농사상은 당시 농업의 지위를 반영해 주고 있을 뿐만 아니라, 또한 서주의 경제사상과 정책의 기본 특징과 기본 가치를 반영해 주고 있다고 할 수 있다.

이러한 종식업의 발전에 따라 축목업의 지위는 계속해서 떨어졌다. 상나라 때는 축목업이 여전히 중요한 생산부문이었다. 당시의 종교 제사활동 중 희생된 가축수는 상당한 수량에 이르고 있었다. 가장 많을 때는 1천 마리 이상이었다. 제1차로 상왕이 제사를 지낼 때 사용했던 제수로 양이 158마리나 희생되었다. 이를 통해 신령에게 소원을 빌었던 것이다. 목축업이 그다지 발달하지 않던 당시의 상황에서 이러한 제물의 희생은 실로 생각하기 어려운 일이었다. 주나라 왕조에 이르러 중원의 목축업은 위축되어져 가정에서 기르는 정도로 변해갔다. 이러한 형상은 목축업이 농업에 의존해 가는 상황을 말해주는 것이다.

---

9) 『國語』, 「周語」

사모술 사각 대정(司母戌大方鼎), 상대

둘째, 공상업경제이다.

공상식관(工商殖官)은 하·상·주의 기본적인 경제제도와 경제정책이었다. 공상업은 정부에서 일괄적으로 경영했다. 개인이 이 방면에 종사하는 것을 허락하지 않았던 것이다. 이러한 제도는 원시사회의 추장이 생산 활동을 관리하던 전통적인 습속에서 비롯되었다. 그래서 삼대시기에 이르러서도 공상업은 여전히 각급 종족 수령들에 의해 통제되어 졌다. 그리고 그들이 소유하고 있는 대량의 노예들이 공상업의 일을 맡아서 하였기에 그들은 그것으로 거대한 부를 이룰 수 있었다. 공상식관은 중국의 공상업 발전에 있어서 그 영향이 매우 컸다. 한편으로 그들은 공상업을 정부 정책에 부속시켜 신속한 발전을 이룩하게 했고, 다른 한편으로는 공상업으로 하여금 스스로 독립하여 발전해 나갈 수 있는 길을 형성시키지 못했다는 점이다.

청동기 제조업과 청동문화는 이 시기의 가장 대표적인 수공업으로 그 성취도가 컸다. 청동기는 공작석(孔雀石)을 주석과 연에다 적당한 양을 넣고 단금질해서 만들었다. 사모무대방정(司母戊大方

鼎)을 화학적으로 분석한 결과를 보면, 이들 세 원료의 비율은 동이 84.77%, 주석이 11.64%, 연이 2.79%였다. 당시 청동기 제조업은 보편화 되어 있었다. 천자로부터 제후에 이르기까지 나름대로 자기들만의 동을 다루는 기술을 가지고 있었다. 이를 만드는 공장도 그 규모가 매우 컸다. 청동기를 만드는 기술은 매우 복잡했다. 채색, 배합 기술, 담금질 기술, 모양 제작, 얇게 펴는 법, 수정 등의 공정이 필요했다. 그래서 청동기는 매우 진귀한 물건이었기에 일반 평민들은 이를 소유할 수 없었고, 따라서 사용할 기회도 없었다. 이들 청동기는 각급 종법귀족들이 독점하고 있었던 것이다.

현재 발굴되고 있는 청동기들의 종류를 보면, 주로 예기와 용기들이다. 또한 부분적으로 무기, 공구, 장식물, 악기 등이 보인다. 은허(殷虛)의 무관촌(武官村)에서 출토된 사모무대방정은 청동기 문화의 걸작이다. 이 정의 무게는 875kg이나 된다. 높이는 1.33m, 가로는 1.10m, 세로는 78Cm이다. 이 기물을 주조하는 데는 200명 내지 300여 명이 아주 일률적으로 움직여야 제작할 수 있는 것이다. 이렇게 보면 청동문화는 귀족문화를 이루는데 그 기조가 되었음을 알 수 있다.

방직업은 부녀자들이 인류의 발전 진보에 헌신한 것으로서 상대(商代)에 이미 출현하였고, 이를 위해 누에 기르는 법과 실크 방직업이 나타나게 되었다. 이를 바탕으로 중국은 세계에서 최초로 누에 기르는 법, 비단실 빼는 법, 실크 방직업 등의 기술을 가진 국가가 되었다. 주나라 때의 방직업은 이들 종류가 많아졌을 뿐만 아니라, 분공하는 일도 아주 세분되었다. 국가에서는 이러한 방직업에 대해서 전문적으로 관리하는 기구가 없었다. 『주례(周禮)』에

공자상(孔子像)

의하면, '천관(天官)' 이라는 직위를 가진 자의 밑에서 전부공(典婦功), 전사(典絲), 전태(典=麻), 내사복(內史服), 봉인(縫人), 잡인(雜人) 등 6개의 생산부문이 있었다고 전해주고 있다.

주대(周代)에는 방직업이 뚜렷하게 발전했을 뿐만 아니라 염료와 염색기술도 대단히 발전했다. 중국은 식물성 염료를 처음으로 사용한 국가였다. 당시의 비단으로 된 천은 귀족들만이 사용했고 일반인들은 마로 된 천을 사용할 수 있었다.

양조업은 일종의 농민들 부업이었다. 농업이 발전하지 않고서는 양조업도 발전할 수 없는 것이다. 하·상·주시기에는 농업의 발전에 따라 양주(釀酒)와 음주(飮酒)가 매우 성행했었다. 현재 출토되고 있는 당시의 주구(酒具)들

조개화폐, 상나라 후기

은 그 수를 헤아릴 수가 없을 정도로 많다. 상나라가 취한 중에 망했다고 하는 설도 근거 없는 말이 아닐 정도였다. 따라서 주나라 초기에 정부는 엉망으로 마시는 음주 풍습에 제동을 걸기 위해 엄격하게 음주금지령을 내렸다. 이러한 상황을 통해 양조업의 발달 정도를 살필 수 있을 것이다.

상업 또한 정부 및 각급 종법 귀족들이 전문적으로 경영한 중요한 경제활동이었다. 상나라의 선조인 왕해(王亥)는 무역에 종사하였다. 주나라 사람들이 상나라 사람들을 훈계할 때 "소와 마차를 끌고 먼 곳으로 가 장사하여 부모를 공양한다"는 말을 하였다.10)

상나라 유민들의 무역하는 전통은 계속되었다. 주나라시기 특히

---

10) 『尙書』, 「酒誥」

춘추시기에는 상업활동이 나날이 번성했다. 그리하여 상인들의 세력이 계속적으로 증강되었고, 제후들은 앞 다투어 이들 상인을 자신의 밑으로 끌어들이는 현상들이 나타났다. 공자의 학생 자공(子貢)이 그 대표적인 사람이었다. 상과 주나라의 유적지 중에는 많은 바다 조개껍질과 금속으로 된 조개껍질들이 발견되고 있다. 이는 화폐가 이 시기에 이미 생산되고 있었음을 말해주는 것이다. 춘추시기에 화폐의 주조는 이미 보급되었고, 초보적이나마 화폐를 발행하는 제조 체계가 잡혀 있었다고 볼 수 있다. 시장에서는 이와 함께 상품의 교환이 발전했고, 날이 갈수록 이러한 형태는 자리를 잡게 되었다. 정부에서는 사시(司市)를 파견하여 "시장을 장악하여 이를 다스리고 가르치고 행정을 통해 처벌하기도 했다. 수량을 산출해서 금지령을 내리게 했고, 순서적으로 장소를 나누며 시장을 서게 했다. 물건을 늘어놓고 분별케 함으로써 시장을 공평하게 했고, 정령으로써 금지된 물건을 팔 수 없게 하여 시장을 균형 있게 했으며, 매매하는데 물건이 많으면 포(布)로써 거래를 행하게 했고, 양을 재어 가격을 이루게 함으로써 독점하는 일을 못하게 했다. ……천부(泉府)에서는 물건으로써 세를 거두었다."11)

시장 교역에 대한 관리가 어느 정도 규모를 갖추고 있었음을 알 수 있다.

하 · 상 · 주 삼대는 중화민족의 위대한 문명의 기초를 닦은 시기였다. 공자가 "나날이 문전성시를 이루기 시작했던 것은 주나라부터이다"12)라고 한 말이 이를 증명해 주고 있다.

---

11) 『周禮』, 「地官, 司市」.

12) 『論語』, 「八佾」.

2

봉건제 전통사회경제의 형성과 발전

봉건제 전통사회경제의 형성과 발전

춘추전국시기는 중국 종법노예제가 해체되고, 봉건제 전통사회경제가 형성되는 시기였다. 오래 전부터 존속되어 오던 종법노예제는 거의 파괴되었고, 이에 대신하여 "예가 붕괴되고 즐거움이 파괴되는" 국면을 맞게 되었다. 봉건제 전통사회경제가 나타나게 된 것이다. 이로부터 2000여 년의 전통사회 역사가 시작되게 되었다.

1) 춘추전국시기 사회경제의 변동

춘추시기의 사회생산력은 철제 농업 생산도구와 우경을 이용함으로써 확대되었고 대단한 발전을 가져왔다. 농업의 진보는 모든 사회경제의 발전을 가져와 종법노예제의 기초를 동요시켜 토지점유 상태와 토지점유의 관계를 변화시키기에 이르렀고, 토지사유제의 생산과 생산에 대한 발전을 촉진시켰다.

토지사유제는 예전의 종법노예제의 중요 요소들을 와해시켰다.

활로 짐승을 잡고 수확하는 그림, 한나라 시기 벽돌에 그린 그림

이는 첫째로 농촌사회조직인 정전제를 효과적으로 와해시켰다. 토지사유제의 출현은 당시 토지 쟁탈을 위한 분쟁을 격렬하게 야기시켰다. 그리하여 "천자는 약해지고, 제후의 힘으로 행정이 이루어졌으며, 대부(大夫)들이 국가를 전횡하였고, 사(士)들이 읍(邑)을 전횡"[13)]하는 국면이 나타났다.

대부들은 서로 분쟁을 일삼았기에 모두 무력에 호소했고, 제후들도 상쟁하는 바람에 모두 전쟁을 일으켰다. 춘추시기에는 제후국간의 토지 쟁탈이 발생하였으니 이것이 토지겸병 및 전쟁을 일

---

13) 『春秋繁路』, 「王道」.

맹자상(孟子像)

으키는 근본 원인이었다. 당시의 잔혹한 전쟁에 대해서 맹자는 다음과 같이 묘사하였다. "땅에 대한 분쟁은 전쟁으로 이어졌고, 죽은 시체들은 들판에 넘쳐났다. 성을 쟁탈하려는 전쟁에 의해서도 시체들은 성 안에 넘쳐났다. 이로써 토지를 가지고 있으면서도 인육을 먹어야 했다".14)

둘째, 이러한 현상은 또 농촌공사의 조직기구를 와해시켰다. 정전제의 파괴는 농촌공사의 경제기능을 나날이 상실시켜 갔다. 농촌공사의 구성원들은 공사에 매여져 있는 속박으로부터 벗어나 독립성이 강한 개체농민이 되었다. 셋째, 이러한 변화는 예전의 노동조직 형식을 와해시켰다. 그리하여 가정을 생산단위로 하는 자경농경제의 출현을 촉진시켰다. 이에 따라 농업경영이 제대로 이

14) 『孟子』, 「離類 上」.

루어지지 못했던 경영방식에서 정밀하고 세부적인 경영방식으로 바뀌어 갔다. 따라서 농촌공사의 집체적인 경영방식은 점차 그 효과가 약해져 갔다. 이에 대신하여 개개 가정에서 생산하는 방식과 작용, 그리고 지위가 점차 강화되어 갔다. 농촌공사 구성원들에게 분할된 토지도 서서히 그들이 개인적으로 소유하는 토지로 되어갔다. 그러한 상황은 안회(顔回)가 보았던 그런 형상이었다. 즉, "성곽 밖의 토지 50묘로는 족히 죽을 먹을 수가 있었고, 성곽 내의 토지 10묘로는 능히 마(麻)를 살 수 있었다".[15]

넷째, 이러한 변화는 직접 생산자의 신분과 지위를 변화시키는 일을 촉진시켰다. 개체 노동은 노동자가 생산하는 중에 있어서의 작용과 지위를 강화시켰다. 이전의 집체노동과는 달랐다. 농민은 "함께하는 일은 곧 느리고, 모든 힘을 발휘하지 않는다. 그러나 땅을 나누어서 일을 하면 속도가 빠르고 힘을 절약하거나 느리지 않게 되었다"는 것이다.[16]

이외에도 상업의 발전과 상인세력의 흥기는 예전의 경제관계에 큰 충격을 주었다. 그러한 충격은 종법귀족들의 안정된 경제적 지위에서 토지를 쟁탈하는 분쟁으로 끌어들이게 되었다. 그리하여 한편으로는 농민들로부터 착취하는 방식이 변화되어 수익이 증가되었고, 다른 한편으로는 농촌공사의 해체와 농촌사회 구성원의 분화를 가져왔다.

춘추시기 종법노예제의 와해는 전국시기 봉건제 전통사회경제

---

15) 『庄子』, 「讓王」.
16) 『呂氏春秋』, 「審分」.

춘추시기 연꽃 모양의 손잡이와 학을 부조한 사각 호로병, 술 따르는 예기

를 창조하는 물질조건과 사회조건을 만들어 주었다.

전국시기(B.C. 475년~B.C. 221년)는 전쟁이 끊이지를 않았다. 군중이 할거하며 쟁패하였고 이로 인해 사회경제는 그야말로 어지럽기 짝이 없었고 크게 개조되는 시기가 되었다. "이 시기이래 천하가 분쟁을 일삼는 전국시기가 되어, 무력은 중요시 되었고, 인(仁)과 의(義)는 천박해졌다. 먼저 부가 있은 다음에야 양보하는 식이었다. 그리하여 서민 중에서 부유한 자는 엄청난 거금을 쌓아둘 수 있었고, 가난한 자는 조와 수수로 만든 죽조차 싫어할 수 없는 상황이 되었다. 나라가 강한 자는 여러 작은 제후들을 신하로 맞아들였고, 가난한 나라는 화가 끊이질 않았으며 세상에서 멸시를 받았다".17)

이처럼 극렬하게 사회가 어지러울 때 당시의 모든 제후국들 입

17)『史記』,「平準書」.

장에서 말하면 모두가 하나의 심각한 도전이었다. 즉 도전은 하나의 기회였던 것이다. 대다수의 제후국들은 개혁과 혁파를 통해 위기를 극복하고자 시도했고, 이를 통해 도전해 오는 나라에 대해 응대했으니 이러한 양상은 일종의 정치적 풍상처럼 돼버렸다.

개혁은 대부분 정부와 정치가가 충분히 시험을 해본 후에야 비로소 역사무대에서 전개된다. 예를 들면 이리(李悝)가 위나라에서 실시한 변법(變法), 오기(吳起)가 초나라에서 실시한 변법, 상앙(商鞅)이 진나라에서 행한 변법 등은 모두가 정치경제적 개혁을 적극적으로 시행함으로써 국가의 번영과 강대해 짐을 위한 것이었다. 전국 7웅은 적극적으로 개혁을 추진하지 않은 나라가 없었다. 약소한 민족은 그들의 침략과 능멸을 면할 수가 없었다. 예를 들면, 예악을 중시했던 노(魯)나라는 그 전통으로 말미암아 적극적으로 개혁을 실시하기가 어려웠다. 그리하여 제(齊)나라의 위협을 받아야 했다. 그러자 오로지 "자공을 시켜 제나라에 가서 군대가 들어오지 못하도록 저지하는 말만 했다", 그러자 제나라는 위약한 자공에게 "자공의 말은 변명에 지나지 않는다. 우리는 땅이 필요하다. 이 말은 말하지 않은 것으로 하겠다. 그리고는 드디어 거병하여 노나라를 공격했다. 그리고 나아가 문밖 10리를 경계로 하였다"고 했던 것이다.[18]

이 시기 각국의 개혁은 거의 모두가 먼 안목을 가진 매력 있는 정치가와 정치집단들이 위 아래로 진행하였다. 이러한 개혁을 위해서는 무엇보다도 먼저 종법노예제의 정치적 구조, 즉 세경세록

---

18) 『韓非子』, 「五蠹」.

제도(世卿世祿制度)를 타파하는 것으로서 새로운 역사 형세에 맞는 정치제도를 건립하는 일이었다. 예를 들면, 이리는 위나라에서 "거짓을 일삼고 염치없는 짓을 하며, 음란하고 사치스러움이 지나친 짓"을 하는 구 귀족들에게 이러한 법을 적용하여 물리쳤다. 오기는 초나라에서 "봉건군주의 자손 3세로 하여금 작위와 봉록을 받게 하고, 백관들의 봉록 질서를 파괴해 버렸다. 봉록의 감소가 급하지 않던 하급관들은 수련을 택하는 선비들을 받들었다"19)

상앙은 진나라에서 "종실 중에서 군공이 없는 자는 그 적(籍)을 얻지 못한다. 귀하고 천한 작위와 등급의 질서를 명확히 하여 각각 차이를 두어 차례로 토지와 집, 그리고 신첩(臣妾)을 갖도록 했다"20)

이러한 모든 새로운 정치제도의 건립을 위하여 구태를 모두 일신하였던 것이다.

종합적으로 말해서, 전국시기의 사회 대변혁 가운데 일종의 새로운 봉건제 전통사회는 새롭게 거듭났고, 새로운 사회제도 체계가 그 규모를 갖추게 되었다. 먼저 조업제도와 종법관계는 더욱더 약화되었고, 새로운 사회제도와 사회관계는 서서히 건립되어 갔다. 그 다음 중앙집권과 관료제도는 새로운 정치구조를 통해 종법제의 세경세록제도를 대신하였다. 이로써 종법귀족은 정치세력에 큰 타격을 받게 되었다. 셋째, 전통사회경제가 계속적으로 성장 확대되었고, 전통경제제도가 초보적이나마 형성되게 되었다.

---

19) 『韓非子』, 「和氏」.
20) 『史記』, 「商君列傳」.

중국 전통사회 경제제도의 건립과 발전 형식이 기본적으로 확립되게 된 것이었다.

2) 봉건제 전통경제의 형성과 확립

진시황 상(秦始皇像)

전국 · 진한(戰國秦漢) 시기는 중국 전통제도인 봉건제가 형성되고 확립되던 시기였다. 중국 전통사회 봉건제 경제의 핵심은 바로 개체 소농의 소규모 경영으로서, 또한 정밀한 경작방법과 노동력을 대량 투입하여 독특한 전통농업경제의 구조를 이루었다는 점이다.

전국 · 진한시기에 전통농업경제구조를 형성하고 확립시키도록 촉진한 요인에는 다음과 같은 몇 가지가 있었다.

첫째, 전국 · 진한시기의 사회생산력이 현저하게 높아졌다는 점이다. 즉 농업의 생산도구, 농업노동력의 구성과 농업기술 계통의 개량이 집중적으로 나타났다. 이것은 바로 중국 농업을 더욱 넓은 지역으로 전개해 나가도록 하였고, 정밀하게 경작하는 소규모 경영으로 전환시킴으로서 이에 필요한 물질적 기술조건을 제공할 수 있게 하였다. 농업의 생산도구 변혁은 매우 특출한 표현으로서 철제농구가 대량으로 사용되기 시작했다는 점이다. 고고학 발굴은 이를 증명해 주고 있다. 전국시기에는 야철업(冶鐵業)이 이미 상당한 수준으로 발전하고 있었다. 그리하여 철제농구인 괭이, 낫, 삽, 호미, 대패, 쇠시랑, 쟁기, 괭이, 자귀 등이 완비되어 있었다.

당시에는 "좋은 금속으로는 검과 창을 주조하였는데, 이를 모든 개와 말에게 시험했다. 나쁜 금속으로는 호미를 주조하여 나쁜 땅을 고르는데 시험했다"21)는 말이 있는데, 여기서 말하는 '악금(惡金, 나쁜 금속)' 이라는 것이 바로 철을 가리키는 것이다. 그렇다고 농부가 농업생산에 종사할 때 철제농구가 적은 효과를 냈다는 의미는 아니다. 즉 "농사를 짓는 자는 반드시 쟁기 하나, 삽 하나, 가래 하나가 있어야 농사일을 할 수가 있었다"고 할 정도였다.22)

서한(西漢)시기에 이르면 철제농구는 농업생산에서 점하는 비중이 더욱 커졌다. 『염철론(鹽鐵論)』 중에 "철제농구는 농부의 생사를 결정한다"는 기록이 있다. 철기공구의 사용은 농업생산 노동에 중대한 변화를 일으켰다. 이전의 돌과 나무로 만든 농구로는 개간할 수 없었던 토지를 철제농구를 통해 개간할 수 있음으로 해서

---

21) 『國語』, 「齊語」.
22) 『管子』, 「海王」.

농업의 정교한 경작은 발전을 더욱 거듭할 수 있게 되었다.

농업의 동력이 가져온 변혁은 쟁기의 발명과 우경(牛耕)의 이용으로 더욱 널리 확대되었다. 쟁기의 발명은 중국의 농구 발전 사상 획기적인 시대적 의의를 갖고 있다. 이는 일종의 농업혁명을 예고하였던 것이다. 하남성의 휘현(輝縣)에서 출토된 전국시기의 쟁기 구조를 보면, 이 쟁기는 V자형으로 쟁기의 벽(壁, 뒷날개)이 없었다. 그저 주로 흙을 파서 고랑을 만드는 작용만 하였다. 서한 관중(關中)지역의 쟁기는 이미 상당한 수준에 이르고 있었다. 즉 가래와 뒷날개가 있어 하나의 날개로만 된 것이 아니라 쌍날개로 되어 있어, 쟁기는 흙을 뒤엎는 일, 흙을 고르는 일, 도랑을 내는 일, 밭고랑을 돋구는 일 등의 기능을 할 수 있도록 되어 있었다. 우경은 전국시기에 이미 상당히 보편화 되어 있었다. 진한시기에 이르면 농업생산을 하는데 없어서는 안 될 동력이 되어 있었다. 소를 이용하여 인류의 경제활동에 동력자원으로 활용하는 것은 인류가 자연을 개량하여 이용하는 과정 중에서 대단히 진보 발전된 일이었다. 이는 인간의 활동능력을 더욱 확대 발전시킬 수 있게 하는 원동력이 되었다. 우경이 농업생산을 제고시키자 상앙(商鞅)은 변법(變法)을 실시하면서 이에 관한 엄격한 법규를 제정하였다. 즉 "말을 훔치는 자는 사형에 처하고, 소를 도둑질 하는 자는 이에 더한 형벌을 가한다"고 하였다. 수호지(睡虎地)에서 출토된 진나라 묘에서 나온 죽간(竹簡)의 내용은, 소를 훔치는 자에 대한 엄격한 징벌을 내리는 조항이 들어 있었다.

우경과 쟁기의 사용은 중국의 전통농업에 있어서 기본적인 농업기술의 기초를 세워놓게 되었던 것이다. 2천년 이상 역사가 진행하는 가운데 이들 기술은 근본적인 변화가 발생하지 않을 정도였다.

농업기술 계통의 변혁은 수리관개사업의 발흥과 정밀한 농작기술로도 표현되었다. 황하지역은 건조하여 언제나 물이 적었다. 장마가 7월에서 9월에 집중되기 때문에 농작물을 파종하는데 매우 불리하였다. 오로지 이를 해결하는 방법은 관개를 하는 것이었다. 그렇게 해서 이 문제가 해결되면 이 지역의 농업생산은 정상적으로 발전할 수 있었던 것이다. 전국시기에는 각국의 수리관개사업이 크게 흥하여 "다리를 수리하고, 도랑을 냈으며, 수로를 냈고, 저수지를 만들었다"고 했다.[23] 이제 수해는 수리(水利)로 변하게 되었고, 이를 통해 물을 농전(農田)으로 끌어들이게 되자, 서로가 자신의 농전으로 물을 끌어들이려 했고, 이는 북방에서의 농업생산 상황을 좋게 변화시켰다. 이제 농업은 더욱 발전할 수 있는 조건을 만들어 놓았던 것이다. 진한시기의 중앙과 지방정부는 주로 인재를 초빙할 때, 수리사업을 흥하게 할 수 있는 자를 초빙했다.

대규모의 수리사업은 최초로 중국농업의 대 번영을 가져오게 했다. 예를 들어 정(鄭)나라가 물길을 건설한 다음에 "어전(淤田)에 물을 대어 짠 기운을 씻어낸 땅이 4만여 경(頃)이나 되었고, 매 묘(畝)당 1종(一鍾)을 수확했다. 그리하여 관중(關中)은 옥토로 변했고, 흉년이 없어져 진나라는 군사가 강해졌고, 제후들은 부유하게 되었다"고 했다.[24]

---

23) 『荀子』, 「王制」.
24) 『史記』, 「河渠書」.

서한에서는 백거(白渠)를 완성한 후에 백성들이 노래하기를 "가래를 쳐올리며 노래하고, 도랑을 파니 비가 오네. 물이 통하는 곳에서는 1석(石)이 나오고, 진흙은 여러 말(斗)이나 되는데, 물도 많고, 비료도 많으니, 우리의 벼와 조가 잘 자란다네. 경사(京師)에 옷과 먹을 것이 풍족하니 인구가 억만이나 되네"라며 불렀다.25) 이와 동시에 지하수를 이용한 관개를 위해 수정(水井, 우물)이 한지(旱地)지역에서 널리 나타났다. 『여씨춘추(呂氏春秋)』에는 이러한 모습에 대해서 다음과 같이 기록하고 있다. 즉 "송(宋)나라 사람이 들어와 우물을 뚫어 밭을 관개하자 많은 노동력을 얻을 수 있었다"고 했다.

농업의 발전은 농업기술의 발전을 동반했다. 거름을 주는 기술과 정밀한 경작기술도 서서히 형성되어 갔다. 시비를 함으로써 토양이 기름지도록 빨리 회복되었고, 정밀한 농경법으로 말미암아 깊이 파는 법(深耕), 흙을 돋구는 법, 흙을 뒤엎는 법 등 계절에 따른 경작기술이 채용되게 되었다. 그리하여 전통농업은 계속적으로 토지를 고효율적으로 사용할 수 있게 되었고, 산출량도 부단히 증가할 수 있게 되었다. 이는 마치 도로를 만드는 것처럼 땅을 개벽시키는 일이었다. 중국의 정밀한 경작방법은 가뭄이 일어났을 때 농사짓는 기술체계의 기본이 만들어지게도 하였다.

다음, 전국시기 각국의 사회정책 개혁은 또한 전형적인 소농경제를 강력하게 조성시켜 전통 농업경영의 경제구조 형상을 확립시켰다. 변법개혁의 중요한 목적의 하나는 부국강병을 이뤄 여러 나

25) 『漢書』, 「溝洫志」.

라가 대치하고 있는 정치적 국면에서 유리한 고지를 차지하려는 데 있었다. 부국강병을 이루는 가장 빠른 첩경은 개체소농으로 하여금 전통 농업경제를 강화시키는 일이었다.

변법개혁은 이미 보편화 돼버린 심각했던 사회정치와 경제위기를 구해주었을 뿐만 아니라, 또한 유효한 미래의 발전방향을 선택하게 했고, 새로운 사회구조의 형태를 만들어 냈다. 위기는 기회를 만든다는 말처럼 어지러운 세상은 다른 선택을 신속하게 하였다. 각국의 변법개혁은 모두 약속된 것은 아니었으나 동시에 전통 농업경제에 대한 방향을 선택하도록 강화시켰다. 그리하여 전통적인 농업구조의 형성을 촉진시켜 확립토록 했다. 부국강병을 추구하는 것은 당시 각국에서 일종의 합리적인 생존을 위한 선택이었다. 그 중 농업이 가장 중요한 부분이었다. 당시 성행했던 신조는 "백성이 해야 하는 일은 농업으로, 이는 땅을 개간하는 일이었고, 밭을 개간한 곳에서는 곡물이 많이 생산되었다. 곡물이 많이 생산되는 것은 국가의 부를 만드는 일이었고, 국가의 부는 곧 군사를 강하게 했다. 군사가 강하다는 것은 곧 전쟁에서 승리한다는 일이었고, 전쟁에서의 승리는 곧 넓은 땅을 가질 수 있다는 것이었다."[26] 농업생활은 경제 외적인 것을 부여받은 것과 같은 의미를 갖고 있었던 것이다.

이리(李悝)는 위(魏)나라에서 개혁을 진행하여 성공을 거두었다. 가장 중요한 원인은 농업개혁에 특히 신경을 썼기 때문이었다. 그는 적극적으로 "지력을 최대한 이용해야 한다"고 주장했다.

26)『管子』,「治國」.

토지를 합리적으로 잘 이용하기 위해서는 농민이 농업노동에 적극성을 발휘토록 해야 한다고 했고, 이를 통해 인구가 많고 토지가 적은 위나라의 모순을 해결해야 했기 때문에 농업생산력을 제고시켜야 한다는 것이었다. 결국 이러한 목적을 이루어 소농경제를 크게 발전시켰고, 이는 소농경제의 재생산을 보호 유지할 수 있게 하였다. 동시에 정부가 농업생산을 예측하여 정부가 부세정책(負稅政策)을 개선함으로서, 소농경제가 자연재해와 재생산을 유지할 수 있는 능력을 높일 수 있도록 하였다. 『한서』에서는 이리가 "위나라에서 개혁을 진행하여 나라를 부강하게 만들었다"고 평했다.27)

상앙의 변법은 각국의 변법 중에서도 가장 철저했다. 그의 변법에 저항하는 세력도 적었고, 그 효과는 가장 크게 이루었다. 상앙 변법의 핵심 내용 중 하나는 진나라가 건립한 소농경제를 기초로 한 전통농업의 경제구조를 확고하게 실현하고자 하는 것이었다. 그는 소농경제를 증강시켜 농업생산을 발전시킨다는 전제 하에서, 먼저 "농지를 위해 밭두길을 만들어 그 경계를 확실히 한다"고 했고, 과거 종법귀족의 토지제도를 폐지시키고, 토지를 경영자와 농업생산자가 같은 토지에서 확고한 결합을 갖도록 하여, 그들이 전심전력하여 농업생산에 뜻을 두도록 하였다. 즉 "백성의 생업을 안정시켜 이를 계속해서 이어가며 농사를 짓도록 권장하고, 토지를 잘 이용할 수 있게 함으로써, 한 곳에서 두 가지 일이 일어나지 않도록 했다"고 했다.28)

27) 『漢書』, 「食貨志」.

소규모 토지 경영을 촉진시키기 위하여 상앙은 대가정을 해체시켰다. "집에 두 명의 남자 이상이 있으면서 분가하지 않으면 세금을 그 배로 한다"고 했고, "부자 간이나 형제 간이 같은 실내에서 지내는 것을 금한다"고 규정했다. 가장 극한적인 정책은 그의 '농전(農戰)정책' 이었다. 농업생산과 함께 용감하게 전쟁에 임하도록 하기 위하여 "본업은 농경과 방직으로 근본을 삼게 하고, 곡식과 방직을 많이 하는 자에게는 그 몸을 쉬게 한다"고 규정하여, 열심히 일하는 자의 요역 부담을 면제해 주었고, 그러면서 적극적으로 군대에 들어가 용감하게 작전에 임하는 자는 "각각 작위를 부여해 주었다"고 규정했던 것이다. 이처럼 농업과 전쟁을 연계시키는 정책을 중시함으로써 농경과 전쟁을 연계하지 않은 사회활동과 경제활동을 하는 세력을 억제시키고 제한하였다. 즉 "일을 함에 이익을 못 내거나 게으른 자, 그리고 가난한 자는 노예로 삼았다"고 했다.[29] 동시에 토지가 없거나 적은 지역의 농민을 대량으로 진나라로 데려와 황무지를 개간토록 하여 필요한 경제를 뒷받침 하도록 했고, 그 대신 3대에 걸쳐 요역을 면제해 주었다.

소농경제가 발휘한 거대한 생산력은 진나라가 전국을 통일하는데 큰 경제적 배경이 되었다. 중국농업의 발전은 전국시기는 말할 것도 없이 생산조직과 경영방식 상에서 모두 발전할 수 있는 돌파구를 찾았다고 할 수 있었다. 이는 소농경제가 표현한 거대한 경제적 우월성을 통해 나타났다고 볼 수 있다.

---

28) 『史記』, 「蔡澤列傳」.
29) 『史記』, 「商君列傳」.

그 외에 수백 년간 이어온 크고 작은 전쟁은 전통적인 농업구조의 형성과 확립을 하게 하는데 강력한 추진작용을 했다. 전쟁은 치열하게 대치하고 있는 정치와 경제 역량의 충돌을 대변하는 표현 형식이었고, 전쟁은 언제나 일정한 정치관계, 경제관계의 요구사항을 표현해 주었던 것이니, 그러한 표현은 다음과 같다.

첫째, 전쟁의 목적은 대부분 성을 쟁탈하고 토지를 빼앗고, 인구를 강제로 빼앗는데 있다. 토지와 인구는 농업생산을 하는데 중요한 요소이다. 또한 영웅으로 칭송되는 것이 각국 통치자들의 최대 관심사였다. 즉 "제후의 세 가지 보물은 토지, 백성, 정사(政事)이다"였다.[30] 토지와 인구의 쟁탈은 바로 세력범위를 쟁탈하는 것이고, 자신의 위세를 표현하는 것이었다.

둘째, 전쟁은 각 사회계층의 지위와 그 활동을 크게 조정해 주었다. 과거의 등급제도는 빈번한 전쟁 중에 모두 소멸되었다. 과거의 경제상황에서 있었던 치열한 다툼도 지나쳐 버리게 되었다. 이러한 전쟁은 과거 농촌사회 구성원이 구 경제조직에 속박되었던 올가미를 완전히 벗어나게 해주었다. 즉 인신의 자유를 가져다주었던 것이다.

셋째, 전쟁은 토지의 점유를 보편화 시켰다. 많은 사람들이 군에 들어가 공을 새움으로써 양적으로 많은 토지를 얻을 수가 있었다. 그리하여 새로운 토지 점유집단이 형성되게 되었다. 이러한 새로운 토지와 자원을 재분배 하는 것은 비록 전사들이 전쟁에서 용감하고 두려워하지 않도록 힘을 북돋기 위한 목적에서 실행된

---

30) 『孟子』, 「盡心」 下.

것이기는 하나, 이러한 작전은 토지 사유화와 새로운 토지에 대한 경영방식을 도모하는 계기를 창조해 주었던 것이다. 『관자(管子)』는 일찍이 이런 말을 했다. "좋은 토지는 전사(戰士)들에게 있는 것이 아니다. 3년만 지나면 병사는 약해지기 마련이다"

이러한 요소들이 종합적으로 작용하는 가운데 전통농업의 경제구조가 형성되어 갔고, 기본적으로 성숙될 수 있는 조건을 확립해 주었다. 이러한 조건은 크게 두 가지 면으로 나타났다.

첫째, 토지사유제의 보편적 확립이었다. 춘추시기 이전에는 "하늘 아래 좁은 땅에 왕의 땅이 아닌 곳이 없다"와 "농토 안에는 죽을 쑬 것조차 없다"라는 것이 토지국유의 원칙이었다. 토지를 점유하는 것은 종법귀족의 특징이었다. 전국시기와 진한시기에는 토지의 사용가치가 높아짐에 따라 토지는 재부를 늘리는 유리한 형식이 되었다. 사회 각 계층은 모두가 각종 방법을 통해 토지를 점유하는데 전력투구했다. 그러는 가운데 토지사유제가 확대 발전하게 되자 토지 매매도 이에 따라 빈번하게 일어났다.

동중서(董仲舒)는

> "진나라는 상앙의 변법을 이용하여 제왕의 제도를 개혁하고, 정전제를 없애고 백성이 매매하여 토지를 얻을 수 있게 함으로서 부자는 토지가 많이 늘어나게 됐으며, 가난한 자는 송곳 하나 박을 자리가 없었다……. 자작농이 토지를 경작할 경우에는 그 세금이 50%나 되었다"

고 했다.[31] 토지사유제가 일단 확립되자 전통농업의 경제구조는

방아 찧는 그림, 동한시기 벽돌에 그린 그림

그 기초가 더욱 건실해 졌다.

둘째, 개체가정의 생산조직이 대량으로 나타났다. 개체가정은 농촌공사가 해체되고 농촌공사의 구성원이 토지의 속박으로부터 이완된 후 비로소 대량으로 생산되기 시작했다. 전국시기와 진한 시기에 가장 두드러진 특징은 사회계층의 변동이었다. 특히 대량의 자경농 가정이 나타났다. 이들의 종류는 "5묘를 가진 집, 100묘를 가진 집" 등 소농이었다. 바로 개체농가 농업생산조직 그 모습

31) 『漢書』, 「食貨志」.

이었다. 그들은 세금과 요역을 제공하는 것을 통해 정부와 연계되어 졌다. 혹은 토지를 빌려 농사를 지은 후 세금을 냄으로써 지주와의 생산관계도 발생하였다. 경제가 발달하지 않은 시대에 이러한 개체가정 경제조직은 빈곤의 위협을 감소시켰고 기본적으로 생존을 유지할 수 있는 가장 유효한 형식의 하나가 되었다. 맹자는 이에 대해서 "5묘를 가진 가정은 뽕나무를 심었고, 50묘를 가진 자는 비단옷을 입을 수 있었다. 닭, 돼지, 개 등의 가축은 그 시기에 없는 집이 없었다. 70묘를 가진 가정은 고기를 먹을 수 있었다. 100묘를 가진 집은 시기에 관계없이 여러 식구가 있는 가정이라도 굶지 않을 수 있었다"고 했다.[32] 이로써 개체가정이 독립된 존재였음을 알 수가 있다. 전통농업경제는 가장 좋은 경제조직 형식이었고, 관리조직 형식이었다. 가정조직은 예전의 종법조직과 농촌공사로부터 벗어난 후에 일종의 새로운 경제기능과 경제적 의의를 부여받게 되었던 것이다.

토지사유제와 개체가정 조직이 보편적으로 존재하는 상황 하에서 중국의 전통농업은 마침내 일반적으로 존재하게 되었으며 널리 발전해 갈 수 있는 방식을 찾게 되었던 것이다. 이것이 바로 정밀하면서도 철저하게 농사를 짓는 그런 농업이 시작되었기 때문이고, 토지는 능히 남에게 이전될 수 있었기에 유동적인 토지사유제가 될 수 있었으며, 개체가정 노동조직 형식이 긴밀하게 결합된 전통농업경제 구조로 자리 잡게 되었던 것이다. 대략 진나라와 서한시기에 이런 종류의 농업 경제구조, 즉 전통사회의 경제구조가

32) 『孟子』, 「梁慧王」 上.

시장(集市), 동한시기 벽돌에 그린 그림

최종적으로 형성 확립되게 되었던 것이다.

3) 봉건제 전통경제의 번영과 발전

중국의 봉건제 전통사회 경제구조가 형성되고 확립된 후에 약 2000여 년이라는 오랜 기간이 지나면서 서서히 그리고 찬란한 발전의 역정이 시작되었다. 이는 전통농업을 개변시켜 단일 방향으로 발전케 하는 길을 심화시켰다. 그리하여 넓은 지역에서 농업생산에 종사하는 경제활동을 촉진시키게 됨으로써 더욱 발전하게 했다. 그리하여 수많은 인구를 만들어 내게 되어 중화민족은 이른 시기부터 인구가 많아졌으며, 부유하여 충분한 생활을 할 수 있도록 하게 함으로써, 세상에 이름을 드높이게 되었던 것이다. 그리하여 세계사에서 보기 드문 농업문명을 만들어냈고, 전통사회의 경제 기적을 창조해 냈던 것이다. 나아가 중화민족의 통일을 유지해 주었고, 동방에서 가장 융성한 농업제국으로써 번영과 창성함을 지탱해 나갈 수 있게 되었다.

중국 봉건제 전통경제가 일단 형성된 후에는, 오랜 시간 동안 천천히 발전해 가던 중 5개의 아주 높은 발전 단계를 거치게 되었다. 즉 진한시기, 위진남북조시기, 수당시기, 송원시기, 그리고 명청시기가 그것이다.

첫째, 진한시기(기원전 221년에서 기원후 220년)이다. 진한 시기는 중국 전통사회경제 구조를 형성시킨 후 첫 번째로 높은 발전단계를 가져왔다. 진한 시기는 중국이 정치상에서 오랜 기간 통일과 안정을 실현했을 뿐만 아니라, 또한 경제상에서 개체소농 경제의 번영으로 말미암아 모든 사회경제가 상당한 수준으로 발전했던 시기였다.

진나라 왕조는 중국에서 최초의 봉건적 통일제국이었다. 진시황은 군현을 설치하고 전제왕권의 중앙집권 정치제도를 건립시켰다. 중앙집권제도를 공고히 하기 위해서 유력한 여러 조치를 취하였다. 즉 법률의 통일, 도량형, 화폐, 문자의 통일을 기했고, 함양(咸陽)을 중심으로 치도(馳道)를 수축했다. 그리고 민간이 소유하고 있던 병기를 거두어 들였고, 징병제를 실행하였으며, 분서갱유, 통일사상, 만리장성의 수축 등 많은 조치를 취했다. 그리하여 이를 토대로 봉건대제국이 번영할 수 있도록 추진하였다. 한무제시기(B.C. 140년~B.C. 87년)에 이르러 가정생활은 더욱 풍족해 졌고 평안한 상황이 나날이 높아갔다. 사서에서는 이 당시의 상황에 대해서 다음과 같이 기술하였다.

“무제 초기에 이르러 70년 동안은 국가에 큰 일이 없었고, 수재나 한재도 없었다. 그리하여 백성들은 집집마다 풍족했고 모든 곳간마다 가득했다. 나라의 곳간도 재화가 남아돌았다. 경사에 쌓인 돈은 백거만(百鉅萬)이나 되어 돈 꾸러미를 꿴 끈이 다 헤져서 이를 다시 꿸 수가 없을 정도였다. 큰 창고의 곡식들은 많이 쌓여 있어 밖에다 적재할 수밖에 없는 관계로 부패되어 먹을 수가 없었다. 서민들이 모여 사는 거리 골목마다 말들이 즐비하게 서 있었는데, 그 무리가 헤아릴 수 없이 많아, 말 탄 자가 그 무리를 인도하려고 해도 그들을 모을 수가 없었다. 성문을 지키는 자는 대들보에 묶여 있는 고기를 먹었고, 벼슬에 오르도록 자손을 길렀으며, 관에 있는 자는 성씨를 가졌다. 사람들은 서로를 사랑하고 범법자

장신궁의 등(실용적이면서 아름다운 한대(漢代) 청동기 등롱(燈籠)의 걸작품)

홍도기 부뚜막, 동한

에게는 죄를 엄중하게 물었으며, 올바름을 행하는 것을 우선시 했고, 부끄러운 짓을 하거나 욕된 짓을 하는 자는 쫓아냈다."33)

진한시기 특히 양한시기의 경제 번영은 전통사회 경제구조로 하여금 대단히 큰 우월성을 나타냈다. 농업, 수공업, 상업과 대외무역의 발전은 양한 경제의 영향력을 멀리 주변의 많은 국가와 지역에까지 미치게 했다. 그러나 양한 사회경제의 장기적인 발전과 번영은 지방의 호족세력을 급히 성장시켰다. 그리하여 정치와 경제

33) 『漢書』, 「食貨志」 上.

상에서 국가의 역량을 약화시켰다. 이는 시대의 동탕과 분열의 씨앗을 감추어 주는 상황이 되었다.

둘째, 위진남북조 시기(기원후 220~581)이다. 제1차 단계에서 최고로 발전했던 역정을 배경으로 중국의 전통사회경제는 삼국시대, 위진남북조의 완만한 발전 단계로 진입하였다. 약 3세기 반이라는 긴 세월 속에서 중국의 대부분의 국토는 분열과 대치 상태로 함몰되어 갔다. 그리하여 빈번한 크고 작은 전쟁이 뒤를 이었고, 수백 년간 고도로 발전해 온 농업경제의 기초와 성취를 동요시키고 훼손시켰다.

북방의 광대한 넓은 지역은 봉건통치제도의 통치 중심이 되었고, 또한 전통 농업경제가 가장 발달한 지역이었다. 그러나 전쟁에 의해 가장 심한 파괴를 당했다. 매우 부유한 지역이었던 이곳에서는 전쟁이 계속되었고, 그 피해가 끊이지를 않았다. 예를 들면 진혜제(晋惠帝, 기원후 290~307)시기에는

> "도적들이 발호하여 사(司)와 기(冀)지역이 큰 기아에 봉착하자 사람은 인육을 먹었다. 계룡(季龍) 말년부터……강호(羌胡)가 서로 공격을 하여 어느 달도 전쟁이 없는 달이 없었다. 청(靑), 옹(雍), 치(齒), 형(荊) 등의 주에서는 모든 도호(徒戸) 및 제씨(諸氏)들과 강(羌), 호(胡), 만(蠻) 등 수백만이 각각 본토로 들어와 도로에서 만나게 되면 서로 죽이고 약탈했다. 또한 굶어죽거나 전염병에 사망하는 자는 열 명 중에 두세 사람이었다. 제하(諸夏)의 분란은 농사에 다시 임할 수 없게 되었다".34)

이처럼 끝이 없이 벌어지는 전쟁에 의해 사회경제에 미친 파괴가 어느 정도였는지 상상이 갈 것이다. 이처럼 천하가 혼란스런 상황에서 백성들은 조석으로 불안해 하였고, 편하게 보내는 해가 없었으며, 하루도 평안한 날이 없었다. 그러니 어찌 편안하게 농업생산에 임할 수 있었겠는가? 이러한 상황은 『진서(晋書)』에서 잘 보여주고 있다.

> "혼란이 시작된 이래 60여 년간 백성들은 거의 기력을 소진했고, 백 가지 중 남아 있는 것이 하나도 없었다. 강은 구릉처럼 되었고, 여름이 되어도 밭고랑에는 말라버린 쑥으로 검게 변해 있었으며, 나무는 불타버렸고, 밭고랑은 이미 평지가 된지 오래였기에 살아가는 것이 막막했으며, 어디에 기대야 할지 의지할만한 것은 어디에도 없었다"[35]

고 기술하고 있다.

남방의 경제는 진한시기에 황하유역에 비해서 많이 약화되어 있었다. 서진(西晋)시기 말경을 전후해서 북방의 농민이 대량으로 남쪽으로 이동했다. 그리하여 남부지역에서는 노동력이 증가하게 되었고, 그들이 가지고 온 비교적 선진적인 생산도구와 생산기술 등은 남방을 개발하는데 매우 신속하게 이용되었다. 이는 당시의 사회경제 발전을 촉진시켰다. 그러나 한 쪽에서 편안하게 위치해

---

34) 『晋書』, 「石季龍載記」 下, 冉閔載記.
35) 『晋書』, 「孫楚傳」.

있던 동남부의 각 왕조는 여전히 세력 있는 호족들에게 의지하는 통치를 유지하고 있었다. 거주민이나 토지를 가지고 있는 지주귀족들은 서로 토지를 분할해서 차지하고자 하였다. "희산봉수"였다. 이와 더불어서 종법관계를 이용하여 대량의 인구를 감싸고 돌아 "많은 자는 9족에 이르고, 적은 자는 3세에 이른다"고 했다. 기타 인구에 의거하는 자는 그 수를 헤아리기 어려웠다. 사가대족(士家大族)의 팽창은 국가의 경제력을 약화시켰을 뿐만 아니라, 또한 자연경제의 추세를 강화시켰다.

셋째, 수당시기(기원후 581~907)이다. 수당시기 중국 전통사회경제는 다시 한 번 고도의 통일과 강대한 집권 대제국을 출현시켰다. 전통사회의 경제 또한 회복과 발전하는 좋은 시기를 맞이하게 되었다. 농업, 수공업, 사업과 대외무역이 신속하게 발전하였고, 사회경제의 번영 정도는 이전의 어떤 시기보다도 월등했다. 역사서에서는

> "수씨(隋氏)는 서경(西京)에 큰 창고가 있고, 동경(東京)에는 함가창(含嘉倉), 낙구창(洛口窓)이 있으며, 화주(華州)에는 영풍창(永豊倉), 섬주(陝州)에는 태원창(太原倉)이 있어 쌀과 조를 싸놓았는데, 많은 것은 천만 석이었고, 적은 자는 수백만 석 이상이었다. 천하의 모든 의창(義倉)에는 모두 가득 차 있었고, 경도(京都) 및 정주고(井州庫)에는 포(布), 백(帛)이 각각 수천만 필 씩 있었다. 공훈 있는 자들에게 하사하는 것이 많이 나가도 풍부했다. 또한 위(魏)와 진(晋) 이하의 나라도 없었다."36)

수문제(隋文帝) 말년에는 "천하에 쌓아놓은 곡식은 모두 5, 60년을 공급할 수 있다"[37]라고 했다.

당나라 때에는 기본적으로 수나라 때의 주요 정치제도와 경제제도를 계승했다. 당태종은 균전제(均田制)와 부가세 감경책을 실시했으며, 유랑민을 불러들여 위안하였고, 당대의 경제제도와 정책의 기본 기조를 확립하여 당나라가 강성하게 되는 기초를 닦아놓았다. 당시 "천하는 대풍이 들었고, 유랑하는 자들은 고향으로 돌아갔다. 세금은 불과 3, 4전(錢)이었고, 한 해가 끝나도록 사형된 사람은 겨우 29명이었다. 동쪽에서 바다에 이르기까지 남쪽에서 나귀를 타고 다섯 령(嶺)을 넘어야 했는데, 이곳에 사는 모든 외민족에게 문을 닫지 않았고, 여행을 하더라도 양식 등 뇌물 없이도 다닐 수 있었으며, 길을 갈 수 있도록 했다".[38] 이를 '정관(貞觀)의 치(治)' 라고 했다. 또한 몇 세대가 지나 당현종 개원(開元) 연간(713~741)에 이르면, 당나라의 사회경제는 최고조에 이르게 되었다. 역사서는 "집집마다 사람들은 풍족한 생활을 했으며, 사람들은 어려움이 없었고, 4이(夷)도 마찬가지로 해내(海內)는 모두 편안하였다"고 기술하였다.[39] 또한 "이때에는 해내(海內)가 부유했고, 미곡 한 말에는 13전(錢)의 가치가 있었다. 제간(齊間)은 1말에 겨우 3전이었고, 비단은 1필에 200전이었다. 도로에는 가게들이 줄지어 있어, 술과 음식을 차려놓고 길 가는 행인들을 기다

---

36) 『通典』, 「食貨典」.

37) 『貞觀政要』, 「論貢賦」.

38) 『資治通鑒』, 「太宗皇帝」.

39) 『通典』, 「選擧典」.

렸다. 가게마다 말과 나귀가 있고, 천리를 가도 지키는 병사들이 없다. 해마다 천하에서 들어오는 물건은 세금이 200여 만 민(緡, 동전 꾸러미로 세는 돈의 단위-역자 주), 곡물 1,980여 만 곡(斛, 1석), 조영(調庸, 세금의 일종-역자 주)으로 견 740만 필, 면 180여 만 둔(屯), 포 1,350만여 단(端)이나 되었다"[40]고 했다. 대 시인인 두보(杜甫)는 "예전의 개원(開元) 치세 때에는 매일 매일이 풍성한 날이었고, 작은 읍의 많은 집들은 모두가 풍족했으며, 쌀은 기름졌고 새하얗다. 나라 것이든 개인 것이든 창고마다 가득 차 있었다"고 칭찬했다.

그러나 중당(中唐) 이후부터 사회경제의 발전은 쇠퇴하기 시작했다. 지방에서는 할거하는 세력들이 지배했고, 강대한 호족세력들이 또한 발호했다. 이러한 정치 분열은 국가경제를 쇠락의 길로 걸어가게 하였다. 그리하여 수당(隋唐)의 성세는 분쟁과 할거의 와중에서 소멸되고 말았다.

넷째, 송원시기(宋元時期, 960~1368)이다. 송원시기는 중국 전통사회의 경제가 하나의 새로운 발전단계로 진입하는 시기였다. 이 시기의 사회경제는 좀 더 심도 있고 넓은 시각에서 말한다면 수당시대 및 그 이전시대와는 아주 크게 달랐다. 모든 국가경제의 번영과 발전은 "내 쪽으로 기울어진 형태"로 발전하는 형상이 명확하게 나타났다. 특히 북송과 남송시기에 그 나타난 양상은 매우 특출했다.

양송(兩宋)시기는 비록 변방국가로부터의 압력이 매우 컸고, 변

40) 『新唐書』, 「食貨志」.

설날풍습도, 송대

방에서의 전쟁도 자주 일어났지만, 그러나 종합해서 말한다면, 사회정치의 환경은 상대적으로 평화스러웠고 안정되었다. 국내 계급간의 모순과 충돌도 상대적으로 완화되었으니 이것은 사회경제의 회복과 발전을 창조하는데 필요한 조건이 되었다. 따라서 농업, 수공업, 상업은 또 다시 번영 발전하는 하나의 시기로 되었고, 도시경제도 매우 활발하게 되었다.

북송시기의 국가적 위세는 수당의 위세에는 크게 못 미쳤지만, 사회경제적 번영과 활약상의 정도는 그다지 약하지 않았다. 농업생산은 회복하여 다시 발전하기 시작했고, 개체농민은 이미 널리 철제농구를 사용하였으며, 이전에는 일정한 구역에서만 경작을 하던 많은 농작물이 그 파종 범위와 구역이 신속하게 확대되어 갔다. 남방에서는 이미 북방의 콩, 보리가 널리 경작되었고, 북방의 확대된 지역에서도 조도(旱稻)가 경작을 시작하고 있었다.

수공업은 번영하는 모습을 잘 나타내 주었다. 특히 야철(冶鐵), 방직, 도자기 제조, 조선업 등이 발전하여 그 이름이 널리 퍼지게 되었다. 특히 도자기의 제조기술은 세상에 널리 알려졌는데, 즉 가요(哥窯), 용천요(龍泉窯), 균요(鈞窯), 정요(定窯) 등이 그런 곳이었고, 경덕진(景德鎭)에서 만든 도자기는 전국적으로 유명해 졌다. 상업도 매우 활발해서 국내외 무역이 발달하게 되었다. 우리들은 지금까지 북송의 장택단(張擇端)이 그린 『청명상하도(淸明上河圖)』로부터 당시 동경변(東京邊) 하안선의 번화했던 광경을 엿볼 수가 있다. 가장 빨리 등장했던 화폐 즉 교자(交子)도 사천(四川)지역에서 이때 나타났다.

남송왕조는 동남쪽 일부 편벽한 지역에 처해 있었지만, 사회경제의 번영과 정도는 북송에 비해서 훨씬 높았다. 특별히 남방의 인구가 증가함에 따라 장강유역의 개발은 더욱 높이 발달했다. 그들은 많은 호수와 강 연안, 그리고 황지인 구릉의 땅들을 개간하여 이용함으로써 장강유역의 경제발전 수준은 황하유역을 훨씬 초월하게 되었다. 그리하여 그 당시는 물론 지금까지도 중국에서 가장 중요한 경제의 중심지역이 되었다. 농업은 나날이 정밀한 방법에 의한 경작방식으로 발전해 갔다. 매 묘(畝) 당 농업생산량도 증가했다. 소주(蘇州), 호주(湖州), 상주(常州), 수주(秀州, 현 절강성 가흥)는 천하의 식량 창고가 되어 “소호지역의 농사가 잘 되면 천하가 다 풍족하다(蘇湖熟, 天下足)”는 말이 생겨날 정도였다.

남송 후기에 면화의 재배지역은 신속하게 확대되었다. 남령산맥(南嶺山脈)과 동남구릉지역은 장강과 회하유역으로 확대되어 갔다. 면방직업은 개체농업의 주요한 부업으로 널리 퍼지게 되었다. 조선기술도 현저하게 발전하였다. 명주(明州), 천주(泉州), 광주(廣州)는 상당한 규모로 발전하여 조선업의 중심지가 되었고, 거기서 만들어지는 배는 오륙백 명이 탈 수 있었고, 무게는 200여 톤이 넘었다. 상업과 대외무역도 크게 발전하여 역사상 가장 높은 수준에 이르렀다. 전국 최대의 상업도시인 임안(臨安)의 인구는 거의 100만 명에 육박했다. 이곳은 "만물이 집중하는 집산지"가 되었고, "매매는 밤낮을 가리지 않고 온종일 이루어졌다". 해외무역의 규모와 영역은 더욱 확대되었다. 중국의 전통사회경제는 양송 시기에 들어 역사상 세 번째의 고도 발전단계에 이르렀던 것이다.

원나라의 통치시기는 비교적 짧아 사회가 안정되었던 기간은 그리 길지를 못했다. 유목경제에 의해 지탱해 왔던 소수민족이 건립한 통치로 말미암아 농업경제는 주로 만리장성 안 쪽 한족들이 사는 지역에서 이루어졌다. 그리하여 경제가 발전할 수 있는 유효적절한 정책과 조치가 부족했다. 따라서 원나라가 통치한 근 100년 동안은 농업경제가 그다지 뚜렷한 발전 모습을 보이지는 못했다. 수공업과 상업의 발전 정도도 남송과는 비교할 수 없을 정도였다.

다섯째, 명청시기(1368~1840)이다. 명청시기는 중국 전통사회 중에서 가장 오랫동안 평화와 안정을 유지했던 시기로, 전통사회경제는 찬란한 꽃을 피우는 단계로 접어들었다. 이렇게 해서 비록 명청시기 때 자본주의의 맹아가 나타나기는 했지만, 중국 전통사회의 경제적 틀을 벗어나지는 못했다. 또한 1840년 아편전쟁이 폭발함으로 말미암아 중국 전통의 독자적 경제적 발전의 길이 타격

청명상하도(靑明上河圖)의 일부, 송대

을 받아, 중국은 서방공업사회 앞에서 낙후되는 면을 보이지 않으면 안 되게 되었다. 그러나 이러한 것으로 명청 양 왕조시기 전통경제의 번영과 발전 정도를 부정하기에는 부족하다.

명나라 초기 왕조정부는 사회 생산의 회복과 발전을 촉진시키는 일련의 조치를 취했다. 예를 들면, 농민이 개간한 황무지에 대해서는 소유권을 승인해 주고 3년 동안의 부역(賦役)을 면제해 주었고, 토지가 없는 농민에서 전지가 많은 농민에 이르기까지 조금이라도 황무지를 개간하기 위한 조직을 만들었다. 또한 수리관개 시설을 수리하거나 새로 건설했고, 면화, 마, 뽕나무 등의 재배를 제창했으며, 상업세 등을 대폭적으로 낮춰주었다. 선덕(宣德, 1426~1435) 년간에 이르러 개간한 토지의 면적은 원나라 말에 비해 3배나 증가했고, 세금으로 들어오는 양식은 2배나 증가했다.

명대 중기에는 농업생산 수준이 전대 왕조를 대대적으로 초과하였다. 또한 간작(間作, 두 종의 작물을 번갈아 심는 경작방법-역자 주) 및 투종(套種, 두 종류의 작물을 함께 심는 방법-역자 주)하는 경작방법이 상당히 발달했고, 북방의 보리경작지대에선 투종이 보편적으로 추진되었다. 동남연해지역에서는 벼의 이기작(二期作) 면적이 확대되고 있었다. 영남지역에서는 3기작까지 경작하고 있었다. 면화의 경작도 큰 강의 남북지역으로 확대되었다. 원산지가 미국인 옥수수, 사탕수수, 연초 등도 국내에 들여와 재배하였다. 수공업의 발달은 먼저 민간수공업의 규모가 상당히 커짐으로써 일부 행업에서는 자본주의의 싹이 나타나고 있었다. 도시경제는 공전에 없던 번영을 이루고 있었다. 전국에서는 수십 개의 대도시와 많은 신흥도시들이 나타났다.

정화(鄭和)가 이끈 일곱 번에 걸친 서양 원정으로 대표되는 대외무역은 그 활약상과 빈번했던 교역상황을 대표해 준다. 명나라 황실과 관료 귀족집단은 이러한 부유한 경제를 기초로 해서 날로 부패해 가면서 몰락의 길을 걷다가 결국에는 명나라 말기에 농민들의 대대적인 저항을 양성시키고 말았다.

청나라 초기에 정부는 장기적인 전쟁에 의해서 조성된 "백성에게는 남아 있는 것이 없고, 전지의 지력이 다 해 모두 황무지가 되었다"는 국면에 대해 황무지를 개간하는 정책을 장려하는 조치를 취했다. 강희(康熙) 51년(1712)에는 이전에 일 년마다 계산된 정

(丁)의 숫자로써 징수하던 정세(丁稅)를 매년 조사하지 않고 정수(丁數)를 고정시켰다. 이후 "세상이 좋아져 정수가 늘어나도 영원히 세금이 늘지 않는다"는 시대를 맞이하게 되었다. 옹정(雍正) 2년(1724)에는 "정으로부터 매 묘 당 수세를 배당한다(攤丁入畝)"는 법을 실행하여 정세(征稅)가 균일하게 되었다. 이는 바로 한당(漢唐) 이래 실시되어 왔던 인두세(人頭稅)가 철저하게 폐지되는 조치였다. 이러한 개혁조치는 농업생산 발전을 촉진시켰다. 청나라 초에서 아편전쟁 전까지 경지의 면적은 549만 경(頃)에서 756만이 넘는 경으로 확대되었다. 인구는 엄청나게 증가하여 거의 4억에 이르렀다. 식량작물과 경제작물의 경작면적과 생산량은 현저하게 높아졌다. 사탕수수, 옥수수 등의 경작은 장강과 황하유역까지 확대되었다. 수공업 특히 민영수공업은 장적제도(匠籍制度)가 폐지됨으로 말미암아 크게 발전되었다. 각종 전문적인 공상업이 남방의 넓은 지역에 있는 도시에서 분분히 나타났다. 이에 대해서 전통사회사 연구자들은 "강희제(康熙帝)와 건륭제(乾隆帝)의 성세시기"라고 칭하고 있는데, 그 시기는 백 수십여 년이나 되었다. 이러한 청나라 전기의 사회경제적 번영은 사회정치의 기초가 되었다.

중국 전통사회의 경제가 진한에서 명청시기에 이르는 2000여 년 동안 발전해 온 궤적과 역정은, 수차례에 걸친 비교적 커다란 곡절과 변화를 거치면서 흥성과 쇠락이 번갈아 나타나게 했다. 우리들은 이유 없이 역사적 사실을 돌아보지 않고 중국 전통사회경제의 발전과 진보를 부정하거나, 이들이 이루어 놓았던 찬란한 성취를 부정해서는 안 될 것이다. 마찬가지로 우리들은 중국 전통사회의 경제가 아편전쟁이 일어나기 전까지는 우리 스스로 자아실현을 하지 못했고, 이로 말미암아 공업화사회로 나아갈 수 없었음을 인정해야만 할 것이다. 이러한 객관적인 사실을 들여다보면, 우리들은 중국 전통사회의 경제적 전도를 기대할 수 없는 암담한 역사의 터널을 지나왔었음을 인정하지 않을 수 없는 것이다.

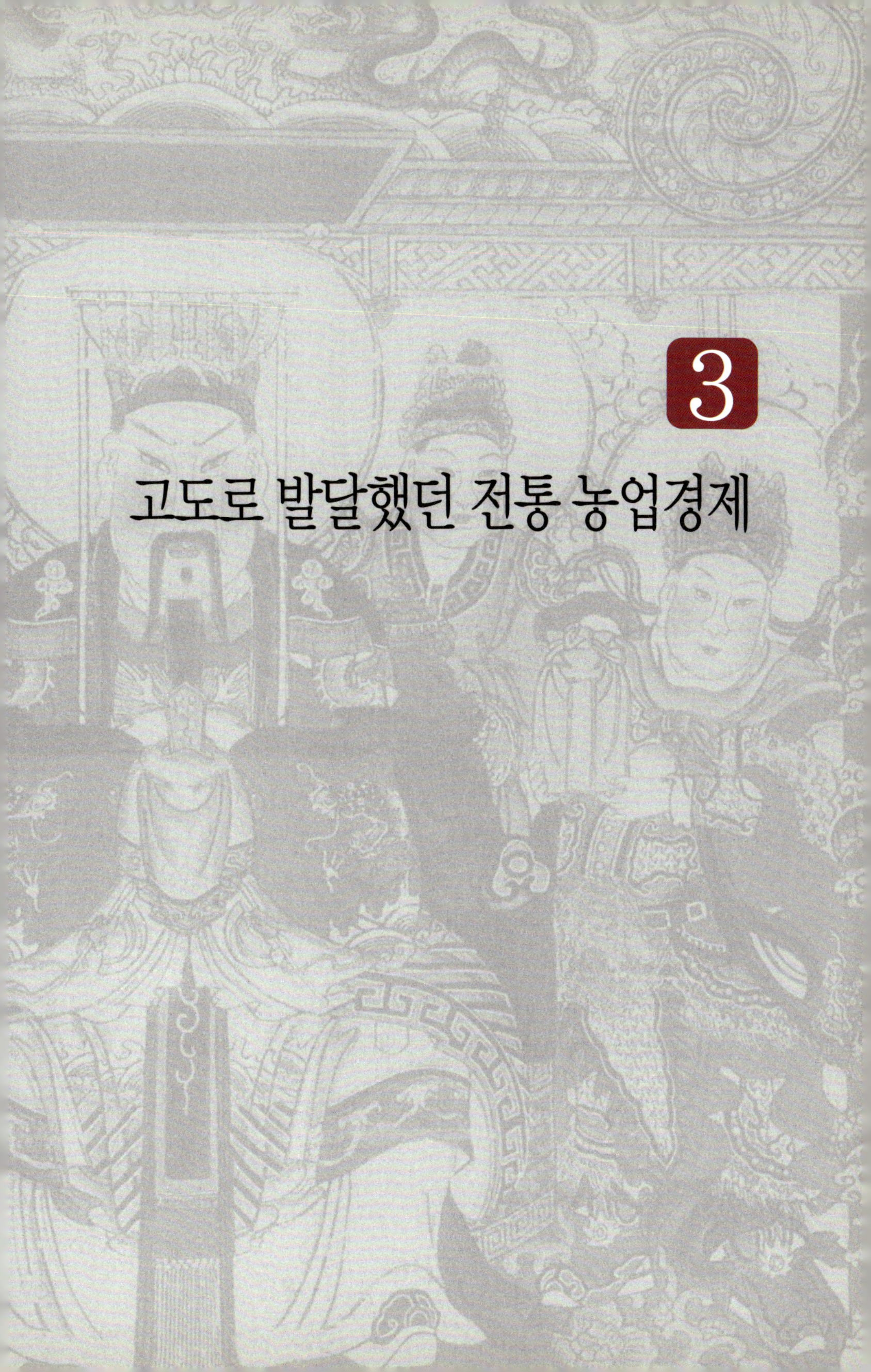

3

고도로 발달했던 전통 농업경제

고도로 발달했던 전통 농업경제

어떤 민족의 경제활동일지라도 일정한 시간과 공간에서 진행되게 마련이다. 인간은 자신의 의지에 따라서 자기가 생존하는 환경과 생존하는 공간을 선택할 수가 없다. 인간은 오직 자기만의 창조적인 활동을 통해서 이미 정해져 있는 자연과 인간의 세계를 변화시킬 수 있는 것이다. 또한 이러한 변화시키려는 노력은 인간의 인식 수준과 필요 정도에 따라서 크게 결정된다. 농업생산은 실질적으로 동식물의 개체 및 생장 발육하는 환경조건과 인류사회의 생산노동 등 이들 세 방면의 요소가 서로 작용하는 과정에 의해서 자연환경과 자연조건이 때때로 중요한 작용을 한다. 이는 또한 한 지역의 자연조건과 환경의 좋고 나쁨이 농업생산의 발전상황과 발전수준을 결정하거나 제약시키는 아주 큰 요인이 된다는 말이기도 하다. 중국의 전통사회경제가 정상적인 발전을 초월할 수 있었던 것은 무엇보다도 고대 중국이 농업을 위하여 우월한 자연조건과 환경을 제공해 주었기 때문이었다.

1) 농업 제일의 경제성취와 발전 역정

농업은 중국 전통사회의 경제에 있어서 열쇠와 같은 작용을 했다고 이해되고 있다. 전통농업은 중국농업제국의 건실한 기초로 정립되어, 농업제국 발전의 기본적인 경제조건을 제공해 왔다. 중세기의 세계 경제사를 보면 거의 모든 대제국이 전통농업의 기초 위에서 건립되었음을 볼 수 있다. 그러나 어느 한 국가 혹은 지역도 중국사회의 경제와 비슷하게 발달했던 농업경제는 없었고, 이처럼 생명력이 충만한 개체소농 경제와 이처럼 정밀하게 경작하는 농업 생산방식은 어느 곳에서도 없었다. 중국의 전통농업이 오랫동안 지켜온 생명력과 거대한 우월점은 바로 정밀한 경작방법에 의한 농업 생산방식에 있었던 것이다. 석성한(石聲漢)은 다음과 같이 개괄하고 있다.

> "중국은 농업생산 상에서 선진적이고 풍부하며, 완비된 과학기술 지식체계를 가지고 있었다. ……이는 무수한 노동인민의 지혜의 집중이며, 1만 년을 경과하는 동안 누적된 것으로서 이는 서서히 충실해지고 개량되었으며 그 기술력이 향상되어 완비되기에 이르렀던 것이다. 이러한 경험을 지도하고, 근면하고 질박한 농민들의 끊임없는 노력이 함께 활용됨으로써 중국의 농업생산이 과거의 1억이나 되는 인구에게 여러 종류의 생활물자를 제공하였던 것이다. 그리하여 유구한 역사는 견고한 기초를 닦아 놓았고, 또한 중국이 여러 종류의 과학 원리에 대한 지식과 철학에 의해 물질적 조건이 준비되게 되었던 것이다. 역사가 기록된 지 몇 천 년

동안 중국의 농업은 많은 크고 작은 천재지변과 인재(人災)를 경험했으나, 시종 기술적인 지도 위에서 잘못을 저지르거나 중대한 실수를 일으킨 경우는 나타나지 않았다. 이러한 사실은 이들 방면에서의 과학기술 지식체계가 충분한 우월성을 가지고 있었음을 증명해주는 것이다".[41]

중국 전통농업의 정밀한 생산방식은 오늘날의 중국 농업생산 경영자들도 탄복하고 있을 뿐만이 아니라, 모든 세계의 사람들도 놀랄 정도였다. 근대 농업학의 창시자인 독일학자 이비히(Liebig)는 "어느 것과도 비교할 수 없는 경작방법이었다"고 평했다. 그는

"국가 혹은 민족의 흥망성쇠는 동일법칙의 지배를 받는다. 그 규정에 따르면, 만일 국토의 비옥한 여러 조건에 대해서 약탈을 기도한다면 그것은 곧 몰락을 가져오는 것이고, 이를 더욱 유지시키고 증진시켜 간다면 그것은 영원히 존속될 것이며, 큰 부와 세력을 얻게 될 것이다……지구상에서 어떤 한 대제국의 흥망성쇠는 그들 민족이 어떤 것에 의해서 흥쇠 되고 교체되는 바를 몰랐다는 것을 설명해준다. 아부라함이 이집트에 들어갈 때부터 시작하여 우리가 현재 처해 있는 시기에 이르기까지 중국에서는 내전으로 말미암아 사람이 가지고 있는 규율의 증식이 우연에 의해서 중단되었을 뿐이다. 그러나 이들 모두가 토양의 비옥함을 쇠약하게 한 적이 없고, 또한 경작자의 호미와 쟁기가 닿지 않는 곳이

41) 石聲漢, 『中國農學遺産要約』, 農業出版社, 1981年, 第1頁.

없었다"[42]

고 했다. 미국학자 크라스도 마찬가지로 인식했다. 즉

"중국은 농업역사가들에게 아주 극적으로 의의가 있는 상황을 제공해 주었다. 우리는 이를 통해 다음과 같이 추측할 수 있다. 중국이 이처럼 다른 토양과 기후는 개론(概論)을 말하기가 쉽지 않다. 그러나 각 지역의 상황은 대부분이 같거나 비슷했다. …… 그들은 기후가 적당한 지방에서는 매년 2기작 내지 3기작 작물을 파종했고, 대규모적인 관개와 배수법을 채용했다. 그들이 일반적으로 동식물과 인류의 소산인 비료를 얻어낸 것을 모두 토양 속으로 다시 되돌아가게 했다. 그리하여 그들은 두 종류 혹은 두 종류 이상의 작물을 동시에 경작할 수 있었다. ……이것은 모두 지혜로움이 집약된 경작방법이며, 이는 이 국가로 하여금 고갈에 이르지 못하게 한 원인이었다"[43]

고 했다.

중국 전통농업의 성취와 발전 루트는 많은 사람들이 극도로 중시하는 결과를 가져왔다. 이는 바로 중국의 전통농업이 찬란한 성취를 이룬 후에도 지속적으로 동력을 유지할 수 있도록 한 감춰진 수수께끼였다. 이러한 지속적이며 끊이지 않는 동력은 중화민족과

---

42) 『中國傳統農業與現代農業』, 中國農業科技出版社, 1986年, 第19~20頁.
43) 앞의 책, 15頁.

중화제국 수천 년의 생존과 발전을 지지해 주고 유지할 수 있도록 해 주었던 것이다. 수천 년의 역사 중에서 전통농업경제는 일상적인 규모를 초월하는 발전을 가져왔고, 전통시대에서는 세계농업의 최고 수준을 가지게 할 수 있었던 것이다. 그 중요한 성취된 결과는 다음 몇 가지로 요약될 수 있다.

첫째, 중국의 전통농업은 발전과정 중에서 야생동물과 식물을 길들여 10,000여 종의 우량 품종을 육성시켰다. 이는 중국이 세계에서 배양식물의 발원지가 되게 했고, 픔종 자원이 가장 많은 부유한 국가가 되도록 했다. 현재 세계에서 재배되고 있는 1,200종의 식물 중에서 200종이 중국이 발원지이다. 그리하여 중국은 "세계 최대의 독립된 세계농업발원지와 식물 재배의 발원지"라는 소리를 듣고 있는 것이다.

그 다음 중국의 전통농업은 토지를 이용하고 이를 유지 보호하는 면에서 세계에서 가장 높은 수준을 창조했다. 인분을 이용한 거름, 풀로 만드는 거름, 진흙을 이용한 거름, 재를 이용한 거름, 깻묵을 이용한 거름, 광산자원을 이용한 거름과 그 외 여러 가지 거름 등 많은 거름을 처음으로 만들었다. 이를 통해 퇴비, 순토(馴土) 등을 만들기 위해 배합하는 방법을 창조했고, 이는 토지의 지력을 유지시키고 제고시키는데 많은 작용을 하게 했다.

또한 널리 윤작(輪作, 돌려 심기-역자 주)과 연작(계속해서 파종하는 방법-역자 주), 간작(섞어 심기-역자 주) 등 투종(套種, 여러 품종을 칸 별로 함께 심는 방법-역자 주)과 혼작(여러 품종을 수확 후 바꿔가며 심는 방법-역자 주) 등을 이용하여 토지이용율을 제고시켰다. 유럽에서 중세기에 성행했던 이전제(二田制), 삼전제 등 휴한경작법을 실시하고 있을 때, 중국은 이미 2년 3기작, 1년 2기작, 심지어 1년 3기작을 채용하고 있었다. 이처럼 중국의 전통농업은 정제된 정밀한 농업기술 체계를 정비해 놓고 있었다. 중국의 이러한 전통농업은 단위당 곡물수확량을 세계에서 가장 높일 수 있었다. 로마시기의 『크루미라농서(克路美拉農書)』에 보면, 당시 유럽농업의 수확량은 일반적으로 파종량의 4.5배였는데, 같은 시기 『운몽진간(云夢秦簡)』에는 중국농업의 수확량은 파종량의 10배나 되었다. 13세기 미국의 『헨리농서(亨利農書)』기록에 의하면 당시 영국농업의 수확량은 파종량의 3배였으나 17세기 중국의 『보농서(補農書)』에서는 태호(太湖) 지구의 농업수확량이 이미 파종량의 30배를 넘어서고 있었다고 하고있다. 마지막으로 중국의 전통농업은 또한 풍부한 생산 경험을 남겨둔 대량의 농서가 편집 저술되어 세계에서 농업서적을 가장 많이 보유하고 있는 국가가 되게 했다. 통계에 의하면 중국의 역대 농서는 모두 500여 부에 달하고 있고, 전해져 오는 것으로 300여 부가 있다. 그 중에는 과학적 가치가 높은 책도 많이 있다.

중국학자들은 역사상 전통농업의 실제적인 발전 수준을 이런 식으로 인식하고 있다. 전국시기 이리증(李悝曾)이 당시의 농업생산 상황을 추산한 것에 의하면 "한 남자는 5명의 가족을 거느렸고, 100묘의 농사를 지었다. 매년의 수확은 1묘 당 1석 반이었고, 조의 수확은 150석이었다"[44]고 했다. 전국시기 말경에 이르면 농업경제가 발달한 일부지역에서는 한 명의 농업생산자가 먹여 살린 인

44) 『漢書』, 「食貨志」.

술 빚는 그림, 한대 벽돌에 그린 그림

구는 눈에 띄게 증가하였다. 예를 들면 진(秦)나라의 경우 "상전(上田)은 9인이 먹을 수 있고, 하전(下田)은 5인을 먹여 살릴 수 있다. 따라서 어떤 때는 이익을 남길 수도 있고 어떤 때는 손해를 볼 수도 있다. 한 농업생산자는 이러한 농사를 지으면 10인을 먹여 살리고 가축 여섯 마리도 이에 포함된다"45)고 하였다.

양식의 생산 증가는 진나라로 하여금 가장 부유한 국가가 되게 했다. 『운몽진간(云夢秦簡)』속에 있는 「진율(秦律)」에는 많은 지방에 대해 모두 "만석 씩 쌓아놓았다"고 하는 양식창고에 대한 기록이 있다. 함양(咸陽)의 양식창고에는 "십만 석이나 쌓여 있다"고

45) 『呂氏春秋』, 「上農」.

기록하고 있다. 한대에 이르면 농업의 경작방법이 계속해서 높아졌다. 한성제(漢成帝) 때에는 여러 지역에서 이러한 경작방법이 널리 퍼지게 되어 양식의 1묘에 대한 생산율이 매우 증가하였다. 즉 "아주 좋은 땅에서는 19석이 생산되었고, 중간 정도의 땅에서는 13석, 안 좋은 땅에서는 10석이 산출되었다"고 하였다. 비록 이러한 생산량의 진실에 대해서 확실하게 알 수는 없지만, 1묘당 생산량이 많이 제고 되었다는 사실에는 의심의 여지가 없는 것이다.

위진남북조 시기 사회정치는 동탕에 빠져 사회가 불안했다. 농업생산 또한 엄청난 피해를 받았다. 그러나 남부의 광대한 지방은 봉건지주 장원경제가 여전히 큰 규모로써 진행되고 있었다. 예를 들면 공영부(孔靈符), 사영운(謝靈運) 등의 장원은 대단히 큰 규모였다. 사영운의 경우 『산거부(山居賦)』의 기록을 보면 "봄가을과 조석으로 물자 들어오는 것을 기다렸다. 경작을 하여 밥을 먹었고, 뽕나무를 키워 의복을 무역했으며, 채소를 심어 반찬을 만들었고, 약초를 채집하여 병자를 구원했다". 그러나 유유자작할 수는 없었다.

수당시기의 전통농업은 또 한 차례 고도의 발전시기를 맞이하였다. 농업의 생산도구와 기술의 개량, 토지 수리사업의 발전, 대량의 황무지 개간 등에 따라서 농업생산 면에서 최고조의 발전이 이루어 졌다. 기록에 의하면 수양제는 낙양에 낙구창(洛口倉)을 세웠는데, 이 창고를 둘러싼 성 주의 길이만 20여 리나 됐고, 곡식을 쌓아놓을 수 있는 창고는 300여 개였으며, 그 하나의 창고마다 8,000석을 쌓아놓을 수 있었고, 회낙창(回洛倉)을 설치하여 300개의 창고를 더 지었다고 한다. 이 두개의 창고에는 모두 2,600만 석을 저장할 수 있었고, 1,000여 명이 이를 지켰다고 한다. 1971년 이후 함가창(含嘉倉)의 유적지를 발굴한 바에 따르면 동서의 길이가 약 600미터, 남북의 길이가 700미터, 창고 내 배치된 회랑이 400여 개나 되어 이곳에 양곡을 쌓아놓았던 것이다. 이들 각 회랑의 길이는 18.5미터이고 깊이는 12미터, 비축할 수 있는 양은 1만 수천 석 이상이었다고 한다. 여기에 지방정부와 민간인들이 비축해 놓은 양식을 합한다면 그 수량이 얼마나 되었는지 충분히 추측이 갈 것이다. 천보(天寶) 8년(747) 전국의 10도(道)에 있는 상평창(常平倉)과 의창(義倉)에 쌓아놓은 양식은 모두 6,770만 석이었다고 한다. 이처럼 많은 양식은 당시 농업생산의 발전 정도를 부분적으로 반영해 주고 있다.

양송시기의 정밀한 농경방법은 농업생산을 또한 하나의 새로운 단계로 끌어올려 놓았다. 대량의 인구가 남쪽으로 이동해 들어옴에 따라서 강남의 넓은 대지는 개발되어 이용되기 시작함으로써 이전에 없었던 농업경작 열기가 나타나게 되었다. 농민들은 강남의 많은 자연조건의 한계를 극복하면서 강과 호수 해변의 농지를 개간하여 농전으로 만들어 놓았다. 그리하여 우전(圩甸), 어전(淤甸), 가전(架田), 산전(山田), 도전(涂田), 사전(沙畑) 등의 새로운 토지가 개간되어 나타났다.

수리사업 또한 크게 발전하였는데, 특별히 남송시기에는 "많은 북방사람들이 남쪽으로 건너온 후 수전을 이용하는 경우가 중원(中原)보다 많았기에, 수리는 크게 흥했다"46)고 했다. 북방인구의

46) 『宋史』, 「食貨志」.

남쪽으로의 대량 이주는 강남의 넓은 지역에 있는 토지를 개발하여 이용하게 되었다. 나아가 강남토지의 개발과 이용은 날로 정밀한 농경방식에 의해 이루어지게 되었다. 또한 이에 따라 인구의 성장도 신속히 일어났다. 그래서 중국의 전통농업 발전은 남송시기에 이르러 인구와 토지의 모순이 서서히 나타나 돌출하게 되었고, 이러한 경향은 날이 갈수록 더욱 첨예하게 이루어 졌다. 인구와 토지의 모순을 해결하기 위해서는 한편으로는 토지의 개간이 더욱 필요하게 되었고, 다른 한편으로는 정밀경영에 의한 생산방식을 강화해야 했으며, 그에 따른 더 많은 노동력을 필요로 하게 되었다. 객관적인 환경과 조건은 중국농업으로 하여금 선택을 결정하게 하여 날로 첨예화 되어 가는 인구와 토지의 모순을 해결할 수 있는 일종의 길을 모색토록 하였다. 이때서부터 중국의 전통농업은 농업변제효용체감의 추세가 시종 철저하게 일반관념이 되어 고쳐지지를 않게 되었다. 다시 말해서 토지가 증가함에 따라 일정량의 노동력을 투자하지만 양식의 산출은 날이 갈수록 적어지게 되었다는 것이다. 즉 전통농업의 열세는 점점 더 빨리 누적되어 갔던 것이다.

명청시기의 농업생산은 한정된 발전 공간 속에서 농작물의 새로운 품종이 들어오고 노동력 투입이 증가했으며, 농업의 생산기술이 개량 발전하는 것을 통해 놀라울 정도로 발전을 구가했다. 통계에 의하면 명청시기 중국의 인구는 다른 시기와는 달리 매우 증가했다. 명대 가정(嘉靖) · 만력(万歷) 년간에 약 1억 2천 만 정도의 인구가, 가경(嘉慶) 말년에 이르면 4억으로 증가하여 2.3배나 증가했다. 인구의 이러한 신속한 증가는 충분한 양식의 생산 없이는 불가능 했다. 청 중기의 경지면적은 대체로 11, 12억 묘였는데, 이는 명나라 때 제일 성장했던 시기의 7.84억 묘보다 50%나 증가한 것이었다. 인구 증가와 경지면적의 증가가 우리에게 말해주는 것은 명청 시기의 양식 증가가 단순히 경지면적의 확대에만 의존해서 이루어진 것이 아니라 옥수수, 사탕수수 등 고급 신품종이 들어와 이에 의지하여 증가했던 것이고, 토지에 대한 노동력의 투자 증가, 농업 생산기술의 발전 등에 의해 실현되었던 것이다.

인구의 급증이 농업생산에 부여한 압력은 말할 필요도 없을 것이다. 특히 매 사람에 대한 평균 소유 경지면적의 감소는 농업노동 생산율이 장기적으로 하강하는 추세가 시작되었음을 의미한다. 특별히 "남방의 농지는 협소하고 인구가 조밀하여 한 농부가 경작하는 면적은 불과 10묘 정도였고 많아야 20묘 정도였다. 따라서 노동력을 집중 투자해야 어느 정도 수확을 거둘 수가 있다"고 했다.47)

왜냐하면 집약경작은 "힘을 들여 근면하게 경작하지 않으면 전년에 비해 생산이 미치지 못하게 되며, 한재(旱災)를 만나게 되면 더욱 어려움을 겪게 되므로 현재 새로운 영농방법을 구하는데 온 힘을 기울이고 있다"고 했다.48) 이러한 상황 하에서 전통농업의 기초에 의지하여 4억에 가까운 인구를 먹여 살리는 문제는 실제로 대단한 일이 아닐 수 없었다.

종합해서 말한다면, 전통농업의 발전 역정은 계속적으로 훌륭한

---

47) 尹會一, 「敬陳農桑四務疏」, 『皇弟經世文編』 卷36.

48) 中國農村發展回顧研究組, 『農村經濟變革的系統考察』, 中國社會科學院出版社, 1984年, 第18頁.

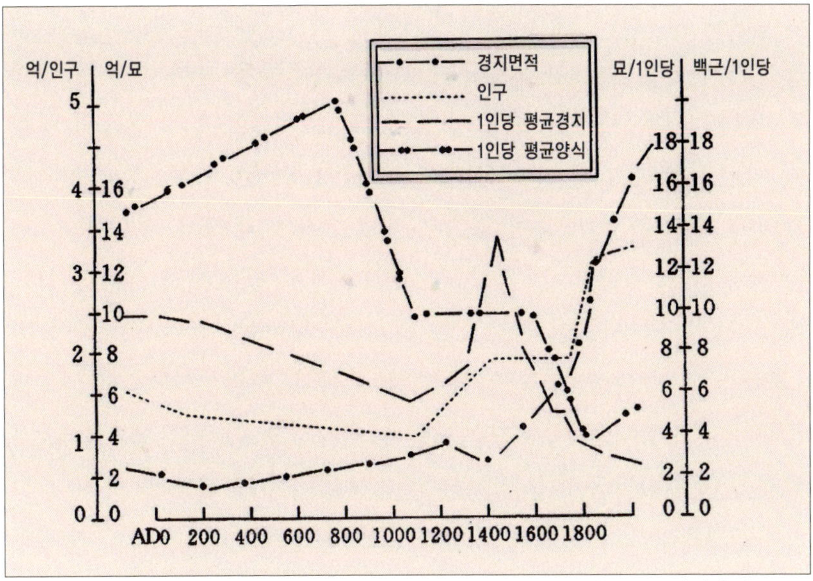

〈표 2-1〉 기원후 0년에서 1947년까지의 중국 경지면적과 인구, 인구 평균 보유 양식의 변동표

성과를 이룩했을 뿐만이 아니라, 그에 대한 자긍심을 가지게 할 정도였다. 하지만 동시에 〈그림 2-1〉을 보면 거의 몇 천 년 동안 중국의 인구 평균 소유 경지면적과 평균 소유양식은 계속적으로 하강하고 있음을 볼 수 있다. 즉 전통농업으로는 이러한 인구증가의 중압을 더 이상 견디어 나가기가 어렵게 되어 있었던 것임을 말해주는 것이다.

2) 농업생산을 강화하는 중농정책과 조치

중국 전통농업이 크게 발전한 것은 전통사회의 경제적 번영과 강성함을 효과적으로 추진시켜 주었으며 유지해 주었다. 중국 전통사회에서 발달한 농업제국은 공부(貢賦) 등을 통해 대량의 잉여 농산품과 기타 재부를 얻을 수 있었다. 농업생산은 백성들의 생활에 관련된 문제였을 뿐만 아니라 국가의 흥망성쇠에 관계되는 대사였다. 농산품 잉여품이 많으면 많을수록 정부에서 통제할 수 있는 재부가 많아졌으며, 국가의 실력도 더욱 강대해 질 수 있었다. 예를 들면 명나라가 전성기였을 때는 해마다 징수하는 양식이 3,000만 석에 달했다. 만일 정부에서 이와 같은 거액의 농산품을 통제하지 않았다면 독재적이었던 농업제국은 하루도 유지할 수가 없었을 것이다. 동시에 정부는 전통농업이 비교적 발달한 선진적인 지역을 철저히 관리해야 했다. 그렇지 않으면 기본적인 경제구역은 자체 통치와 전국의 경제를 통제하는 정치경제적 목적을 유지할 수가 없었다. 기조정(冀朝鼎)은 중국이라는 농업 대제국은 "현대국가와 같이 경제적인 유대로써 연결된 정체성을 가진 나라가 아니라 기본 경제구역을 통제하는 방법을 통해 군사와 관료통치가 결합되어 조성된 국가였다"49)고 했다.

이에 대해 발달한 농업경제지구는 사실 정부의 '양식창고'나 다름없었으니, 양식창고를 통제하는 것으로서 전국을 통제하는 것은 전통 정부의 통치비결이었다.

전통농업은 이와 같이 중요한 역할을 했기 때문에, 역대 정부는 약속이나 한 듯이 다 같이 농업이 우선이라는 농업 중시 정책과

49) 冀朝鼎, 『中國歷史上的基本經濟与水利事業的發展』, 中國社會科學出版社, 1981年, 第3頁.

그에 관한 조치들을 취했던 것이다. 농업을 중시하는 사상이 충분하게, 심지어는 극단적으로 발휘되는 경우도 있었다. 일찍이 서한(西漢)시기에 이르면, 농업생산을 중시하는 일련의 사상체계와 정책 및 조치 체계가 이미 확립되어 있었다.

위에서 서술한 바와 같이 전국(戰國)시기 각국 정치가들의 변법활동 중 하나의 공통적인 특징이 있으니 바로 농업 생산활동을 중시하는 것이었다. 농업의 지위를 제고시키고 농업의 역할을 강화시키며, 농업발전을 추진하는 것이 각국 변법의 주요 내용이었다. 상앙은 중농(重農)사상과 정책을 극단적으로 추진한 변법가로서 농업과 전쟁을 결합시키는 정책을 만들어 냈다. 즉 농업과 전쟁을 긴밀하게 결합시켜 농업생산을 크게 발전시켰으며, 경작지 면적을 확대하고 인구의 증가를 고무 격려했으며, 소농경제를 발전시켜 진나라의 경제 능력을 제고시키고 강화시켰다. 동시에 적극적으로 군대를 확대하여 전쟁을 준비했으며, 군사작전 능력을 강화하는 조치를 취하여 천하를 통일하려는 각축장에 뛰어들었던 것이다.

상앙의 중농사상과 정책은 후세 중농사상가와 정치가의 선례를 개척했다. 전통사회 경제시대에 있어서 이와 같은 농업을 중시하는 사상과 조치는 시종 변화가 없었다. 역대 정부는 중농사상과 이에 대한 조치를 강화해 나갔을 뿐이었다. 그 특징은 아래와 같다.

(1) 정부는 시종 적극적으로 국가경제의 농업화를 추진하여 농업이 전반 사회경제에서 차지하는 위치가 계속 제고되고 강화되도록 했다. 전통사회에서 정부가 경제정책을 책정하는 출발점은, 첫

부엌일을 하는 용, 동한

째 농업생산을 순조롭게 진행하는 것이고, 계속적으로 확대 발전토록 하여, 국가의 기본이라고 할 수 있는 재정을 튼튼히 하는 것이고, 식량의 공급을 확보하는 것이었다. 둘째는 순리적이고 효율적으로 정상적인 농업생산에 종사할 수 있도록 소농경제를 적극 촉진시키고 지원하여 사회의 안정과 발전을 유지하는 것이었다. 실제적으로 볼 때 전국시기와 진한(秦漢) 이후 소농경제의 규모는 비교적 작았지만, 비교적 강대한 생명력을 구비할 수 있었던 것은 경제 발전과 경제 안정이라는 가장 중요한 요소가 뒷받침 되었기 때문이었다. 농업경제는 전통사회의 경제가 순조롭고 효과적으로 정상적인 운용 여부에 직접적인 영향을 가져다주었다. 그렇기 때문에 전통사회의 정부는 시종 농업생산을 강화하고 소농경제를 촉진시키고 지원하는 것을 경제정책 책정의 최고 위치에 놓았고, 이에 힘입어 사회경제는 날로 농업화 하는 길을 내달렸던 것이다.

(2) 정부는 적극적으로 농업을 기본으로 삼고, 농업생산을 고무하는 조치를 실행했는데, 이것이 바로 권농(勸農)정책이었다. 경제영역에서 농업이 절대적인 선도적 위치를 유지하고, 농업을 기본으로 하는 것이 제창되었다. 한나라의 가의(賈誼)는 "농업이란 국가의 기본이며, 군주의 기본이며, 관리의 기본이다"[50] 라고 했다. 정부는 농업의 생산활동에 적극 종사하는 자에게는 부역에 대한 부담을 축소해 주었고, 정신적, 물질적으로 지원해 주는 우대조치를 취해 주었다. 농업생산의 좋고 나쁨은 각급 지방정부 관원들의 치적을 평가하는 주요 내용이었다. 그렇게 함으로써 지방정부 관리와 농민들이 적극적으로 농업생산에 매진토록 했던 것이다.

(3) 정부는 '귀속(貴粟)' 정책을 실행했다. 이는 곡물생산을 특별히 중시한다는 정책이었다. '귀속' 이란 양식 등 농산품의 필요성이라는 단순한 시각에서 출발한 정책이 아니었다. '귀속' 은 전통사회에서 정부의 기본적인 가치관을 집중적으로 체현해 내려한 정책이었다. 다시 말해서 농업이란 재부를 축적하는 유일한 원천이므로, 농업생산에 종사하는 사람들은 반드시 비교적 높은 사회적 지위를 누릴 수 있어야 하며, 사회와 정치적인 영예를 누려야 한다는 사상을 체현해야 한다는 말이었다. 한나라의 조착(晁錯)은 다음과 같이 말했다. "백성이 농업에 종사하도록 하려면 귀속정책을 취해야 하는데, 그러려면 백성에 대한 상벌을 조(粟)로써 정해

50) 賈誼, 『新書』, 「大政上」.

야 하는 것이니, 이것이 귀속정책의 바른 도리이다. 즉 천하 사람들이 조를 중시하는 정도로서, 현관(縣官)을 정하고, 이로써 작위를 주고 죄를 면할 수 있도록 해야 한다." "작위를 가진 사람은 자기 마음대로 할 수 있는 것이니 이는 입만 놀리는 것이요, 조란 백성들이 경작하는 것이고 땅에서 성장하는 것이니 부족함을 없애는 것이다".[51] 결국 '귀속정책'이란, 사람들이 복을 기원하고 화를 면하려는 심리를 이용하여 농업생산의 발전을 촉진시키려 했던 정책이었음을 알 수 있다.

(4) 정부는 농업생산의 세수를 경감시키는 정책을 취했다. 농업세를 가볍게 징수한다는 것은, 전통사회에서 정부가 농업발전을 촉진시키는 하나의 중요한 경제정책이었다. 따라서 이 또한 한 정부의 좋고 나쁨을 판단하는 표준이 되기도 하였다. 그러면 농업의 세수는 어떻게 징수해야만 했던가? 그리고 얼마를 징수하는 것이 올바른 것이었던가? 이것은 정부의 경제정책 중 중요한 문제의 하나였다. 이 문제는 농업의 생산 상황, 즉 농업의 잉여물이 얼마나 되는가에 따라 결정되며, 또한 정부의 재정 지출 상황에 의해서 결정되었다. 그렇기 때문에 정부는 농업생산이 순리적으로 진행되는 것을 확보해야 정부 재정의 정상적인 운영을 유지할 수 있었던 것이다. 이를테면 서한의 정부는 세수와 부역을 경감하는 정책을 취하여 농업생산의 발전을 촉진시켰는데, 이 조치는 현저한 효과를 가져왔던 것이다. 당시 서한의 조치 내용은 다음과 같았다. 즉

51) 『漢書』, 「食貨志」.

“법에 의해 농업세를 경감하여 15/1을 농업세로써 징수한다. 관리의 녹봉과 지출을 감안하여 백성들의 세수를 정한다”는 것이었다.[52] 후에는 이 보다 더 경감시켜 30/1의 세율로써 징수했다. 서한의 이러한 조치는 후대의 왕조에도 영향을 미쳐 많은 왕조들이 이를 본받아서 시행하였다.

(5) 정부는 충분한 농업노동력의 확보를 위하여 농민들의 거주와 이민권리, 그리고 직업선택권을 엄격하게 제한했다. 이 조치는 정치적인 강제를 통해 농업노동자가 안심하고 전적으로 농업생산에 종사하도록 하기 위함이었다. 예를 들면 한나라 왕조는 농업인구의 외부 유출을 엄격히 제한했으며, 기타 비농업 경제활동에 종사하는 것을 엄격하게 제한했다. 또 호적제도를 엄격히 제정했으며, 외지로의 유출을 못하게 하는 삼엄한 조치를 통해 이 정책을 보완했다. 농업인구 중 인구는 많은데 토지가 적은 곳에서는 인구가 적고 토지가 많은 곳으로 이주하든가, 변방의 개간에 참가하는 일 등은 모두 정부에서 조직적으로 실시했다. 농민들은 토지에 매여서 평생 동안 농사를 지어야 했으며, 타지방으로 이주하려는 의향은 아예 엄두도 내지 못하게 했다. 이런 정책은 2천여 년간 시종 변화되지 않고 진행되어 왔다.

(6) 정부는 농업생산에서 각종 자연재해와 인위적인 재난을 방지하려는 능력을 향상시켜 농업생산이 정상적으로 진행될 수 있게

52) 『漢書』, 「食貨志」.

하기 위한 여러 가지 구체적인 조치와 지원 조치를 취했으며, 상평창(常平倉) 등 구제시설을 설치하였다. 중국의 자연조건은 주기적으로 변동하는 일이 매우 큰 나라로서, 재난성적인 기후 조건이 자주 발생했다. 소농경제는 규모가 작고 경제력이 약했기 때문에 각종 재해를 극복하는 능력이 거의 없었다. 따라서 일단 재난을 입게 되면 집집마다 파산하지 않는 곳이 없었다. 그렇기 때문에 조건이 약간만 개선되어도 농업생산에 집중할 수 있었다. 이와 같은 사회적 조건은 정부에서 제때에 보호해 주고 지원해 주지 않으면 안 되었던 관계로, 이들 재난의 구제를 위한 대출 등 경제적 기능을 정부는 보장해 주어야 했다.

이러한 중농정책을 실행하는 동시에 정부는 상업을 억누르는 억상정책(抑商政策)을 실행했다. 그것은 공업과 상업이 아직은 국가가 정권을 유지하는데 있어서 그다지 중요하지 않았을 뿐만 아니라, 오히려 사회생산에 유해한 부문이라고 인식했기 때문에 정부는 언제나 이들에 대한 억제정책을 취했던 것이다. 농업을 중시하고 상업을 억제하는 '중농억상' 사상, 기본을 중시하고 말초를 경시하는 중본경말(重本輕末) 사상, 덕을 귀하게 여기고 기예를 천하게 여기는 귀덕천예(貴德賤藝) 사상, 도를 중히 여기고 기물을 경시하는 중도경기(重道輕器) 사상은 거대한 그물이나 다름없이 공업과 상업의 발전을 속박시켰던 것이다.

이러한 사상과 정책적 조치는 전통사회에서 농업을 제일 위에 두는 경제정책을 일괄적으로 시행하는 근원이 되었다. 이처럼 농업이 사회에서 최상위에 있으며, 가장 정당한 생산부문이라는 것으로 인정받게 되자, 이는 자연히 전통사회의 발전모델과 발전과정을 변화시키게 하였다.

3) 토지소유제 구조와 그 운동 추세

토지는 농업생산에서 없어서는 안 될 불가결한 경제요소였고, 농업 생산에 있어서 결정적인 의의를 갖고 있었다. 중국 전통사회에서 토지는 가장 희귀한 경제자연의 하나였으며 가장 중요한 생산 자료였다. 더 많은 토지를 소유하는 것이 사람들이 추구하는 최대의 경제목표가 되었다. 송(宋)나라 시기 "사대부가 일단 자기의 뜻을 실현하게 되면, 그들이 추구하는 정신은 점점 땅을 마련하고 집을 짓는 일로 기울어 간다"[53]는 말처럼 토지에 대한 무한한 소유욕은 인생철학의 경지로까지 승화되기에 이르렀다. "인생은 땅이 없으면 안 된다. 땅이 있으면 쉽게 벼슬길에 오를 수 있으며 자기의 뜻을 실현할 수 있고, 벼슬길에 나서지 않더라도 일을 처리할 때 거치를 수는 있지만 절개는 잃지 않을 수 있다. 땅이 있어야 복이 있다는 것은 복복(福)자를 보면 알 수 있는데, 즉 밭전(田)자가 받쳐주고 있음을 알 수 있다."[54] 이는 중국 전통사상에서 토지를 소유하려는 '지벽(地癖, 토지를 소유해야만 한다는 버릇-역자 주)' 이 양성되었음을 설명해 준다.

---

53) 胡如雪, 『中國封建社會形態研究』, 三聯書店, 1979年, 第23頁.
54) 앞의 책.

중국 전통사회에서 토지소유자는 지주 · 국가 · 자작농 등이 있다. 그렇기 때문에 토지소유제는 지주토지소유제, 국가토지소유제, 자작농토지소유제로 나눌 수 있다. 이와 같은 전통농업 토지소유제의 구조와 관계는 2천여 년 동안 근본적인 변화가 일어나지 않았다.

지주토지소유제는 중국 전통사회에서 가장 중요한 토지소유제 형식이며, 또한 가장 많이 발전했고, 가장 대표적인 토지소유제 형식의 하나였다. 사람들은 종종 중국의 지주제경제와 유럽의 영주제(領主制) 경제를 전통사회에서 가장 대표성이 있는 경제조직 형식으로 보고 있다. 지주토지소유제는 장기간의 발전을 경유하면서 지주토지소유제의 경제적 성격과 그것의 발전 변화는 중국 전통사회의 정치와 경제, 문화 등에 큰 영향을 끼쳤다. 지주토지소유제는 대체로 그 발전시기를 4단계로 나눌 수 있다.

첫 번째 단계는 전국시기에서 서한시기까지이다. 종법제도 하의 토지국유제 구조가 서서히 파괴되면서 사람들은 점차 토지를 소유하려는 욕망이 날로 높아져 무력과 금전까지 동원하여 토지를 소유하려고 했다. 이로써 토지사유제가 확립하게 되었고, 지주토지소유제도 이에 따라서 발전을 하게 되었는데, 이를 전후하여 귀족지주(즉 혈연과 종법 혹은 정치집단 이익 분배에 의하여 토지를 획득한 지주), 군공지주(전쟁에서 공을 세워 토지를 하사받은 지주)와 상인지주 등이 나타났다. 상인지주의 발생은 상인자본과 농업생산의 토지자원 간의 소통을 표시하며, 상인이 금전을 통하여 토지를 겸병하는 법을 개척했으며, 토지재산의 비 응고화(凝固化)를 촉진시켰다. 토지의 상품화와 상인자본의 부동산화는 중국 전통농업 경제에 깊은 영향을 주었다.

두 번째 단계는 동한(東漢)과 위진남북조(魏晋南北朝) 시기로서 지주의 대토지소유제가 충분하게 발전한 시기였다. 동한의 정권은 토지점유를 억제하지 않는 자유 방임정책을 취했다. 토지점유를 제한해야 한다는 건의에 대하여 광무제 유수(劉秀)는 "자고로 나라가 망한 것은 도(道)가 없기 때문이지, 공신들이 토지를 많이 점유하여 나라가 멸망했다는 말을 듣지 못했다"[55]고 하면서 일축할 정도였다. 그렇기 때문에 동한 시기에 대토지소유제가 신속하게 팽창했는데, 그 결과 한 지역을 장기간 독점하는 세족제도가 형성되었다. 동한 이후 중앙집권이 전례 없이 쇠약해지면서 대지주 장원(莊園)경제가 건립되었는데, 이를 기초로 해서 귀족문벌지주의 부패통치가 형성되었던 것이다.

세 번째 시기는 수당오대(隋唐五代)시기이다. 수당의 중앙집권 정부는 대지주의 토지소유제를 쇠퇴시켰고, 또한 이를 제한하는 정책을 취했다. 그렇기 때문에 대지주 경제는 날로 쇠락해 갔으며, 순수한 소작관계를 특징으로 하는 지주경제로 넘어가게 되었다. 이 시기는 지주제경제의 전형적인 단계였다고 할 수 있다.

네 번째 시기는 송원명청(宋元明淸)시기이다. 순수한 소작제를 특징으로 하는 지주토지소유제가 완전히 확립된 시기였다. 토지 상품화의 추세가 심화되면서 토지 교환이 이뤄졌고, 그러한 교환의 빈도가 빨라졌으며, 각종 사회재부의 지산화(地産化)경향이 두드러지게 나타나게 되었다. 토지 점유관계의 빈번한 변동과 기타

55) 『後漢書』, 「光武帝記第一上」.

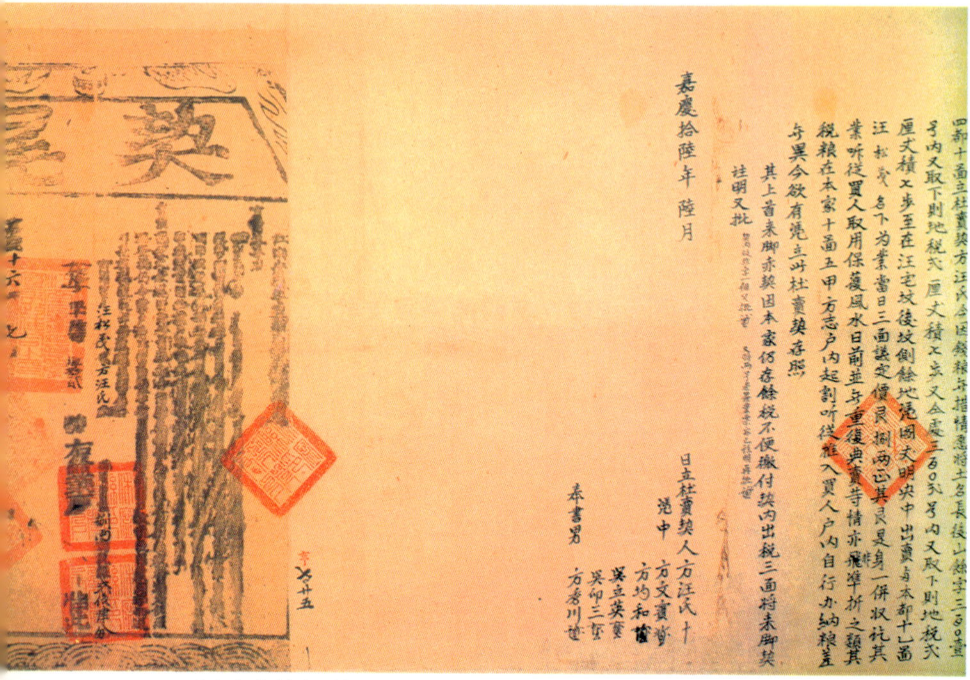

토지계약서(地契), 청대

사회재부의 지산화는 농업생산의 기본조건을 악화시켰을 뿐만 아니라, 농업생산과 경영방식에 불리한 영향을 미쳤다.

국가토지소유제는 중국 전통사회에서 중요한 위치를 차지하지 못했다. 그러나 중국은 아주 일찍부터 국가가 일련의 경제활동에 참여하는 메카니즘을 형성한 국가로서, 이에 기초하여 국가 간섭주의 정책이 형성되었다. 그렇기 때문에 중국 전통사회에서 정부의 경제기능은 같은 시기 세계의 기타 국가와 지역에 비하여 아주 강했다. 정부는 각종 과정과 방식을 통해 토지 경영활동에 참여했으며, 이로써 농업생산과 농업경제에 영향을 주면서 이를 통제했다. 국가에서 소유한 토지는 아래와 같은 몇 가지 유형이 있었다. 첫째는 대량의 미개척 토지와 개척이 어려운 토지로써 여기에는 산림과 하천, 사막과 황지가 포함되었다. 이런 토지는 경제적 의의가 크지 못하기 때문에 중요한 경제자원으로 여기지 않았기에 국가는 단지 이들 토지를 점유만 했을 뿐 경영하지는 않았다. 둘째는 국가가 소유한 경작지이다. 이런 토지는 주로 국가에서 경영을 책임졌으며, 정부 재정수입의 중요한 원천이 되었다. 또한 유동민을 받아들여 사회를 안정시키는 중요한 수단의 하나로써 이용했다. 그렇기 때문에 토지를 경영하는 것은 정부 입장에서 볼 때, 매우 큰 매력 있는 항목이었다. 역사적으로 모든 왕조는 상당한 규모의 토지를 점유했다. 정부가 통제하는 관전(官田)은 보통 개간지, 영전(營田), 관전(官田), 몰입전(沒入田), 호절전(戶絕田) 등이 있었다. 이렇게 만들어진 국유 토지는 각종 방식을 통해 농민들에게 분배되든가 소작을 주어 경작하게 했다. 대신 정부는 그들로부터 소작료와 세금을 받았던 것이다. 이밖에 둔전(屯田)도 널리 존재했던 국유토지형식이었다. 둔전은 국가가 국유한 토지에서 모종의 특정된 정치, 군사와 경제목표를 위하여 사회에서 유동하고 있는 노동인구를 조직하거나 동원하여 국유 황지와 변경의 토지를 개간 경작하는 노동형식을 말했고, 군둔(軍屯), 민둔(民屯)과 상둔(商屯)으로 나누어져 있었다. 그 중 가장 많은 것이 정부에서 변방군대의 군량 수급을 해결하고, 국방을 공고히 하며, 변경을 안정시키기 위해 설립한 군둔이었다. 이러한 군둔은 군사성과 강제성을 명확하게 갖고 있었다. 그러나 시간이 갈수록 전통사회에서 국가가 직접 통제하는 경작지는 점차 감소해 가는 추세였다.

자작농토지소유제는 중국 전통사회에서 가장 많았고, 가장 보편적으로 존재하는 토지소유제 형식이었다. 이 토지소유제는 사실상 소토지소유제라고 말할 수 있다. 이 토지소유제는 소유권과 경영권이 일체화 된 농업생산 조직구조다. 전국시기와 진한 이후에 이와 같은 소농경제가 사회경제의 정상적인 운영을 유지하는 주요 역량이 되었으며 건실한 기초가 되었다. 토지의 상품화는 자작농토지소유제가 광범위 하게 존재할 수 있는 경제적 전제였으며, 국가에서 징수하는 소농경제의 세금은 자작농 토지소유제가 대량으로 존재케 하는 정치적 보장이었다. 자작농 경제는 전통사회경제와 정치에서 중요한 의의를 가지고 있었기 때문에 정부는 줄곧 각종 정책과 조치를 취하여 그의 존재와 발전을 확보했다. 청나라 사람들은 이 점을 명확히 인식하고 있었다. 그리하여 "유동하는 백성들이 안정되면 '도적'이 평민 백성으로 되지만, 유동하는 백성이 안정되지 못하면 백성들이 '도적'으로 된다"는 인식을 갖게 되었다. 국가와 정부는 많은 이익을 위해서라도 이와 같은 소농경제형식을 강화했던 것이다.

그러나 자작농 경제는 생산규모나 생산조건, 그리고 조직구조와 운영하는 환경 등 방면에 존재하는 특수성 때문에 경시할 수 없는 일련의 시대적 특징을 보여 주었다. 첫째, 이와 같은 토지소유제 형식은 대규모로 경영할 수 없는 규모상의 제한을 받아야 했다는 점이다. 즉 자작농토지소유제는 소유권과 경영권이 하나로 결합되어 있는 경제이기 때문에, 토지점유량은 스스로의 경영능력에 대한 제한을 받지 않을 수 없었다는 점이다. 그러나 자금 등 물질 생산조건이 비교적 열악한 환경에서 노동력 투입을 강화하며 정밀경작을 강화하는 과정을 통해 자체적으로 정상적인 운영을 확보할 수는 있었다. 둘째, 자작농토지소유제 형식은 안정되지 못하고 전환 속도가 아주 빨랐다는 점이다. 이런 말이 전해지고 있다. 즉 "천년 땅에 주인이 팔백이나 된다." 혹은 "백년 토지는 주인을 세 번이나 바꾼다" 는 등의 속담은 모두 토지가 빈번하게 소유권 전환이 이루어졌다는 것을 설명해 준다. 일부 자작농은 토지를 구입하는 과정을 통해 지주로 승격되기도 했다. 그러나 그 대신 많은 자작농은 토지를 상실하게 되었고 가산이 파산되는 지경에 이르게 되었다. 자작농 경제에 영향을 주는 요소로는, 주로 자작농 경제 자체의 상황, 국가세금의 경중, 사회 안정 정도와 자연재해의 빈도 등이 있었다.

중국의 전통사회에서 토지소유권의 비 응고화와 토지소유권의 상품화는 사회 각 계층이 모두 토지를 점유하려는 바를 추구토록 하였다. 이는 지주, 국가, 자작농 등 각종 토지소유제 사이에서 서로 의존하거나, 서로 전화(轉化)하는 밀접한 관계를 형성하게 되었다. 이들 삼자간에는 엄격히 구분되는 경계선은 없었으며 여러 가지 전환될 수 있는 과정이 존재하고 있었다.

중국 전통사회의 토지 운영 메카니즘과 운영 추세는 그 자체적 특점을 구비하고 있었다. 이 점은 세계 기타 다른 국가나 지역과 구별된다. 중국 전통사회의 토지 운동 메카니즘은 전통농업 나아가서는 전통사회에 상당한 영향을 주었다.

토지 매매 메카니즘은 중국 전통사회에서 토지 운용의 첫 번째가 되는 메카니즘이다. 즉 토지는 하나의 상품이며, 다종 이익을 가져다주는 하나의 자원상품으로서, 토지 교역활동에 들어가 교환할 수 있는 기능을 구비하고 있었다. 토지 매매 메카니즘은 토지 상품화에서 기인된 것이며, 또한 토지 상품화를 촉진시켰다. 중세기 유럽에서 토지는 경제이익을 가져다주는 희귀한 자원이었으며, 또한 정치권력과 사회적 지위의 상징이었다. 이와 같은 사회구조는 토지소유제와 점유관계의 응고화를 요구하고 촉진시켰다. 그렇기 때문에 토지 매매를 엄히 금했던 것이다. 즉 토지를 상품교역의 범주에서 제외시켜 버렸던 것이다. 유럽에서 토지의 점유관계가 느슨하게 되는 과정은 전통사회의 해체과정이었다. 그러나 중국의 상황은 이와는 달랐다. 토지는 일찍부터 교환 영역에 포함되어 상품화 되었다. 이른바 "빈부는 고정된 것이 아니며 토지는 고정된 주인이 없다. 돈이 있으면 땅을 사고 돈이 없으면 땅을 판다"라는 말이 이를 증명해 준다. 토지점유와 정치권력, 사회적 지위의 관계가 느슨하였기 때문에, 토지가 전환되었다 해서 그의 정치적 특권이 상실되거나 사회적 지위가 내려간다는 것을 의미하지는 않았던 것이다. 토지매매의 메카니즘은 중국 전통사회에서 고도로 토지를 이용하는 중요한 조건이었다. 경영자는 경제적 조건이 악화되었을 때 토지를 판매하는 것으로서 생존상태를 개선하였다. 그러다가 경제적 조건이 좋아지면 토지를 구입하여 경제적 이익을 확대하였다. 이로써 토지는 비교적 안정된 경영조건과 환경에 처하게 되었다. 말하자면 토지는 일종의 자본의 운용 특징을 구비하고 있었던 것이다.

토지겸병의 메카니즘은 중국 전통사회 토지운용의 두 번째 메카니즘이었다. 토지겸병이란 각종 사회의 재부가 부단히 토지부동산으로 전환되고, 토지점유가 부단히 집중되는 메카니즘이었다. 토지겸병은 토지의 집중화 추세와 과정으로서 각종 사회재부(상업이윤, 고리대 이자, 토지 소작료와 기타 재부)의 토지부동산화 과정이었다. 이러한 토지 겸병은 일찍부터 나타났다. 동중서(董仲舒)는 진한시대를 말하면서 "이때 이미 부유한 사람은 땅이 헤아릴 수 없이 많았고, 빈곤한 사람은 작은 땅 조각 하나 없었다"라고 말한데서 알 수 있다. 토지를 겸병하는 경제활동은 몇 천 년 동안 멈추지 않았다.

토지겸병을 추진하는 메카니즘의 효용을 발휘할 수 있는 요소는 다방면이었다. 우선 중국 전통사회에서 지주, 상인, 고리대업자는 삼위일체였다. 토지를 경영하고 상업과 고리대업을 경영하는 업종 간에는 엄격한 사회적 제한이 없었다. 이처럼 한 사람이 여러 업종을 겸할 수 있는 상황은 농업과 기타 업종 간의 연계를 소통시키고 토지의 상품화를 가속화시켰다. 둘째로는 토지부동산의 특수한 성격에 따라 기타 다른 사회재부가 비할 수 없을 정도로 높은 우세를 점하고 있었다. 토지부동산은 이익이 가장 큰 경제 투자영역은 아니었다. 토지가 가져다주는 이익은 상업이나 고리대보다 많지 않았던 것이다. 그러나 토지는 재부를 가져올 수 있는 훌륭한 바람 없는 항구나 마찬가지였다. 비록 이익은 많지 않았지만 재부를 잃어버릴 위험성이 가장 적었기 때문이었다. 그다지 많은 힘을 기울이지 않아도 상당한 수입을 확보할 수가 있었던 것이다. 장기적인 안목으로 볼 때 토지소유가 가져다주는 이익은 안정되면서도 장구적이며 흔들림이 적었던 경제영역이었다. 속담에 "작은 힘으로 재부를 쌓고 본전으로써 유지한다"는 말이나 "경제 관리적 측면에서 땅을 소유한다는 것은 안정적이나 상업을 경영하는 것은 위험하다"라는 말이 있듯이, 이러한 속담은 토지의 특징적 성격을 잘 개괄하고 종합화한 말이라 할 수 있다. 셋째로 토지부동산은 재부운용의 종착점이 아니라는 점이었다. 일단 시기가 잘 맞아 떨어지면 토지는 상인 혹은 고리대 자본으로 전환시킬 수도 있었다. 이처럼 사람들은 토지를 구입하여 상인들의 자본과 고리대업자의 자본으로 전환시킬 수 있는 가장 좋은 방식이었다. 이 모든 것이 토지매매 메카니즘을 통해서 순조롭게 실현할 수 있었다.

토지의 이산(離散)메카니즘은 중국 전통사회에서 토지 운용의 세 번째 메카니즘이었다. 토지 이산이란 토지매매와 기타 방식을 통해서 토지점유 규모가 점차 소형화, 분산화되는 추세를 말하는 것이다. 토지 이산메카니즘은 중국 전통사회에서 안정된 대규모 토지부동산이 출현하지 않게한 주요 원인이었다. 토지 이산메카니즘이 효용을 발휘할 수 있도록 촉진한 요소로는, 첫째 소농경제의 농업생산 조직구조의 요청이었다. 소형화와 분산화 된 토지점유의 관계는 소농경제에 가장 적합한 형식이었다. 둘째는 장기적으로 형성된 심각한 인구의 압력이었다. 인구의 압력은 제한된 토지자원의 점유를 더욱 최소화 시켰다. 셋째로는 정부의 심한 세금과 착취 역시 자작농이 자기의 경영능력을 초월하는 토지를 소유할 능력이 없던가, 아니면 그런 의욕을 없도록 하였다. 넷째로는 중국의 여러 자식들이 공동으로 집안의 재산을 계승하는 제도는, 토지의 소형화와 분산화를 가속화 시켰다. 그렇기 때문에 중소지주와 소작농, 자작농의 토지소유제는 전통사회의 토지점유 관계에서 언제나 절대적인 우세를 차지했다. 소형 토지부동산이 조성하는 문제는 질적으로 이들 문제를 돌파할 수 있는 힘이 없었다. 그렇기 때문에 새로운 경제관계를 잉태하는 모체가 될 수 없었던 것이다. 소형 토지부동산은 자금과 기술에서 고도로 집약된 새로운 경제력을 형성할 수 없었기 때문이었다. 뿐만 아니라 복잡하고 유기적인 신형 경제관계도 건립할 수 없었다. 그 어떤 방면에서 오는 충격도 모두 소형토지부동산의 파산을 초래할 수가 있었다. 전국시기 이리(李悝)가 소농가정의 경제를 추론해 보고 낸 결론은, "소농은 자주 곤경에 빠지게 됨으로써 농사를 지을 생각조차 하지 않을 때가 있다"고 말했다. 서한시기 포선(鮑宣)은 이보다 더욱 심각하게 말했는데, 소농은 "7할이 망하고 7할이 죽는다"고 했던 것이다. 이는 소농이 살아갈 길이 거의 없었다는 뜻이었다. 이러한 상황을 보더라도 소농경제의 토지소유제는 그 어떤 조그마한 어려움이라도 이겨낼 방법이 없으며, 따라서 그들의 생산과 생활은 아주 비참했던 것이다.

종합적으로 말해서, 중국 전통사회에서 토지는 사람들이 무한정으로 추구하는 매우 귀한 재부의 원천이었다. 그러나 토지의 운용은 전통농업구조에 대해 질적인 돌파구를 가져다주지는 못했다. 앞에서 말한 세 가지 토지 운용메카니즘과 이에 따른 결과를 볼 때, 토지의 점유 관계는 치열한 변화를 조성했다고 결론을 내릴 수가 있다. 이와 같은 치열한 상황은 토지관계를 집중시켰다가 분산시키기도 했고, 분산시켰다가 다시 집중시키곤 했다는 것이 된다. 새로운 경제관계와 경제력이 탄생될 수 있는 희망은 이와 같은 변화 관계 속에서 물거품이 되고 말았던 것이다.

4) 건실한 자연경제 구조

중국의 전통사회경제는 아주 전형적인 자연경제구조였다. 개체적으로나 국부적으로 고찰해 볼 때, 예를 들면 소농경제, 지주제경제, 지역경제 등을 연계해서 보거나, 또는 전반적인 국면의 시점에서 고찰해 보거나, 국가경제, 국제경제 등을 연계하여 고찰해 보더라도 중국 전통사회경제는 모두가 자연경제라는 성격이 뚜렷하게 나타난다.

개체소농경제는 가장 전형적인 자연경제로서 농업과 가정의 수공업을 긴밀하게 결합시킨 경제체제였다. 남성들은 들에 나가 일하고, 여성은 가사를 맡아 보면서 가정에서의 방직을 통한 수입으로 경작 수입을 보충하여 개체가정에서 가장 기본적인 생존에 필요한 수요를 만족시키고 유지시키는 경제형식이었다. 이런 경제형식은 시장과의 연계를 최대한 감소시키는 경제형식이었다. 따라서 가정은 자연스럽게 생산의 가장 건실한 조직이며 경제규모를 지켜주는 자연적인 병풍이었다. 지주제경제 역시 자체적 수요를 만족시키는 것을 주요 목적으로 하는 자연경제였다. 지주제경제도 실제로는 일부 소작농 경제의 집합체라고 할 수 있었다. 지주가 토지를 구입하고 점유하는 목적은 상업적 경영을 위한 유혹에 따른 것이 아니라 자체적 소비의 필요성에 따른 것이었다. 당나라시기 지주의 이상은 “산골짜기에 나무를 기르고, 마를 심으며, 가축을 기르고, 외출 시에 마차가 있고, 다른 사람의 도움을 청하지 않는 것이다”라고 하였다. 국가경제도 또한 총체적으로 보면 역시 자연경제적 성격을 띠고 있었다. 국가경제의 초석이 수많은 소농경제로 구성되어 있었기 때문이었다. 소농경제는 국가라는 차원에서 성격이 다른 새로운 경제조합 및 경제관계와 경제구조를 형성하지 못했다. 폐쇄된 수많은 자연경제적 요소는 개방적인 국가경제 체계를 구성할 수 없었던 것이다.

비록 중국 전통농업이 당시 세계적으로도 보기 드문 경제적 번영과 발전을 가져오기는 했지만 그러한 경제구조는 여전히 자연경제적 성격을 구비하고 있었다. 중국 전통사회경제의 자연경제적 성격은 아래와 같은 몇 가지 특징을 보여주고 있었다.

(1)자연경제 구조는 자급자족적 성격과 폐쇄적 성격을 띠고 있었다. 경제주체의 활동 공간은 매우 작았으며 사회적 교류와 교환도 발달하지 못했다. 경제활동의 목적은 자신의 수요에 필요한 것을 충당하기 위한 것이었다. 따라서 사회 전반에 걸친 경제적 연계와 상호 발전을 촉진시키기 위한 교류가 부족하여 경제발전은 안으로 향하는 내향적 응집력이 외향적 확장력보다 엄청나게 컸다. 개체의 존재는 군체의 존재를 조건으로 삼지 않아도 되었던 것이다.

(2)자연경제의 구조는 이산성(離散性)이 매우 특출했다. 각 경제주체 간에 서로 의지하고 서로에게 도움을 주는 것이 조건의 연계성 부족으로 각 경제의 주체는 서로 분산되었으며 서로 독립되었다. 더구나 소농경제는 기본적으로 외부의 다른 경제조직에서 생산조건을 제공하여 주는 것에 의존하지 않는 소규모 경제로서, "닭과 개짖는 소리를 서로가 들어도 백성들은 죽을 때까지 서로

왕래하지 않는다"는 말처럼 전혀 교류하지 않는 관계를 유지하여 왔다. 국가도 이러한 성격에 의해서 일단 중앙정권의 권위가 추락되면 반드시 분열하는 국면이 나타나게 되었던 것이다.

(3)자연경제의 구조는 명확하게 안정성을 구비하고 있었다. 경제조직, 경제구조, 경제발전 등 그 어떤 방면에서 보더라도 그 정상적인 상태는 지구적이었고, 안정된 상황에 처해 있었으며, 외부 경제요소와 경제력의 수입을 필요로 하지 않았고, 또한 배척하지도 않았다. 중국 전통사회의 내부와 외부에서 오는 그 어떤 충격도 이처럼 안정된 경제구조를 동요케 하지는 못했다.

(4) 자연경제 구조는 전형적인 동일 구조형이었다. 다른 차원, 다른 규모의 경제조직이라도 구조적으로는 동일하거나 비슷한 면을 구비하고 있었다. 가정과 가정, 구역과 구역, 가정과 국가 간에도 모두 이와 같은 특성을 보여 주고 있었다. 중국 전통사회에서 부권(夫權), 부권(父權), 족권(族權), 군권(君權)은 모두가 같은 형식으로 되어 있었기에, 이러한 점은 중국의 사회구조가 거의 동일함을 보여주었던 것이다.

중국 전통농업의 경제구조는 세계 역사에서 가장 발전하고 그 구조가 가장 완벽하게 되어 있었으며, 또한 이러한 구조의 틀을 깨기가 가장 어려웠던 자연경제 구조였다.

5) 전통 농업경제 구조의 연속

중국 전통농업 경제의 구조가 기나 긴 역사의 변화 속에서 점점 더 공고해 지고 사회경제의 번영과 비교적 신속한 발전을 가져올 수 있었던 근본적인 원인은 전통농업에 내포된 거대한 문화적 우수성 때문이었다. D · 카프란은 인류문명 발전을 연구한 저술을 통해 중요한 법칙, 즉 문화 우세의 법칙은 문화의 진화과정에 있다고 지적했다. 즉 여기에는 두 가지 형식이 포함되어 있는데, 첫 번째 형식은 모종의 문화, 혹은 문화유형의 자체적 적응성을 강화하는 과정을 통해서 자체적 특수한 환경 하에서의 지위를 확보하고, 가장 효과적으로 그 환경을 이용하는 유형으로 생성케 된다는 것이다. 다른 하나의 형식은 모종의 문화발전은 더욱 더 큰 범위 내의 각 유형의 환경에 대해 적응하는 능력을 구비하여야 하며, 환경자원에 대해 더욱 고차원적으로 이용할 수 있는 수준을 구비해야 한다고 지적했다. 말하자면 이 법칙은 하나의 문화계통은 그에 해당하는 환경에서 확립되는 것이며, 그러한 환경에서 인간의 노동은 자연에너지를 전환시키는 비율이 기타 전환 계통의 유효율보다 높다고 지적했다.56)

중국의 전통농업 경제구조가 장기적으로 존재했을 뿐만 아니라 부단히 발전할 수 있었던 것 자체가 바로 그러한 거대한 문화적 우수성을 보여 주고 있는 것이다. 필자가 제시한 것처럼 중국은 집중적인 농업경제의 기초 위에서 건립된 복합문명체로서, 이와

56) 托馬斯 · 哈丁等, 『文化与進步』, 浙江人民出版社, 1987年.

같은 집중은 관개와 배수 등 대규모 공공시설을 건설하고 교통에 이용한 운하망을 건설하는 결과를 가져올 수 있었던 것이다. 이로써 곡물생산에 잉여물이 있을 수 있게 된 것이며, 잉여곡물을 집중케 하고 재분배 하는 과정에서 정치력의 집중을 결정하게 했던 것이다. 중국문화의 확대를 주도한 지역은 시종 남방에 국한되었다. 남방은 농업문화에 특별히 유리한 조건이 주어져 있었기 때문이었다. 그렇기 때문에 남방으로 확대하는 과정에서는 거의 아무런 장애를 받지 않았다. 이에 비해 북방은 생태적으로 남방과는 커다란 차이가 있었다. 북방은 목축업을 발전시키는데 유리하였기에 대하(大河)유역의 농업문화에 합류할 수가 없었다.

중국 농업문화는 제한된 환경경계선 내에서는 아주 효과적인 문화라는 것이 증명되었다. 그러나 일단 이 경계선을 떠나면 중국 농업문화의 우수성은 추락되고, 기타 문화계통이 더 효과적이라는 것이 증명되었다. 이는 역사적 사실에서 충분히 엿볼 수 있었다.

대량으로 새로 개간한 농업지역은 전통농업에 활력을 불어넣어 주었다. 춘추시기 이전에는 황하 중하류가 가장 중요한 기본 경제구역이었다. 지금의 관중(關中)평야는 하류가 종횡으로 분포되었고 삼림이 무성했었다. 초원과 삼림은 농업목축업이 신속하게 발전하는 자연적인 기초였다. 진나라와 한나라 시기의 농업은 목축업을 계속해서 배제시켰고, 사회경제 생활에서 가장 중요한 생산영역만이 자리매김할 수 있었다. 이로서 황하 하류, 황하 중류와 관중 세 곳이 가장 중요한 기본 경제구역으로 육성되었던 것이다. 그 중에서 관중은 수도의 소재지로서 “천리나 되는 비옥한 토양”이 있었다. “관중지역은 천하의 3/1밖에 안 되는 지역이었고, 인

해염을 생산하는 모습, 송대

구도 전체 인구의 30%였을 뿐이었다. 그러나 생산량은 아주 풍부하여 60%이상을 차지했다."[57] 따라서 이들 세 곳 기본 경제구역의 융합이 효과적으로 나타나게 된 것이 진한의 대통일 국면을 공고히 했다고 볼 수 있는 것이다.

장강유역과 파촉(巴蜀)지역은 진한과 삼국시기에 농업이 개발된 지역이다. 그러나 이런 저런 각종 요소의 제약을 받아 그 경제적 능력은 황화유역과는 비교될 수가 없었다. 위진남북조시기 북방에

57) 『史記』, 「貨殖列傳」.

는 전화가 끊임없이 일어났는데, 북부의 유목민족이 대거 남하하여 약탈을 감행하자 중원에 거주하던 사람들은 계속해서 남으로 이민해 왔다. 이러한 이주는 남방농업의 대발전을 촉진시켰는데, 이로 인해 당시 중국 각지의 경제판도가 주로 황하유역에 의거하던 국면을 일시에 변화시키고 말았다. 수나라와 당나라에 이르러 장강 유역의 경제발전은 이미 대단히 높은 수준에 도달해 있었다. 농업생산과 상업, 수공업 등 각 방면에서 장강유역의 경제지역은 이미 황하유역의 경제지역과 대등한 상황에 도달해 있었으며, 얼마 후에는 후자를 초월하는 경향을 보여 주었다.

남송시기 장강유역의 경제지구는 한층 더 개발되어 중국 전통사회의 경제 중심을 남으로 이동케 하는 형상을 이끌었다. 특히 명나라와 청나라시기 주강(珠江)유역의 경제개발은 장강유역을 주요 경제구역으로 부상케 하는 판도를 더욱 공고히 해주었다. 이 판도는 현재까지도 변함이 없다. 이러한 남방 경제구역의 굴기는 도시 경제를 전대미문의 새로운 형세로 발전시키기 시작했다. 통계에 의하면 명나라시기 강소와 절강 두 성의 지역 도시 수는 전국 대중 도시 총수의 3/1을 차지했으며, 북방은 전체를 통틀어 4/1밖에 되지 않았다. 명청시기 재정수입과 경제기반은 주로 남방에 의지해야 했다. 해마다 대량으로 생산되는 양식과 화폐 등의 재부는 꼬리에 꼬리를 물고 운하를 타고 남방에서 북경으로 운송되었다. 수로로 운송된 곡식만 해도 해마다 300만에서 500만 섬에 이르렀다. 이처럼 수로로 운송된 양식은 모두 경제가 발달한 남방지역에서 생산된 것이었다. 명, 청 이래 공업과 상업에 나타난 자본주의 맹아도 모두가 남방으로 집중되어 있었다.

농업지역을 부단히 개척하고 확대한 것은 중국 전통사회 경제구조에 매우 강한 생명력을 불어넣어 주어 근대에 이르기까지 그 생명력은 매우 강대했다. 중국 역사상에서 한당의 성세와, 명청제국의 이러한 경제구조에 대한 거대한 공헌은 이루 말할 수 없었다. 즉 전통사회 경제구조에 대한 이들 시기의 강대한 지지가 없었다면, 중국 전통사회의 경제구조가 세계적으로 앞서가는 경제적 성취를 얻기란 불가능한 일이었다. 한당시대를 논하지 않더라도, 서방에서 산업혁명 이래 근대화된 기계들이 가동되기 시작한 후에도 중국 전통사회의 경제발전 정도는 결코 서방에 손색이 없었다. 예를 들면 무역방면에 대해서 어느 영국 작가는 "16세기부터 19세기까지 3백여 년 동안 중서교역(中西交易)에서 가장 뚜렷한 사실은 서방인들이 동방의 물건을 선호했으며 서방은 동방에 별로 많은 상품을 제공해 주지 못했다"58)고 말했다.

중화제국의 전통사회경제의 거대한 경제적 우수성은 중국 전통사회 문화심리 방면의 우월감을 구축하고 있었다. 우리는 1793년 건륭 황제가 영국의 국왕에게 보낸 편지를 통해 이 점을 강하게 감지할 수 있다. 즉 "천조(天朝)는 사해(四海)를 끼고 있으며 힘을 다하여 나라를 다스리고 정무를 처리하는 데만 신경을 쓰지, 기이한 보물 같은 것은 귀중하게 여기지 않는다". "천조의 덕망은 멀리 멀리 전파되어 만국(萬國)에서 조공을 바쳐 각 가지 귀중한 물건을 줄지어 바쳐 왔기에 없는 것이 없다. 그렇기 때문에 귀국에서 귀중한 물건을 특별히 준비하여 보내는 것은 필요하지 않다"고

58) 格林堡, 『鴉片戰爭前中英通商史』, 第1頁.

했다.[59]

단지 중국 근대에 이르러 공업화의 진척과 발전에 따라 전통 사회의 경제구조가 해체되기 시작했을 뿐이었다.

59) 梁廷相,『粵海關志』第23卷, 貢舶3, 第7頁.

4

몇 차례 찬란했던 전통사회의 공업과 상업

몇 차례 찬란했던 전통사회의 공업과 상업

유럽은 중세 말엽부터 공업과 상업이 활력 있게 발전하면서 자본주의시대의 서막을 열었다. 중국의 전통사회는 비록 세계에서 가장 일찍 공업혁명의 불꽃을 일으킨 사회는 아니었지만, 이것이 중국 전통사회에서 공업과 상업이 발달하지 못했다는 것을 설명해 주는 것은 아니다. 중국의 역사적 사실들은 이에 대한 반박을 할 필요도 없이 중국 전통사회에서 공업과 상업은 몇 차례나 찬란한 발전이 있었다는 것을 증명해 준다. 많은 부문에서 일찍이 자본주의의 맹아가 싹 텄던 중국이었지만, 단지 이런 부문과 요소가 중국 전통사회의 경제구조를 동요시키거나 와해시키는 정도에 이르지 못했을 뿐이었다. 영국 타임즈의 토지도집(土地圖集)에서 송나라와 원나라시기를 기술할 때 다음과 같이 기술했다.

"13세기의 중국은 인구가 많았고 생산도 풍부했던 나라였다. 당시의 중국사회는 질서가 있었고 아주 안정되어 있었으며, 과학과 기술도 동시대의 유럽을 훨씬 능가하고 있었다. 이 시기 중국은 세계에서 가장 강대한 국가였으며, 중국의 문화는 세계에서 가장 찬란한 문화를 가지고 있었다."[60]

1) 전통사회의 공업 구조와 성취

중국 전통사회에서 공업은 주로 수공업을 핵심으로 하였는데, 기계공업 이전의 모든 공업부문을 포괄하고 있었다. 일반적으로 사람들은 수공업으로써 이 시기의 공업을 통칭한다. 중국 전통사회의 공업구조 형성과 발전과정을 보면, 전국시기와 진한시기부터 시작되었다고 할 수 있다.

즉 전국시기와 진한시기에 봉건제 전통사회의 경제구조가 형성되고 확립되었으며, 수공업도 '공상식관(工商食官)', 즉 정부에서 생산과 경영을 독점하는 당시의 판도를 극복하고 있었던 것이다. 민영수공업은 이에 힘입어 신속하게 발전했다. 대량의 수공업자가 출현했을 뿐만 아니라, 일부 수공업자는 대대적인 규모로 성장하는 능력을 보여주었다. 『사기』「화식열전」에는 이에 관한 내용들을 적지 않게 기록하고 있음을 볼 수 있다. 예를 들면, 의돈(猗頓)은 소금을 감찰하는 일을 통해 대부자가 되었고, 한단(邯鄲)의 곽종(郭縱), 임공(臨邛)의 탁씨(卓氏)와 정정(程鄭), 남양(南陽)의 공씨(孔氏), 노조(魯曺)의 병씨(邴氏) 등은 제철로 대부자가 되었다. 이런 사람들은 진나라에 의해 내지로 보내져 6국의 거상이 되었으며, 그들은 수공업을 경영하여 큰 성공을 거두었던 사람들이다.

---

60) 『世界史便覽』 第251頁.

그들이 점유한 재부는 가히 “왕자들과 비길 수 있다”는 정도였으며, 호화스런 생활은 가히 “군주와 비슷했다”고 전해지고 있다. 진한 이후 대수공업자는 여전히 많은 사서에 기술되어 있다. 민영수공업은 중국 전통수공업의 주요 구성부분이었던 것이다.

중국 전통사회의 수공업 구조는 관영수공업과 민영수공업 이중구조로 되어 있었고, 이들은 공동으로 발전하는 형태를 보여주었다. 관영수공업은 전통사회에서 내내 중요한 위치를 차지하고 있었다. 관영수공업은 국가의 안전과 경제의 명맥, 그리고 이와 관련된 수공업 부분을 거의 독점하였다. 예를 들면, 금속제련업과 제조업, 광산업과 소금제작 등의 업종은 모두가 관영수공업에 속했다. 관영수공업은 전통사회 수공업에서 기술이 가장 선진적이었고, 설비가 가장 뛰어나, 실력이 특출했으므로 그들이 이룬 성과는 매우 컸다. 세상을 놀라게 한 많은 수공업 제품은 모두가 관영수공업에서 생산한 것이었다.

민영수공업은 전통사회에서, 작은 것으로부터 큰 것으로, 약한 곳으로부터 강한 곳으로, 가정수공업 등 협소한 부분에서부터 전체 수공업 생산부문으로 발전해 갔다. 민영수공업도 이 기간 동안 현저하게 발전했다. 민영수공업은 주로 일반인들의 생활과 밀접한 관련이 있는 수공업 영역에 집중되어 있었다. 여기에는 방직업, 도자기업, 제지업, 인쇄업과 목재 가공 등이 망라되어 있었다.

관영수공업은 주로 전통사회에서 황실과 정부를 위해 봉사하는 수공업 부문이었다. 그렇기 때문에 제품의 대부분은 상품 형식으로써 시장에 납품된 것이 아니라 직접 각 부문에 분배되었다. 일부 소량의 제품만이 국제 및 국내시장에 들어가서 교환에 참여하였다. 그렇게 해서 얻은 수입은 국가 혹은 황실의 수입이 되었다. 관영수공업의 기본적인 경제적 특징은 다음과 같다.

첫째, 관영수공업의 생산규모와 관리기구의 시점에서 보면, 그 규모가 상당히 방대하고 완벽했다는 점이다. 관영수공업의 생산현장은 정부의 정치와 경제적 지원이 있었기 때문에 기본적인 자금이 필요치 않고도 방대한 규모를 형성할 수 있었다. 고고학적 발굴 결과에 의하면, 전국시기 제나라(현재의 산동지역)의 수도였던 임치(臨淄)의 제철유적지 면적은 40여 만m²에 달했다고 한다. 오늘날 하북성 역현(易縣)에 있는 연(燕)나라 유적지 내의 제철 유적지는 세 곳이나 되며, 총 면적은 30만m²나 되었다. 서한 중기 이후 전국에서는 제철을 관장하는 관원을 두었던 곳이 49곳이나 된다. 한나라 원제(元帝) 때는 동철(銅鐵)광산의 인원수만 해도 1년에 10만 이상을 고용했다고 기술되어 있다. 공우(貢禹)는 이 시기에 있어서 유명한 방직의 중심이었다. "천하의 의복과 신발은 모두 생산한다"고 했을 정도로 이름났던 임치의 방직업 규모는 "과거 제나라 때 삼복관(三服官)이 화물을 운송한 것은 겨우 대바구니 열 개 정도밖에 되지 않았지만, 지금은 일하는 사람이 몇 천 명이나 되며, 1년에 지출하는 비용이 수 만 금이나 된다"고 했고, 또 "동서의 방직실이 모두 다 이와 비슷하다"[61]고도 기술했다. 이로 보아 당시 수공업공장의 규모가 얼마나 컸었는가를 짐작할 수가 있다. 이런 국면은 줄곧 청나라 때까지 유지되었다. 청나라 건륭시기 강녕(江寧), 소주, 항주에 있던 직조국(織造局)은 대량의 방직

61) 『漢書』, 「貢禹傳」.

기와 노동자들을 갖고 있었다. 즉 "강녕(江寧)은 방직기가 6백 대나 있었으며, 노동자는 1,780명이었다. 소주(蘇州)는 방직기가 663대, 노동자가 1,932명이었다. 항주(杭州)는 방직기가 6백여 대 있었고 노동자는 1,800여 명이나 된다"고 했다. 이 밖에 "강녕의 방직과 염색 등 방면의 고급 기술자만 777명이 되었고, 소주의 도화간수소(桃花揀綉所)에 있던 고수 장인들이 243명이었으며, 항주 방직, 염색을 하는 도화의 고수 장인들도 530명이나 되었다."[62] 이처럼 방대한 관영수공업 공장은 자본주의 초기의 공장도 비길 정도가 안 되었다.

중국 전통사회에서 정부는 이처럼 규모가 방대한 수공업을 관리하기 위하여 중앙과 지방에 완벽한 수공업 관리기구를 설치했다. 예를 들면, 당나라 정부는 중앙에 공부(工部)를 설립하여, 전국의 수공업생산을 책임지고 관장하게 했다. 공부(工部) 산하에는 소부감(少府監), 장작감(將作監), 군기감(軍器監) 등 3감(監)을 두었고, 3감 아래에는 또한 서(署)를 설치했다. 예를 들면 소부감 아래에 중상(中尙), 좌상(左尙), 우상(右尙), 직염(織染), 장야(掌冶) 등 5개 부서를 설치했다. 서는 각 수공업 공장을 직접 관리하는 부서였다. 예를 들면 직염서 아래에 25개 공장이 있었으며, 직염서(織染署) 공장이 10개, 조수(組綬)공장이 5개, 주선(紬線) 공장이 4개, 염색공장이 6개나 되었다. 기타 왕조도 거의가 다 이처럼 관영수공업을 관리했다.

다음은 관영수공업이 독점한 공업부문은 전통사회에서 직접 국

62) 『唐六典』, 「少府監」.

가의 운명과 관련된 모든 공업 업종이었다는 점이다. 정부에서 경영하든가 혹은 통제하는 수공업은 두 가지 목적이 있었다. 하나는 정부가 국가의 정치경제와 밀접하게 관련된 공업부문을 통제했다는 것이다. 다른 하나는 정부가 자체적으로 필요한 것과 밀접하게 관련된 수공업 부문을 전체적으로 통제하든가 일부분을 통제하든가 했다는 점이다. 전자는 주로 조폐업, 채광업, 금속제조업, 제염업과 군기제조업 등이 망라되었다. 이런 공업부문은 국가의 정치적 안정 및 통치와 관계가 있었을 뿐만 아니라, 국가경제가 정상적으로 질서 있게 운용되는 것과 밀접하게 관계되어 있었다. 중국 전통사회의 경제구조가 장기간의 역사 발전과정에서 상대적으로 안정될 수 있었던 것은 국가가 중요한 수공업 업종을 직접 통제한 것과 떼어놓을 수가 없다. 따라서 정부는 국가경제가 주도한 산업부문인 농업을 확실히 장악했을 뿐만 아니라, 국가경제에 극히 중요한 역할을 하고 있던 채광, 제련, 제염 등의 업종을 엄격히 통제했던 것이다. 이것은 실질적으로 말해서 정부가 경제적 명맥을 확실하게 장악하고 있었다는 것을 설명해 준다. 후자는 주로 방직업, 도자기업, 건축업과 조선업 등이 망라되었다. 정부가 이런 업종을 경영하는 것은 주로 관청과 황실의 필요에 따라 그때그때 충당하기 위한 것이었다.

전통사회에서 관청과 황실은 수공업 제품의 최대 소비 집단이었다. 관영수공업 공장이 양적으로 방대하고 질적으로 정교한 수공업 제품을 제공해 주어, 이 집단의 특수하고 거대한 수요를 만족시켜 주었다. 민영수공업은 자금, 기술, 생산력 등 방면에서 제한을 받았기 때문에 이런 수요를 충당시켜 주지는 못했다. 또한 정부의 대외경제 교역에 필요한 수공업 제품도 관영수공업 부문에서 제공됐다. 이런 구조적 특징은 중국 전통사회에서 관영수공업이 발달할 수 있었고, 대외무역의 국가 독점성을 결정해 주었다.

다음 관영수공업의 경영방식과 민영수공업의 관계를 보면 정치적 특권과 긴밀하게 결합되어 있었다는 점이다. 정치적 특권이 배후에서 뒷받침 되어주지 않고 밀어주지 않았다면 관영수공업이 그처럼 효과적인 발전을 가져올 수는 없었다. 관영수공업의 독특한 우위점은 정부에서 부여하는 권력이었다. 그 경비는 정부의 재정 지출로 조달되었으며 제품의 출로도 정부에서 제공해 주고 확보해 주었다. 말하자면 정부는 관영수공업에 권력과 자금과 시장에 대한 보장을 제공해 주었던 것이다.

관영수공업에서 생산활동에 종사하는 노동자나 장인들은 모두가 정부와 연계된 정치권력에 의하여 민간에서 선발되어 모여든 사람들이었다. 진한시기 관영수공업에서는 신분이 독립적이지 못한 장인들을 많이 채용했었다. 이들을 '관호노비(官戶奴婢)' 라고 했다. 당나라 때는 장인과 노동자를 선발 모집했고, 모집된 사람들을 제외하고도 관아의 노비들도 적지 않았다. 민간에서 모집해 온 노동자와 장인에게는 "자금을 내지 않는다. 장인이 부족할 때면 우선 그들의 자제 가운데서 먼저 노동자를 선정한다. 일단 장인 대열에 들었으면 다른 업종에는 종사하지 못한다"는 제한이 있었다. 또한 많은 장인들은 '장인' 이라는 호적에 기입되었다. 그들은 "관비에 속하는 사람들로서 지방관아에 속하지 않았다" 이러한 장적(匠籍)제도는 정부가 수공업자를 통제하는 기본 수단이 되었다. 원나라 시기 장인은 군장(軍匠)과 관국인장(官局人匠)에 편입

되었다. 이들은 인신적인 의부관계(依附關係)가 엄격하였기에 조작국(造作局)에 속하는 장인 호수만 해도 42만 호나 되었다. 명나라의 장인은 주좌(住坐)와 윤번(輪番) 두 가지로 나뉘어져 있었다. 정부 신뢰도가 컸던 부류의 사람들이었다. 청나라시기에는 대역은제(代役銀制, 부역을 대신하여 세금을 내는 제도-역자 주)를 실시하여 수공업자들에게 더 많은 세금을 징수하여 정부의 재정으로 충당했다.

관영수공업 공장의 노동자나 장인으로 징용된 사람들은 심한 노역과 착취를 받았다. 당나라 시인 왕건(王建)은 『직금곡(織錦曲)』이라는 시에서 당시 이들의 고생스러움을 다음과 같이 읊었다.

> "성인 여성들은 직면호(織綿戶)가 되어
> 현의 아문에 속한 채 관청의 재부를 높여준다네
> ……
> 철커덕 거리는 베틀 소리는 높아만 가고
> 아픈 손목 매만지며 비단을 짠다네
> 밤이 깊어도 잠을 자지 못하게 하니
> 비녀가 미끄러 떨어지듯
> 옷을 입은 채 잠에 떨어지기도 하는데
> 잠깐 눈을 부쳤는데도 닭 우는 소리가 들리는 구나
> 천여 필의 비단을 짜도 팔지 못하는 건
> 하루라도 늦어지면 궁중에서의 추궁이 심하기 때문인데
> 금강(錦江)의 물이 말라도 공물은 점점 많아만 지네
> 덕분에 궁실에서는 누구나 비단옷만 입는다는 구려"

기타 업종의 노동자과 장인들도 이와 비슷한 처지였다..

마지막으로 관영수공업의 기술수준은 전통사회 수공업의 최고 수준을 갖고 있었으며, 그 중 적지 않은 기술들은 당시 세계적으로도 매우 선진적이었다. 전국시기의 중국은 이미 '고온액체환원법(高溫液體還原法)'으로 생철을 주조하고 금속을 사용하는 방법을 발명하고 있었다. 이는 생철 제련의 역사에서 획기적인 발전으로, 유럽은 14세기에 이르러서야 주철을 사용하기 시작했다. 진한시기 축력(畜力)을 이용하여 바람을 일으키거나 수력을 이용하여 바람을 일으키는 기술을 발명하여 생산한 철의 질은 뚜렷하게 제고되었다. 동시에 강철공예가 출현하였는데 이는 유럽보다 1900년이나 빨랐다. 방직업의 성취는 이보다 더욱 특출했다. 그 중 견직물은 세계에서도 인정받아 서로 다투면서까지 원하던 걸작 중의 걸작이었다. 수천 년 동안 내려오면서도 쇠락되지 않았던 실크로드는 바로 이러한 상황을 잘 설명해 주고 있다. 호남성 장사(長沙)에 있는 마왕퇴(馬王堆)라는 한나라 무덤에서 출토된 서한시기의 견직물은 당시 견직에 대한 방직기술 수준을 잘 보여 주고 있다. 그 중에서 '메뚜기 날개처럼 엷은' 견직물이 사람들의 주목을 끌었다. 너비 49㎝, 길이 45㎝나 되는 면사의 무게가 겨우 2.8g밖에 안 되었다. 면사로 만든 옷의 길이가 160㎝이고 팔소매의 길이가 190㎝이며, 소매와 옷깃을 견사로 만든 옷의 무게가 겨우 48g에 지나지 않았다. 이는 지금의 방직업계에서도 대단한 수준이라고 평가하는 기술이었다.

이밖에도 건축, 조선, 항해 등 방면에서의 기술도 상당히 발전했다. 요셉은 중국의 항해기술에 대해 다음과 같이 말했다.

"중국인들이 항해술에 능하지 못하다고 하는 것은 아주 잘못된 인식이다. 그들의 항해에 관한 기술은 어렵지 않게 볼 수 있다. 유럽 중세기와 르네상스시기 서방의 상인들이나 전도사들이 중국의 내륙 강하(江河)에서 보게 되는 선박은 양적으로 말하면 헤아릴 수 없이 많아 기가 막힐 정도였다. 중국의 항해 선대(船隊)는 1100년부터 1450년까지 세계에서 가장 위대한 선대였다"

라고 서술했다.

조선과 항해기술 방면에서 중국인들이 발명한 기술로는 노를 여러 개 쓰는 선박, 평형식 사다리 형 돛, 평형의 방향판(배의 키), 격창(隔艙, 물이 들어오지 못하게 설계된 선실-역자 주), 측풍의(測風儀, 바람을 재는 기구-역자 주), 견성술(牽星術, 별을 보고 항로를 재는 기술-역자 주), 지남침 등 그 종류가 많았다. 일찍이 수당시기에 있어서 중국은 세계에서 가장 큰 선박을 만들 수가 있었다. 명나라 시기 정화(鄭和)가 항해할 때 사용한 선박은 길이가 150m이며 너비가 60m로 "그 크기가 태산과 같아 천하에 둘도 없었다"고 비유되었고, 선박에서 사용하는 돛과 닻은 '2, 3백 명이 아니고서는 움직이지도 못했다"고 했다.63) 중국의 조선기술과 항해기술이 세계에서 매우 앞서 있었던 것이다.

민영수공업은 관영수공업과 같은 대형 규모나 기술, 그리고 자금을 구비할 수 있는 능력이 없었다. 그 중 대수공업자가 없었던 것은 아니나 대부분은 중소수공업자들이었다. 그들은 주로 시장에

63) 鞏珍, 『西洋番國志』.

서 필요한 상품을 생산했다.

전통사회에서 민영수공업도 상당한 규모를 구비한 작업장의 경우는 다음과 같았다. 예를 들면, 서한시기 정부에서 경제를 간섭해야 한다고 주장하는 사람들은 "지방의 부호들이 산과 바다의 생산물을 집산시켜 부자가 되어 일반 백성들을 부린다"고 비판했으며, "지금까지 부호 대가들은 산과 바다의 생산품을 직접 관장하고, 철광석의 채집으로부터 제염까지 손대지 않는 것이 없다. 한 집에서 많은 사람을 고용하고 있는데, 심지어는 천여 명이나 되는 사람을 고용하는 곳도 있다. 이들 피고용자는 거의가 다 유동하는 서민들이다. 고향을 멀리 떠나 대가들에 의지해 심산 벽촌으로 모여들어 광산 채굴에 종사하면서 단체를 결성하기도 한다"[64]고 비평했다. 민영수공업 작업장의 규모가 얼마나 큰가를 이로써 알 수 있을 것이다. 『태평광기(太平廣記)』에는 당나라 때의 수공업 공장 주인 하명원(何明遠)은 "집에 방직기가 5백 대나 된다"고 기술하였다. 송나라 이후 대수공업자는 여전히 상당수가 있었다. 소식(蘇軾)은 "서주(徐州) 동북쪽 70여 리 되는 곳에 이국감(利國監)을 설치했는데, 이 관청은 예전부터 제철을 관장하는 관청이다. 이곳에는 상인들이 집중되어 있었고, 이곳의 백성들은 모두 부유하다. 이곳에는 제철소가 36개나 되는데 제철소마다 규모가 상당히 큰 대가들이 소유하고 있다"고 기술했다.[65] 민영수공업의 발전은 당나라시기 전문성적인 업종이 보편적으로 많이 출현하는 것을 촉진

64) 『鹽鐵論』, 「復古篇」.
65) 『東坡奏議』 卷三.

시켰던 것이다.

중국 전통사회의 민영수공업의 기본적인 특징은 주로 아래 몇 가지 방면으로 나타났다. 우선 민영수공업 각 부문은 주로 전통농업의 부속성적인 공업부문이었다. 즉 전통농업 경제의 발전에 의지하며 발전했던 업종이었다. 민영수공업 부문을 볼 때, 많은 업종들은 농업을 통한 부산품의 가공과 제조와 떼어놓을 수가 없었다. 이를테면 양식가공업, 면방직업, 소사(繅絲, 비단실의 일종-역자 주) 및 사직업(絲織業), 차, 담배, 양조업 등이 망라되어 있었다. 이밖에 직접 농민들의 생활과 농업생산을 위해 복무하는 업종, 예를 들면 농기구제조업, 도자기업 등이 그것이다. 민영수공업의 원료 내원, 제품 판로 등을 보면, 주로 농업에 의지했음을 알 수 있다. 즉 땅에서 얻는 물산자원을 원료로 하는 수공업 부문이 절대 우세를 차지했던 것이다. 중소 수공업자의 구성 상황을 보면 가정에서의 수공업이 가장 큰 비중을 차지하였다. 가정에서의 수공업은 사실상 농업생산의 중요한 보충으로서 전통농업경제의 일환이었다. 민영수공업의 농업에 대한 의뢰성은 비교적 큰 규모의 생산이 불가능함을 선천적으로 결정하게 한 원인이었다. 대체로 민영수공업의 생산규모는 비교적 작고 자본이 약했으므로, 그 작업장은 기술수준이 매우 낙후돼 있었고, 아니면 가정에서의 수공업이 대부분이었다. 따라서 수공업 부문의 구조 혹은 산업구조의 낮은 수준 국면을 변화시킬 수가 없었던 것이다.

다음 특징은 민영수공업의 생산조직이 매우 협소했다는 점이다. 중국 전통사회의 생산조직은 대체로 가정이 핵심이었다. 그리고 이에 종사하는 생산영역도 아주 단순하여 특출한 발전을 기하기가 어려웠다. 중국 전통사회에서 가정, 가족관계와 유대는 가장 보편적인 것이었고, 가장 광범위한 사회조직이었으며, 사회관계였다.

민영수공업도 예외가 될 수 없었다. 수공업은 보통 가정의 구성원을 주체로 한 생산조직이었다. 생산과 경영관리는 가정식 가장책임제였다. 제품을 생산하는 것은 백성들의 생활에서 가장 기본적이었으며, 수요량이 가장 많은 의식용(衣食用) 물품으로서, 금속제련과 제조업, 채광업, 선박제조업 등 분야의 수공업 부문에 종사할 수는 없었다. 그리하여 수공업 조직구조의 저차원적 국면을 돌파하기가 어려웠다.

셋째로 민영수공업의 생산기술은 십분 낙후되어 있었기에 주로 수공 작업을 위주로 하였다. 기술적 측면에서는 개인의 생산기술만을 중시하였지 기계적 생산기술은 무시되었다. 따라서 개인의 경험 누적을 중시하게 되었지 기계적 생산의 강열한 요구와 충동은 부족했다. 그렇기 때문에 수공업기술은 실질적인 발전을 가져오기가 어려웠고, 수공업자의 경쟁 또한 십분 치열해서, 그들은 종종 기술의 비밀과 비결을 공개하지 않게 되었으며, 기술을 타인에게 전수하지 않게 되었다. 예를 들면, 청나라 시기 광주에서 유행하던 "가느다란 베를 잘라내는 즉시 그것을 편직하는 기술은 아주 비밀리에 전해졌기 때문에 광주에서도 이 기술을 아는 사람은 열 명도 넘지 않는다"는 말이나, 상해의 "정낭자포(丁娘子布)는 부드럽고 빛깔이 좋으며,…… 그 기술은 누구에게도 전해지지 않고 있다"는 말이나, 복건의 '침소안(沈紹安) 칠기는,…… 그 비밀이 전수되어져 칠기술이 연구되어 그 색깔이 교묘하게 배합되어 있고, 각종 기구의 모습이 변하여 제조되고 있으며, 그 만들어진

돗자리를 파는 사람, 청나라 사람의 그림

모습이 매우 정교하고 치밀하다"66)는 말도 전해지고 있다. 이와 같이 기술이 비밀스럽게 지켜져 왔기 때문에, 그 기술은 사회의 기술변혁을 가져올 수가 없었던 것이다.

끝으로 민영수공업의 업종별 조직은 우선 정부조직을 협조하는 데 있었으며, 다음으로는 수공업자를 지원 협조하는 조직이었다. 그런 일을 한 후에야 수공업자의 권익을 보호하는 조직이 되어야

---

66) 彭澤益,『中國近代手工藝史資料』第一卷, 三聯出版社, 1857年, 第67~69頁.

했다. 이처럼 관청이 그 위에 있었고, 민간이 뒤에 있었던 기능적 특징은 중국 전통사회의 업종조직과 유럽의 업종조직과 구별되는 중요한 차이의 하나였다. 송나라 시기 "시정에서 행업(行業)이라고 하는 것은 관청에서 세금을 부과함에 따라 이 호칭을 갖게 되었다. 제품의 다소를 구분하지 않고 세금을 내게 되면 모두가 행업이 되었다"[67]고 했고, 더불어서 그 규정을 보면,

> "행업에 들지 못하는 사람은 시전에서 마음대로 장사를 할 수 없고, 이득을 취할 수가 없다. 각자 관청의 규정에 따라 납세한 후 시장에서 장사할 수가 있다. 그러나 관청에 신고하지 않고 함부로 행업을 경영하면 죄를 짓는 것으로 간주하며 이를 신고하는 사람에게는 상을 내렸다.…… 수도의 거리에서 병을 들고 다니면, 찻물을 파는 사람으로 치부하였고, 물을 팔든가 죽을 파는 사람, 신을 만들어 파는 사람들, 이발하는 사람들은 모두가 관청에 신고를 해야 한다."[68]

고 했다. 명나라시기의 수공업자도 "자기가 종사하는 업소와 화물을 등기해야 했다. 각 관청에서 대형 행사가 있을 때면 등기한 바에 따라 그에 맞는 부역을 담당해야 했다. 이렇게 하여 그 맡은 바 일을 하면 이를 행호(行戶)라 했다. 혹은 같은 업종들 중에서 어느 한 행업이 이에 응하여 납품하게 되면 이를 당행(當行)이라 하였

67) 耐得翁, 『都城記胜』, 「諸行」.
68) 『通考』, 『市糴考』.

다."[69] 행회(行會, 같은 업자들이 모여 조직한 집단-역자 주)는 수공업자를 효과적으로 보호하는 자체적인 조직이 아니라, 관청을 대신하여 수공업자를 통제하고 착취하는 수단으로 사용되었다. 이는 그야말로 전통사회 민영수공업자들의 비애가 아닐 수 없었다.

2) 전통사회 상업의 번영과 창성

"빈곤에서 부자로 되는 데는 농사가 공업보다 못했고, 공업이 상업보다 못했으며, 자수를 놓는 것이 장사를 하는 것 보다 못했다"는 이 말은 중국의 옛 속담이다. 중화민족은 비록 농업경제 활동에 종사하는 민족이었지만, 상업을 경영할 줄 모르는 민족은 아니었다. 중국 전통사회의 상업 활동과 대외무역은 한때 매우 발달했었고 전성기를 구가한 적도 있었다. 중국 전통사회의 고도로 발달된 상품경제와 화폐경제는 마르코 폴로가 감탄을 금치 못할 정도였다. 대외무역이 매우 흥성했을 때는 중국이 당연히 동방의 무역중심에 있었던 것이다.

전통사회의 상품경제가 신속하게 발전한 것은 춘추전국시기 "공상식관(工商食官)" 제도가 동요되면서 시작되었다. 공상식관제도가 해체되면서 상인계층이 신속하게 흥기했고, 이에 따라 상업 활동도 나날이 번영해 갔던 것이다. 더욱이 춘추시대 후기에는 상인세력이 매우 강성해졌는데 이는 종법 노예제를 와해시키는 중요

---

69) 沈榜, 『宛署雜記』 卷十三.

한 사회역량이 되었다. 정국(鄭國)에서는 정부와 상인이 연맹을 맺을 정도였다. 즉 "상인은 정부를 배신하지 않고 정부는 상인을 통제하지 않았으며 서로 강요하지 않았다. 상인은 시장에서 유리한 보물로써 뇌물을 줄 수 있었고, 정부는 이를 단죄하지 않는다"고 했다.[70] 강(絳)의 한 부호 상인은 "금과 옥으로 장식한 차를 타고 화려한 의복을 입고, 제후들에게 뇌물을 줄 수 있었다"고 했다.[71] 당시는 '만 개의 수레가 있는 나라에는 만금이 있는 대상인이 있었고, 천 개의 수레가 있는 나라는 천금이 있는 대상인이 있었다"고 할 정도였다. 대상인이던 여불위(呂不韋)는 "싸게 사서 비싸게 파는 것을 통해 천금을 챙겼다"고 했고,[72] 그는 이를 밑천으로 해서 상업을 경영했는데, 이러한 경험을 통해 정치에도 참여하여 진나라에서 정치적으로 투자를 하기 시작했던 것이다.

진한시기 상인들의 활동과 세력은 나날이 확대되어 갔다. 더구나 국가의 통일과 더불어서 정치가 안정되고 경제가 발전됨과 더불어 상인과 상업활동 조건과 환경이 크게 개선되었다. 사서에는 "해내(海內)가 통일되어 남북이 자유롭게 통행할 수 있고, 대상인과 부호들이 천하를 휩쓸었으며, 교역을 통해 자기가 원하는 대로 물품을 얻을 수 있었다."[73] 상인들은 고액의 이득을 취할 수 있었고, 호의호식할 수 있어, 사회적으로 큰 흡인력을 갖게 되었다. 이로써 많은 정치가들은 불안을 느끼게 되었다. 동한시기 왕부(王

70) 『左傳』 昭公十六年.
71) 『國語』, 「晋語」.
72) 『史記』, 「呂不韋傳」.
73) 『史記』, 「貨殖列傳」.

오주전(五銖錢), 서한

符)는 이를 매우 우려했다. "지금 국가의 기본인 농사를 버리고 상업에 종사하는 사람이 많아지면서 우마가 모는 수레들이 길목을 메우고, 한량들이 도읍에서 활개를 치니, 기본을 지키는 사람은 점점 적어지고, 놀고먹는 사람들이 많아지고 있다"[74]고 한탄했다. 중장통(仲長統)도 대상인을 매도하는데 일조했다. 즉 "금은보화가 집안에 넘쳐나고 우마와 양돈이 산과 들에 넘쳐난다. 요염한 동자(童子)와 아름다운 첩들이 거실에 득실거리고, 기악소리가 방안에서 요란하다"고 했다.[75] 대상인들이 이처럼 사치스런 생활에 물들

74) 『潛夫論』, 「浮侈篇」.
75) 『后漢書』, 「仲長統傳」.

고 부귀영화를 누리니 사대부들의 반대를 어찌 불러일으키지 않을 수 있겠는가? 그렇지만 이는 하나의 측면이었고, 이는 진한시기의 상인과 상업활동이 얼마나 번영했었는가를 보여주기도 하는 것이다.

당송시기는 상인의 상업활동이 위진남북조 시기의 쇠락을 지난 후 재기한 또 한 번의 전성기였다. 사회경제가 번영일로를 달리는 환경을 두고 두보는 이렇게 성당(盛唐)의 상황을 노래했다.

> "구주(九州)의 대통로에는 표범과 호랑이가 없고,
> 먼 길을 가도 힘든 줄을 모르니 길일에 길을 떠난다네.
> 제나라와 노나라의 수레들이 꼬리에 고리를 물고
> 농사 짓는 남정네나 베 짜는 여성들이 또한 부지런 하도다"

이와 같은 상황에서 상인들의 상업활동은 활발하게 발전했다. 전국 각지의 수로에는 "거대한 선박들이 수없이 돛을 올리며 교역을 하고 있고, 오고가는 이들은 세월이 가는 것을 모를 정도다"라고 표현했다.[76] 대상인이 소유한 재부는 날로 늘어났다. 당 고종 때의 대상인 추봉치(鄒鳳熾)는 "엄청난 부자 상인이어서 금은이 헤아릴 수 없이 많았다". 그는 "고종을 알현할 때, 종남산(終南山)의 나무들을 모두 계산해도 견사 한 필만 못할 것이요, 백운산(白雲山)의 나무가 다 없어져도 신하의 견사는 없어질 줄 모를 것이다"[77]라고 말할 정도였다. 이런 기록을 그대로 믿을 바는 아니지

76) 『旧唐書』, 「崔融傳」.

청명상하도 일부, 송대

만, 그러나 확실한 것은 당시 상인들의 경제적 실력이 십분 웅후(雄厚)했다는 것을 설명해 주고 있는 것만은 사실이라고 하겠다. 양주(楊州)의 많은 지방 절도사, 관찰사들은 모두 개인적으로 투자하여 점포를 여는 등 상업에 종사하여 이득을 취했다. 비록 조정에서는 왕공백관(王公百官)들이 상업을 경영하지 못한다는 영을 내리기는 했지만, 이는 한 장의 공문에 지나지 않았다. 관상의 유착을 막을 수 없었던 것이다. 상인들은 지방 관리들에게 뇌물을 바치고 조정에다 적(籍)을 두었다. 정치적 특권을 얻은 상인들은 더 큰 상업적 이득을 올리는데 몰두했다. 양송시기(북송과 남송) 국력이 비록 수당(隋唐)보다는 못했지만, 양송의 상품경제는 십분 발달해 있었다.

---

77) 『太平广記』, 「鄒鳳熾」.

북송시기 전통시장 체제가 해체되자 상품경제는 한없이 발전할 수 있었다. 장강과 황하 남북, 도시와 농촌에는 대소 시장들이 우후죽순처럼 나타났다. 지금까지 전해지고 있는 「청명상하도(淸明上下圖)」를 보면 우리는 당시 동경(東京) 변량(汴梁)의 번영했던 도시경제와 흥청거리는 교역시장을 엿볼 수가 있다. 남송의 도시경제와 상품경제는 북송보다 더욱 발달했음을 알게해준다.

명청시기는 중국의 전통사회 경제발전의 마지막 왕조시기였다. 상품경제는 여전히 높은 수준을 유지하며 발전했다. 상품 생산과 상품 교환도 매우 빈번했는데 전국적인 시장과 지역시장, 종합시장과 전문 업종시장이 모두 크게 발전했다. 상품성 농업도 아주 높은 수준에 올라 있었고 소농경제의 상품생산율도 뚜렷이 제고되었으며, 남방의 발달지역에서는 경제작물을 널리 경작했다. 사회분업도 한층 더 발전했으며, 지역경제의 차별화가 확대되었다. 상품교역은 대량으로 증가되었으며, 상인자본들이 활약했고, 전장(錢庄)의 표호(票號)가 널리 유통되었으며 도시경제는 상당히 번영했다. 그러나 명청시기의 상품경제는 당송시기처럼 막강한 발전을 이룩하지 못했다. 특히 청조정부에서 폐관쇄국(閉關鎖國)하는 정책을 추진하고 독재적인 집권통치를 실행하면서 상품경제가 발전하는 생명력이 날로 위축되어 지난날의 성망을 잃게 되었다. 그러는 중에 이미 출현했던 자본주의의 맹아가 꺽기는 바람에 중국 공업혁명의 빛을 뿌리지 못하게 했다. 이것은 청나라에 있어서 매우 유감스런 일이었다.

유구한 중국 전통사회의 경제발전 과정에는 상업과 상품경제가 번영했던 시기가 있었다. 곧 진한시기와 당송시기는 전통사회에서

성세자생도(盛世滋生圖), 청나라 사람이 그림

상품경제가 가장 전성기를 이루었던 시기였다. 그러나 이에 반해 우여곡절과 저미기 또한 없지 않았으니, 바로 삼국시기와 위진남북조시기, 그리고 원나라와 청나라시기였다. 이들 시기의 상품경제는 크게 저락되고 말았다. 몇 차례에 걸친 기복을 기록하며 흥망성쇠를 보여준 중국 전통사회의 상업과 상품경제는 중국 전통사회의 상품경제 발전을 축소해서 비쳐주었다고 말할 수 있을 것이다, 이러한 상황은 유럽 중세의 상품경제 발전과 크게 다른 점이 있으니 중국 전통사회의 상품경제 발전에는 다음과 같은 몇 가지 특징이 있다.

(1) 관영상업과 민영상업이 병존하는 이중의 경영구조는 중국 전통사회 상업의 특이한 특징이었다. 민영상업의 발전과 장대함은 중외 각국의 역사 발전과정에서 필연적인 것이었다. 그러나 관영상업이 장기간 일부 상품의 생산과 경영을 독점했고, 시종 경제활동 영역에서 퇴출되지 않았기 때문에, 중국 전통사회의 이중 경영구조가 형성되었던 것이다. 관영상업은 정부가 직접 경영하던가, 경영에 참여하는 일종의 독점적 형식이었다. 공상식관에 의한 판도가 파괴되기 시작하여 아편전쟁 전까지 관상의 경영범위와 활동영역은 비록 감소되기는 했지만 시종 퇴출되지는 않았다. 관상의 독점성은 관영상업이 경영하는 업종의 자금 내원, 상품구조, 경영범위, 경영형식과 경영목적에서 잘 나타났다. 관상은 비록 상업생산에 종사하고 상품교환에 종사했지만, 그들이 추구하는 것은 정치적 목적이 경제적 목적보다 중요한 자리에 있었기 때문에, 이는 관상이라는 성격의 실질적인 전환을 제한했으며, 곧 민영상업의 발전을 제한했던 것이다.

각고제도(榷估制度)는 관상의 독점성을 가장 집중적으로 반영하였다. 각고제도라는 것은 정부가 모종의 중요한 상품을 독점하고 민영상업의 생산과 경영을 제한한다던가, 배척하는 것으로서 정부가 상품의 생산과 교환을 통제하기 위한 목적으로 책정된 제도였다. 각고제도는 중국 전통사회에서 국가 간섭주의의 중요한 정책이며 조치였다. 각고에 확정된 상품의 종류는 매우 많았다. 주로 소금, 철, 동, 술, 차 및 각종 희귀상품이었다. 각고제도를 통해 역대 왕조가 통제하는 상품종류와 범위는 비록 달랐지만 이 제도는 각 왕조에서 한결같이 견지해 왔다.

(2) 화폐관계와 화폐경제의 발달은 중국 전통사회 상품경제 발전의 중요한 특징이었다. 일찍이 춘추전국시기 화폐 주조가 대량으로 이루어져 사용되고 유통되었다. 포폐(布幣), 도폐(刀幣), 애금(愛金), 의비전(蟻鼻錢)과 환전(環錢) 등이 다른 지역에서 유통되었다. 소위 "황금도포(黃金刀布)는 민간에서 유통하는 화폐였다. 선왕들이 이를 잘 통제하여 그 책무를 담당케 하여 민간에서도 힘써 추진했다"는 데서 알 수 있다.[78] 진한시기 이후 화폐제도가 상대적으로 통일되고 안정되어 화폐경제는 나날이 번영 발전하였으며, 화폐유통도 부단히 확대되고 보편화 되어갔다. 진한, 당송, 명청 등의 왕조에서는 보편적으로 화폐제도를 상당히 유지했으며, 고도로 발전한 화폐경제를 유지했다. 각종 상품은 화폐로 구입할 수 있었고, 가장 중요한 생산 자료인 토지도 "돈이 있으면 사고 돈이 없으면 판다"고 하였다. 기타 상금, 기증, 뇌물 등도 모두 화폐로 행해졌다. 대량의 교역은 보통 황금을 사용했으며 소량의 교역은 보통 동전을 사용했다. 송나라 이후 상품경제의 발전과 함께 화폐 수요량은 배로 증가하였다. 그렇기 때문에 금속화폐 외에도 일찍이 지폐가 출현했다. 화폐경제와 화폐의 관계는 일반 농부와 상인들의 생활에도 침투되었을 뿐만 아니라 국가경제에도 충분히 반영되었다. 일반 백성의 가정재산은 주로 화폐로 계산됐고,

78) 『管子』, 「輕重乙」.

칼 모양의 화폐, 전국시기

국가재부도 화폐로 계산되었다. 예를 들면, 한무제 시기 "수도의 돈이 백여 만 관이 넘었으며 그 많은 액수를 계산할 수가 없었다"고 했다. 화폐관계의 발달과 더불어 화폐 배물교사상(拜物教思想)이 나타나게 되었다. 노포(魯褒)는 『전신론(錢神論)』에서 화폐의 폐단을 구체적으로 다음과 같이 지적했다.

> "생사(生死)는 명(命)에 따르고, 부귀는 돈에 따른다. 돈은 화를 복으로 만들 수 있고, 실패를 성공으로 전환시킬 수 있으며, 위험을 안전으로 돌릴 수 있고, 죽음을 살릴 수가 있다. 생명이 길고 짧은 것이나 사람의 귀천이 모두 돈에 달렸으니, 이는 하늘도 어쩔 수 없는 것이다. 하늘은 이미 힘이 없어진지 오래고 돈만이 힘을 쓴다…… 돈을 잃게 되면 빈약해지고 돈을 얻게 되면 부강해진다."[79]

(3) 시장체계가 계속적으로 완벽화로 치닫고, 상품의 종류가 나날이 증가되는 것 또한 중국 전통사회의 상품경제발전의 중요한

---

79) 魯褒, 『錢神論』, 「全晋文」 卷113.

특징이었다. 시장은 상품교환 장소로서 상품교환의 관계를 체현했다. 시장체계는 시장의 발전 정도를 반영하는데 중국 전통사회의 시장은 주로 다음과 같은 몇 가지 종류로 나눌 수 있다. 첫째는 지방의 소시장이다. 이를 장터 무역이라고도 했다. 지방의 소시장은 가장 일찍이 나타났고 가장 보편적인 시장이었다. 북송 중엽에 이미 이런 시장에 한하여 세금을 징수하기 시작했다. 매일 1회에 한해 세금을 내는 방법으로써 세금을 징수했다. 1년에 8~9백만 관을 징수했는데 이는 전국 상업세의 절반을 차지하였다. 둘째는 도시의 시장으로 전통사회에서 가장 발달한 시장이었다. 진한시기 이후 각 대도시에는 많은 '시장'이 설립되었다. 예를 들면 장안(長安)에는 동서 두 시장이 있었다. 셋째는 지역성적인 시장이었다. 즉 일정한 지역을 초월한 지방 시장이었다. 지역시장은 도시와 농촌을 연결하고 생산과 판매를 연결시켜 주는 중요한 역할을 했다. 명청시기 강남의 지역시장은 전문화된 시장으로 부상하여 일부 상품의 집산지로써 자리매김

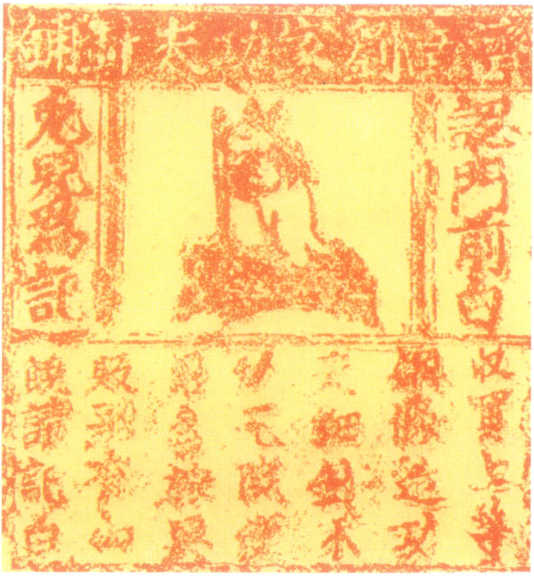

송대 상품 상표

했다. 넷째는 아직 확정되지 않은 전국성적 시장이었다. 전국성적 시장은 전통사회에서 시종 완정된 시정으로 형성되지는 못했다. 다만 장거리 운송을 통한 판매활동이 비교적 빨랐을 뿐이었다. 그러나 장거리 운송교역은 주로 귀중한 물품을 위주로 진행한 것이었기 때문에, 서민들의 생활에는 크게 영향을 주지 못했다.

전통사회의 상품종류는 아주 제한되어 있었다. 주로 농업 부산물, 수공업 제품과 백성들의 생활과 밀접한 연관이 있는 기타 상품들이 주종을 이루었다. 전통사회에서 상품의 수요량이 가장 큰 것은 일반 소비품이었다. 그것들의 소비차원이 낮고 상품 종류에 대한 요청도 높지 않았기 때문에 정밀 가공과 부가가치가 높은 상품은 시종 중요한 지위를 얻지 못했다. 대략 계산한 바에 의하면, 곡물이 42%, 면화가 24%, 소금이 15%를 차지했다. 이 세 가지의 합계가 81%나 된다. 말하자면 전통사회에서의 상품경제는 이미 높이 발달했지만 상품구조는 아주 간단했었다는 사실을 설명해 주는 것이다.

(4) 도시의 흥기와 도시경제의 번영은 전통사회에서 상품경제의 발전수준을 반영해 주었다. 유럽 중세와는 달리 중국 전통사회의 도시 발전은 장기간 중단되지 않았다. 중국 역사상 도시는 우선 정치의 중심이었으며, 그 다음에야 경제의 중심이 되었다. 도시의 정치적 의의가 경제적 의의보다 훨씬 컸던 것이다. 전국시기의 도시에는 "길이가 천장(千丈)이나 되는 성곽에 만 세대나 되는 읍이 서로 멀리 보였다"80)라는 기록이 있다. 또 "한국(韓國)의 의양(宜陽)이라는 도시는 8리나 되는데, 인구는 10만이 넘고, 곡물은 몇

콩국을 파는 모습, 청나라 사람 그림

년을 유지할 수 있다"는 기록도 있다. 한나라 시기 장안성의 규모는 대단히 웅대했다. 도시 길이는 25㎞나 되고 인구가 가장 많을 때 50만이 넘었다. 이는 당시 유럽 로마성의 3배나 됐다. 반고(班固)의 저서 『서도부(西都賦)』와 장형(張衡)의 『서경부(西京賦)』는 모두 그러한 번영상을 절찬하였다. 후자는 "귀한 화물이 들어오고 시장이 즐비하게 들어섰고, 파는 사람은 벌고 구하는 사람도 손해를 보지 않았다"고 했고, 또 "종을 치며 식사를 했고 수레가 끊임

80) 『國策』, 「趙策三」.

청명상하도 일부, 송대

없었으니 동경(東京)의 공후(公侯)들이라도 이보다 더 했을까?"라고도 했다. 또 "이 가운데는 향음이 은근하고 5도(五都)의 화물이 없는 것이 없으며, 내보내고 받아들이는 상인들이 연락부절이며, 기나 긴 점포를 따라서 사람들은 옷깃을 스쳐 지나치고 수레가 줄지어 지나간다"고도 했다.

수당시기에 이르러 장안, 낙양, 양주 등은 아주 이름난 대도회지로 부상하였다. 장안성의 길이는 36.7㎞이며, 면적은 84㎢였다. 도시에는 108개의 작업장이 있으며 인구는 백만을 넘었다. 그 규모가 크고 기백이 웅위하며, 시장이 번영 발전하고 인구가 많은 것은 당시 세계에서 둘도 없는 상황이었다. 양송시기 방시제(坊市制)가 파괴되면서 도시경제는 더욱 발전했다. 동경(東京)의 변량

(汴梁)은 "사람의 물결과 수레의 물결이 끝이 없었고, 선박은 꼬리에 꼬리를 물고 천리 물길을 갈랐다."고 했다.[81] 도시의 인구는 북송 말에 26만 호가 넘었다. 도시생활도 매우 풍부하고 다채로웠다. 명나라와 청나라시기 도시의 발전은 더욱 보편화 되어 도시의 양이 급격하게 늘어났을 뿐만 아니라, 경제성 도시도 부단히 흥기하여 일어났다. 유명한 소주, 항주 및 무한 3진(鎭)과 광주, 중경 등의 도시는 모두 공상업이 발달했던 곳으로 유명했다. 오강(吳江)의 주민들은 명나라 말기에 "모두가 양잠을 주업으로 했는데, 남녀 모두가 근면하여 베틀 소리가 밤새도록 그칠 새가 없었다. 시장 양안(兩岸)의 직물 점포는 천여 개나 되었다"고 했고, 또 "천하 사방에서 온 상인들은 이곳에서 비단을 구입했다. 벌통과 개미굴처럼 옹기종기 모여 있어 길을 비켜 줄 곳조차 없어 길에서 다리를 쉴만한 자리조차 없었다."고도 했다.[82] 경덕진(景德鎭)은 밤낮으로 도자기를 만드는 가마 불이 식을 때가 없어 '사시뢰전진(四時雷電鎭)'이라 불렸다. 수도인 북경은 더욱 번영했었다. 세계 각지의 상품이 이곳에 집중되어 황실과 관료들의 수요를 충당시켜 주었다. 이런 점에서 사실상 도시경제의 번영과 발전을 떠받들어 주는 주요 역량은 상품경제의 발전이라고 할 수 있다.

끝으로 대외무역의 발전과 동방 무역중심의 확립 역시 중국 전통사회 상품경제의 발전수준을 알려준다. 장기간 동안 중국은 대

81) 『淮海集』 卷十三, 「安都」.
82) 『醒世恒言』 卷十八.

외무역 활동을 잘 모르는 폐쇄된 국가로 인식되어 왔다. 이러한 인식은 사실상 근거가 없는 말이다. 중국의 대외무역이 쇠락하기 시작한 것은 명나라 정화가 서양을 항해한 이후부터 시작되었다. 그 이전에는 상당히 오랜 동안 당시 세계에서 가장 강대하고, 가장 넓고, 가장 부유한 대제국으로 부상하고 있었다. 이와 같은 대일통(大一統)의 국면은 4백여 년을 유지해 왔다. 이 기간 동안 중국은 주변 국가와 지역간에 경제문화교류를 위해 전대미문의 유리한 조건을 내세우고 있었다. 세계에서 유명한 '실크로드'가 바로 이 시기에 만들어져 소통되었던 것이다. 실크로드는 중국과 중앙아시아 경제문화교류의 대동맥이었다. 당나라와 송나라시기의 중국은 이미 동방의 무역중심으로써 자리매김하고 있었다. 중외의 수륙교통이 십분 발달했고, 경제문화교류도 매우 활발했다. 외국상인과 학자들의 발자취가 중국의 많은 도시에 남아 있다. 그 중 일부 사람들은 중국에 장기간 거주하기도 했다. 큰 소리 치기를 좋아하던 수양제(隋煬帝)는 "세 개의 시장에 천막을 치고 술과 안주를 차려놓도록 하라"는 영을 내려 외국상인들이 "가는 곳마다 그들이 주안상을 청하여 취하도록 마시게 하고, 중국이야 말로 신선국이라는 것을 알게 하도록 하라"83)는 영을 내리기도 했다. 이는 일부러 번영한 모습을 보여주려고 한 것으로, 이러한 현상은 고대부터 있었음을 설명해 주는 말이다. 해상무역도 보편적으로 발달했다. 시인 유우석(劉禹錫)은 자기 작품에서 "하늘에 닿을 듯한 파도도 멎고 고래도 잠자는데/ 햇빛 아래 번쩍이는 돛을 보면

83) 『隨書』, 「裴矩傳」.

상단 여행도, 당대 돈황 벽화

보물 실은 선박이 오는 것을 알 수 있다"84)라고 읊었다. 대외무역의 관리를 강화하기 위하여 정부는 북방 변경에 호시기구(互市機構)를 설립했으며, 동남아시아의 통상항구에는 시박사(市舶司)를 설립했다.

명대 전기의 대외무역 규모는 여전히 방대했다. 더욱이 1405년부터 1431년 정화가 명왕조의 사자 신분으로 7차례나 서양을 향해 항해하여 저 멀리 동남아시아, 남아시아, 서남아시아, 아프리카 동북부 등의 지역을 항해하였다. 그는 도착하는 곳마다 예물을 주었고, 동시에 무역을 행하였다. 정화의 항해는 정치적 목적보다

84) 『全唐詩』 卷十三.

중추가절(中秋佳節), 양유청년도(楊柳靑年圖)

경제적 목적이 더 컸다. 그러나 한번 출항하면 거액의 자금을 소모해야 했기 때문에 정화의 항해는 중국 후기 전통사회의 상업혁명을 추진하는 계기를 가져다주지를 못했다. 그러나 평화를 사랑하는 중국인과 위에서 말한 많은 지역 사람들 간의 이해와 우의를 갖게 되었고, 이를 통한 소통은 매우 증대했다. 정화의 서양을 향한 항해는 중국의 대외 무역사에서 매우 획기적인 거사였으며, 세계항해사에서도 하나의 대 거사였던 것이다. 명나라 후기와 청나라에 들어서 중국의 대외무역은 일락천장으로 쇠퇴하여, 다시는 한나라나 당나라시기와 같은 막강한 기백을 보여주지 못하게 되었다.

3) 요원의 불길 같았던 미성숙한 자본주의 맹아

상품경제의 발전은 필연적으로 자본주의경제를 일어나게 한다. 자본주의경제는 지금까지의 인류역사에서 가장 발달한 상품경제이다. 중국 전통사회 후기에 상품경제와 공상업의 발전과 더불어 명나라 중엽인 만력년간(1573~1620)에 이르면, 경제가 발달한 지역과 도시의 수공업에서 희미하게나마 자본주의의 맹아가 나타났다. 이 자본주의 맹아는 청나라에 들어와 더욱 발전하고 장대해졌으며, 더 많은 업종과 부문으로 확대되었다. 일부 지방의 견직업, 면방직업, 제련업, 동광산, 도자기업, 제염업, 탄광과 제당, 차, 담배, 양조, 기름 짜기, 출판 인쇄 등 업종에서 자본주의 맹아가 출현했다.

재물신(財神), 청대 연화(민간에서 설날에 붙이던 길한 뜻을 상징하는 그림)

명청시기에 출현한 자본주의 맹아는 주로 아래의 세 과정을 통해 출현했다. 첫째는 소상품생산자의 양극화로 인해 일부가 자본주의 방식을 채용하여 부유해진 자본가가 있었으며, 일부는 빈곤으로 말미암아 생산능력을 상실하고 고용노동자로 전락하게 됨으로써 나타나게 되었다. 조시빙(曹時聘)은 만력 년간에 소주에서 "일자리를 잃은 백성들은 조석으로 근심 걱정을 하지 않으면 안 되었다. 일자리를 찾으면 살아갈 수 있고 일자리를 잃으면 살 길이 없게 되었다…… 염색하는 작업장이 파산하여 일자리를 잃은 사람들이 몇 천 명이나 되었고, 방직업이 부도나서 일자리를 잃은 직공 또한 몇 천 명이나 되었다."85) 이런 사람들이 바로 업주에서 노동자로 전락한 사람들이다. 두 번째는 상인들이 각종 방식으로 소생산자를 착취하여 자본주의식으로 경영하는 자본가로 전화된 것이다. 견직업의 경우를 보면, 이런 상인들이 천여 호가 넘었다.

85) 明『神宗實彔』卷三六一, 万歷二十九偶年七月丁未.

그들은 기술자들에게 원료와 일부 생산공구를 제공해 주어 기술자들이 생산한 양에 따라 적당한 수수료를 수금했다. 청나라의 시에서 이런 상황을 읊은 것들이 있다. 즉 "상인들은 견사를 모아 놓고 / 농가의 가가호호마다 나누어 주어 견직물을 짜게 하니/ 9일간 고생하면 견사 한 필을 짠다네"였다. 세 번째는 농업생산 중 노동자를 고용하여 농사를 짓는 부농과 경영지주가 땅을 세내어 경영하는 농업자본가로의 전환이다. 이런 전환은 계속해서 어려운 곤경에 처하게 되어 커다란 진전이 없었다.

명청시기 자본주의 맹아가 중국 자본주의경제를 태어나게 할 수 있었는가 하는 문제는 이미 역사적으로 증명할 수 없는 문제로 되어 있다. 그러나 아편전쟁 이전 중국의 자본주의맹아는 하늘에 드문드문 떠 있는 별처럼 거센 기세를 형성하지는 못했다. 그 원인을 분석해 보면 다음과 같다.

먼저 중국 전통사회의 상품경제는 자연경제 체제 내에서 존재하고 발전하여 왔다. 그렇기 때문에 중국의 상품경제에는 자연경제의 성격이 깊히 배어 있었다. 상품경제와 자연경제는 서로 다른 사회경제 체계이며 서로 다른 문화가치 체계이다. 유럽의 전통사회에서는 양자의 관계가 주로 충돌과 대항으로 나타났다. 특히 중세 후기 상품경제의 발전은 봉건주의 경제를 신속하게 와해시켰으며, 자본주의 경제를 싹트게 했다. 그러나 중국의 전통사회에서는 양자의 관계가 주로 병존과 기생하는 형식으로 표출되었다. 혹은 중국 전통사회의 상품경제가 너무나 강대하고 광범위한 자연경제에 도전할 역량이 부족했다. 중국 전통사회의 자연경제 중 자연경제 요소는 상품경제의 체내에 속속들이 침투되어 상품경제는 선천

산촌의 장원에 선 시장, 청대

적인 결함을 극복할 수 없게 되어 있었다. 이러한 근본적인 결함은 상품경제를 자연경제로 회귀케 하는 특징으로 나타났다. 이처럼 상품경제가 자연경제로 회귀하는 성격은 구체적으로 아래 몇 가지 방면에서 나타났다. 첫째 상품교환의 주요 제품은 전통농업의 잉여물이지 조직적으로 타인의 소비를 충당시켜 주기 위해서 생산된 상품이 아니었다. 그렇기 때문에 상품경제의 번영은 먼저 전통농업의 발전상황과 밀접하게 연관되어 있었다. 둘째로, 상품생산과 교환은 대중의 소비를 만족시켜 주는 일면이 있는 동시에 부자와 관리들의 비생산적 사치 소비를 만족시켜 주는 일면이 있었다. 그렇기 때문에 사회경제의 발전을 효과적으로 추진할 수 없었으며, 사회적 분공을 효과적으로 확대할 수 없었다. 셋째, 상업

고악부시사(古樂府詩詞)인 소녀구장기(小女九張機), 청나라 사람의 그림

자본이 토지 등 부동산으로 전환하는 과정에서 상품경제와 자연경제의 연계를 소통토록 하게 마련인데, 이때 자연경제가 상품경제의 단물을 빼먹는 현실적인 길을 제공하여 주었다. 넷째, 상인과 지주, 관료 간에 전환할 수 있는 비신분적 제한에 의해서, 상인이 토지에 투자하고 정치적 투기를 진행할 가능성을 제공하여 주었다. 대량의 상인들이 일정한 재부를 집중한 다음 토지를 구입하던가, 벼슬길로 나가는 중요한 원인이 되었던 것이다. 이와 같은 현상은 상품경제가 전통사회의 경제와 화해할 수 있는 역량을 약화시켜 주었다. 그렇기 때문에 자본주의 맹아가 굵고 힘 있게 발전하는 강대한 에너지를 형성하지 못했던 것이다.

다음으로 중국 전통사회에서 수공업은 비록 지속적인 발전 추세

옷감을 짜는 여공, 만청시기

를 보여주면서 몇 차례 찬란한 역사를 창조하긴 했지만, 전통사회의 수공업 자체의 특징은 자본주의 경제관계의 체질을 형성시킬 수 없었다. 즉 중국 자본주의 공업문명의 서막을 여는 역사적 임무를 담당할 여력이 없었던 것이다. 수공업 자체의 특성이랄 수 있는 국한성과 결함은 주로 아래의 몇 가지 면에서 나타났다. 첫째 관영과 민영의 2원적 구조는 수공업이 활발하게 발전하고 경제관계의 성격을 벗어나는 것을 속박했다. 자본주의경제는 생산력을 구비하고 생산관계가 형성된 두 가지 조건이 있을 때라야 나타나게 되고 발전할 수 있는 것이다. 그런데 2원적 구조 하에서 관영수공업의 기술조건과 민영수공업의 경제관계 조건은 서로 분리되어 있었다. 비록 각자가 구비한 기술조건과 경제관계 조건은 이미 당시 유럽 자본주의 초기의 발전수준을 훨씬 능가하고 있었지만, 중국에서는 사회적으로 경제혁명을 불러일으킬 수 있는 환경이 조성되지 않았다. 두 번째로는 민영수공업은 중국 전통사회에서 자본주의 문명산업을 창조할 가능성이 가장 큰 사회역량이었지만, 전통사회 민영수공업의 산업구조가 합리적이지 못했고, 산업 차원에서 볼 때 그 역량이 비교적 낮았으며, 산업의 전후 단계의 연계가 비교적 약했기 때문에, 공업혁명의 불꽃을 잉태할 수가 없었다. 전통사회의 민영수공업은 주로 양식가공업, 견직, 면직업, 차, 술, 담배 등 업종에 치중되어 있었는데, 이들의 기술적 요구가 낮았고 자금 투자가 적었으므로, 시장의 수요가 많은 일반 가정수공업과 소수 공업 작업장에만 집중되어 있었다. 그렇기 때문에 기술혁신

비단 파는 가게, 청나라 사람 그림

에 대한 요구가 거의 없었으며 에너지혁명에서 출발한 산업혁명은 더더욱 운운할 여지가 없었다. 세 번째, 전통사회에서 수공업 분포가 너무 분산되어 있었으며, 산업간의 상호교류와 추진이 또한 아주 미약했다. 따라서 다종 산업이 집중된 경제거점을 형성하기가 어려워, 경제중심을 형성하기가 곤란했다. 유럽의 자본주의 경제구조는 먼저 영국의 소수 도시에서 성장했다. 그곳은 각종 산업이 집중된 곳이었으며, 내외무역이 집중된 곳이었다. 그러나 중국 전통사회의 수공업은 비교적 분산되어 있었으며, 공업의 분포는 매우 불합리하였다. 명청시기 많은 전업화된 도시가 강남에 많이 분포되어 있었지만 서로 연계되어 있지 않았고, 서로 고립되어 있었다. 이것은 수공업의 기술 교류와 진보 발전에 아주 불리한 것이었다. 또한 경제발전이 집중될 수 있는 지역을 형성하기 어려웠으며, 발전의 중심을 형성하기가 어려웠다. 이처럼 자체적으로 가지고 있던 내부의 제약은 중국 전통사회에서 자본주의 맹아가 힘있게 성장할 수 있도록 추진할 능력이 안 되었다.

그 다음으로 중국 전통사회의 상업은 십분 번영하고 발전적이었지만, 전통농업 경제구조를 와해시키는 능력은 오히려 제한되어 있었다. 유럽 중세기의 상업은 11, 12세기 도시가 흥하면서 발전하여 중세기 말에 이르러 활발하게 발전하는 추세를 보여주었다. 그러나 중국 전통사회의 상업은 너무 조숙해 있었기에 일찍부터 번영했고 활발히 움직이고 있었다. 그렇다면 상업이 서방에서는 자본주의 경제적 관계를 나타나게 하는데 선구적 역할을 할 수 있었음에도 중국에서는 무엇 때문에 전통사회 경제를 추종하기에 급급했었는가? 이것을 연구하는 것은 확실히 역사적 난제라 할 수

황도적승도(皇都積勝圖), 명대

있다. 마르크스는 상업이 낡은 생산방식을 해체시킨다는 역할을 언급할 때, "상업은 낡은 생산방식을 어느 정도 해체하는 작용을 발휘할 수 있다. 그러나 이것은 우선 이와 같은 생산방식의 견고성과 내부구조에 의하여 결정된다. 그러면 이러한 해체 과정은 어떤 방향으로 나아갈 것인가? 다시 말해서 어떤 새로운 생산방식이 낡은 생산방식을 대치할 수 있겠는가 하는 것은, 상업에 의하여 결정되는 것이 아니라 낡은 생산방식 본체의 성격에 의해 결정된다."고 했다.[86] 마르크스는 여기서 상업의 와해작용이 낡은 생산방식의 견고성과 내부구조의 제약을 받는다는 것을 강조하여 지적했다. 튼튼한 전통사회의 경제구조에서 상업은 이 구조를 와해시

86) 『馬克思恩格斯全集』 第二五卷, 第371頁.

청대 잡화가게

킬 수 없으며 자신 또한 이 구조의 부속경제가 되고 말았던 것이다.

마지막으로 중국 전통사회에서는 정부에서 실행하는 일련의 기본정책을 중시하고 말초적인 것을 억제하는, 즉 농업을 중시하고 상업을 억제하는 정책과 조치는 공상업의 발전을 심각하게 억제하고 속박했을 뿐만 아니라, 신생 자본주의맹아의 발전에 커다란 저애와 손상을 가져다주었다. 명청시기 이와 같은 정책조치는 구체적으로 공상업을 제한하는 정책, 관공업와 광산금지정책, 폐관 해상금지정책과 부세 가중정책 등으로 표현되었다. 정부는 공상업에 한해 제한하는 조치를 실시했다. 즉 완전히 금지하는 정책을 취하지는 않았지만 그렇다고 공상업을 제고시키는 조치를 취한 것도 아니었다. 옹정(雍正) 황제는 "시장에서 밥을 벌어먹는 사람이 많으면 그만큼 시골에서 농사를 짓는 사람이 줄어든다. 그리고 백성들이 장인의 수입이 농사하는 일보다 더 버는 것을 보면, 모두가 장인 쪽으로 몰려가서 물건을 생산하는 사람이 많아지게 될 것이고, 물건이 많아지면 판매가 어렵게 되고, 판매가 어렵게 되면 물건이 쌓여 가격이 떨어지게 된다. 이처럼 기본이 아닌 것에 종사하는 사람이 많아지는 것은 농업에 해로울 뿐만 아니라 공업에도 해롭다"고 했다.[87] 이런 생각을 가졌던 관계로 정부는 여전히 관영공업 체제와 제도를 견지했던 것이다. 명나라 초기 보고된 장인은 30만 명이었다. 여기에 징용된 민간인 인부까지 포함하면 180만이나 되었다. 청나라의 관영공업도 규모가 상당히 방대했던 것

87) 清『世宗實彔』卷五十七, 雍正五年五月初四日.

이다. 그러나 광산 금지정책은 폐지하지 않았지만, 청정부에서는 해금정책을 실시하여 대외무역이 대폭으로 추락하였다. 이런 정책과 조치는 자본주의 맹아의 발육과 성장에 매우 불리하였던 것이다.

중국의 자본주의맹아가 전통사회 경제의 모체에서 잉태되어 조금 씩 움직이고자 할 때, 서방의 자본주의 상선과 대포는 폐쇄하고 있던 중국의 문을 부수고 들이닥쳤다. 중국은 놀라운 눈으로 그저 생소한 세계의 형상을 쳐다만 볼 뿐이었다.

5

아편전쟁 : 자본주의 세계의 도전

아편전쟁 : 자본주의 세계의 도전

중화대국은 명청 두 왕조를 지나면서 과거 활발했던 생기를 잃기 시작했다. 비록 광활한 영토와 수억의 민중을 가지고 있었지만 한나라와 당나라시기의 그 웅대한 기백과 훌륭한 품격은 이미 되살릴 수 없는 역사의 뒤안길로 물러가고 말았다. 비대하기만 하고 힘 없는 제국, 조밀하기는 하지만 굳어져 버린 체제는 더 이상 중국이 세계 강국과 함께 어깨를 나란히 하며 나아갈 수 있는 기회를 상실하고 말았던 것이다. 이러한 잠복되어 있던 위기가 마침내 터졌으니, 바로 이편전쟁이었다. 이로부터 중국은 근 백여 년에 걸친 굴욕의 역사를 알리는 서막을 열었던 것이다.

1) 자본주의의 확장과 중국의 위기

역사는 때로 사람을 곤혹스럽게 만든다. 15세기 전후 정화의 당당했던 세계를 향한 항해는 명 제국에 실질적인 변혁을 가져다주지는 못했다. 그러나 인원수가 별로 많지 않고 함대도 아주 볼품이 없는 유럽인들의 항해활동은 유럽사회의 경제발전을 가속화시킴으로서 자본주의 경제의 태동과 발전, 그리고 그것이 장대해 질 수 있도록 촉진시켰던 것이다. 마르크스는 자본주의 태동을 말했을 때 유럽의 항해활동에 관하여 특별한 의의를 부여했다. 즉

> "미주와 동인도 항로의 발견은 교류를 확대시켰으며, 공장제 수공업과 전반적인 생산분야를 크게 발전시켰다. 그곳으로부터 새로운 상품들이 수입됐고, 특별히 투입해 유통하기 시작한 금은(이는 근본적으로 계급간의 상호관계를 변화시켰으며, 봉건토지 소유제와 노동자들에게 심각한 타격을 주었다)은 모험적인 원정과 식민지에 대한 개척을 촉진시켜 당시의 시장은 이미 세계적인 시장으로 확대될 수 있는 가능성을 제공하여 주었다. 이 모든 것은 역사 발전의 새로운 단계를 탄생시켰다."[88]

고 말했다. 자본주의는 여기서부터 세계로 나가는 여정을 개척하기 시작했던 것이다.

자본주의의 생산방식은 유럽 봉건주의 생산방식이 붕괴되는 기초 위에서 태동되었다. 자본주의 생산방식의 맹아가 가장 싹트기 시작한 것은 14, 5세기 지중해 연안의 일부 도시에서였다. 주로 이탈리아 북부의 베니스, 제노바, 뻬사, 플로렌스(피렌체)와 밀라노 등 도시에서 가장 먼저 자본주의 맹아가 싹 트기 시작했다. 그러나 이런 맹아는 여기서 신속하게 자본주의 생산방식을 확립시켰던

88) 『馬克思恩格斯全集』 第三卷, 第64頁.

것은 아니었다.

자본주의 생산방식은 영국에서 가장 일찍 확립되고 발전했다. 영국은 자본주의의 고향이며 가장 일찍이 자본의 원시적 누적을 진행했던 가장 대표적인 국가였다. 영국은 대내적으로 인민대중을 박탈하는 인클로우저 운동과 세수(稅收)제도를 통해, 대외적으로는 해외무역과 식민 확장, 그리고 약탈과정을 통해 실현했다. 자본의 원시적인 누적을 통해 영국 자본주의의 발전을 위해 거액의 자본과 날로 확대되는 국내외 시장을 제공하여 주었다. 이는 직접 1860년대에 영국이 산업혁명을 전개할 수 있도록 촉진했다. 영국의 산업혁명은 먼저 면방직업으로부터 시작되었다. 면방직업 분야에서 일련의 기술혁신과 진보, 그 중에서도 특히 방직기의 개량과 증기기관의 사용은 영국 공업기술의 기초에 대해 획기적인 변혁을 촉진시켰다. 엥겔스는 이것을 아래와 같이 평가했다. "분공(分工), 수력, 특히 증기기관의 이용, 기계의 응용은 18세기 중엽부터 그때까지 사용돼 왔던 모든 공구 및 도구의 기초를 동요시킨 세 가지 위대한 지렛대였다."[89] 면방직업과 기타 경공업 부문의 기계 발명과 이들 기계를 널리 사용하게 되는 것, 그리고 공장조직의 건립은 중공업과 교통운수업의 기술 장비와 생산조직의 혁신을 촉진시켰다. 석탄공업, 야금공업에서도 널리 기계를 사용하여 석탄과 강철을 에너지로 또는 원자재로 사용하는 다른 공업부문의 발전도 촉진시켰다. 1940년대에는 기본적으로 공업혁명이 완성되어 근대 공장제도가 확립되었다. 영국은 세계에서 처음으로 기계를

89) 『馬克思恩格斯全集』 第二卷, 第300頁.

이용한 대공업을 기초로 하는 공업국으로 부상했다. 1980년대 이전까지 근 1세기 동안 영국은 세계에서 공업, 무역, 해상운수, 금융방면 등에서 독점적 지위를 차지했다. 즉 세계 각국의 공업제품의 주요 공급자였으며, 또한 세계 각국 수출원료의 최대 구입지이기도 했다. 이를 "세계공장' 이라고 불렀다. 영국 자본주의의 선도하에 프랑스 독일, 네덜란드, 미국 등 유럽과 미주의 주요 국가는 자본주의 생산방식의 통치적 위치를 확립했으며, 비교적 짧은 시간 내에 산업혁명을 완성시켰다. 이로써 자본주의세계와 비자본주의세계간의 충돌과 대립이 조성되게 되었던 것이다.

자본주의경제는 개방형, 확장형의 경제이다. 자본주의 공업화의 진척은 대외적인 경제적 착취와 약탈을 지속적이고 대대적으로 초래하기 시작했다. 해외무역과 식민지 약탈은 자본주의 공업화 국가의 공통된 정책이었다. 지속적으로 확대하는 식민지와 낙후지역에 대한 무역활동은 각 자본주의국가의 공업화를 위해 피식민지국의 피와 땀이 묻어난 자금과 원자재를 끊임없이 조달시켜 주었다. 기초적인 통계에 따르면 1700년에서 1850년까지 150년 동안 700만 명의 아프리카 노예들이 브라질로 이주되었다. 이들은 그곳에서 유럽의 식민지제국을 위해 원자재를 생산해야 했다. 미셸 · 보드는 이러한 상황에 대해서 다음과 같이 말했다.

> "몇 백만의 아프리카 인들은 폭력과 무역이라는 수단에 의해 자기 고향과 국가로부터 낯선 곳으로 끌려 나왔다. 몇 백만 명의 노동력은 아무런 임금도 받지 못한 채 무보수로 일을 해야 했다. 그들은 1, 2년 동안에 모든 힘을 다 쏟아야 했고, 지칠 대로 지쳐

더 이상 생명을 유지할 수 없었다. 우리는 이러한 사실을 결코 잊어서는 안 될 것이다. 이것이 바로 16, 17, 18세기에 걸쳐 자산계급들이 부유하게 된 기초였다(서방인들의 사상 중에는 이러한 점을 무시하든가 말살하고 있지만)"90)

자본주의국가의 공업화 성과는 광대한 식민지·반식민지 국가와 지역을 빈궁과 낙후된 지역으로 만든 대가로써 이루어졌던 것이다.

아시아의 많은 국가와 지역은 서방 자본주의국가의 식민지와 반식민지로 전락되었다. 18세기 중엽 문명 고대국인 인도가 영국의 식민지로 전락되었다. 그 후 200년 이라는 기나긴 세월 동안 인도인들은 비참한 수난의 세월을 보내야 했다. 마르크스가 말한 것처럼 영국은 "인도사회의 모든 기초를 파괴했지만, 지금까지도 인도사회를 개혁 발전시키려는 그 어떤 의도도 보이지 않는다. 인도는 그들만의 역사세계를 상실했지만 새로운 세계를 이룩하지 못했다. 이것이 인도인들이 지금도 겪고 있는 수난에다 새로운 비참한 색채를 더해주고 있는 것이다".91) 이러한 상황처럼 청 왕조가 이런 국면에 봉착하게 되었던 것이다. 사실상 서방 자본주의 열강들은 일찍부터 동방에서 가장 부유하고 평화로운 국가였던 중국을 호시탐탐 욕심내고 있었다. 지난날의 신비함이 현실의 충돌로 전환하면서, 또 서방 자본주의의 해외자본 약탈이 팽창해 가면서 마르코

90) (法)米歇爾·博德, 『資本主義史 1500～1980』, 東方出版社, 1986年版, 第45頁.
91) 『馬克思恩格斯全集』 第二卷, 第14頁.

폴로의 역사기록은 서방 자본주의 국가들이 동방으로 확장하고자 탐험심을 유발시키는 유혹의 요인이 되었던 것이다. 유럽 각국의 식민통치자들 및 해적과 다름없던 상인들, 그리고 모험가들이 줄지어 중국으로 몰려들어와 중국의 문호를 열고자 했다. 중국은 일찍이 이전에 겪어보지 못했던 변경이 위협받는 시기에 처하게 되었으니, 이와 같은 변경의 위기는 바로 자본주의세계와 중국 전통사회의 충돌이었던 것이다.

선교사의 모습

2) 굴욕적 조약과 반식민지경제의 형성

1840년 아편전쟁은 중국 근대사회 역사의 서막을 열었다. 서방 자본주의 열강은 이때부터 무력으로 역사가 유구한 중국의 대문을 파괴하고 열어버렸다. 이어 대규모적인 대 중국 경제침투와 경제적 약탈을 시작했다. 그러한 일환으로서 하나씩 굴욕적인 조약을 중국인들의 머리 위에 올려놓았다. 이렇게 하여 중국의 식민지, 반식민지로의 전락 위기는 계속해서 깊어져 갔다.

(1)두 차례의 아편전쟁과 이후의 불평등조약

아편전쟁은 겉으로 보면 중국정부가 아편을 금지한 것으로부터 시작했다고 볼 수 있다. 그러나 실질적으로 보면 서방 자본주의 열강이 무력의 힘을 빌어 중국의 문호를 열고 중국인들을 핍박하려 한 침략전쟁이었다.

그들은 서방에서 공업품을 팔 수 있는 시장을 찾고, 원자재 생산기지를 찾으려 한 것에 비해서, 중국 전통사회의 자급자족 경제는 이 방면에 대한 강렬한 요구가 없었다. 중국은 비록 국토는 광활하지만 시장은 크지 않았으며, 물산은 풍부했지만 수요는 부족했다. 1760년부터 1833년까지 70여 년 동안 중국은 서방과 교역을 하는 가운데 언제나 우위를 차지했다. 중국과 영국과의 무역 상황을 보면, 1760년부터 1764년까지 중국의 흑자는 31만 량이나 되었다. 1830년부터 1834년까지 사이에는 중국의 흑자가 261만 량에나 달했다.[92] 그렇다면 어떤 상품으로 중국의 시장을 열어야 적자 폭을 줄일 수 있는지 그들은 생각했다. 그들은 공업제품으로는 중국의 문호를 열지 못하게 되자, 마침내 아편으로 중국의 문호를 열고자 했다. 통계에 의하면 아편전쟁이 일어나기 10년 전인 1830년부터 1840년까지 아편을 23.8만 박스(1박스의 무게는 133파운드)

92) 嚴中平等著, 『中國近代經濟史統計資料選輯』, 科學出版社, 1955年, 第2~5頁.

를 들여왔는데 그 가치는 1.6억 은원(銀元)이나 되었다.

아편무역의 위해성은 너무나 심각한 문제였는데, 그것은 중국인들의 정신과 육체를 손상시켰을 뿐만 아니라 청정부의 통치와 체제를 부식(腐植)시켜 갔다. 따라서 중국의 대외무역 중에서 지위가 현격하게 추락했고 또한 거대한 변화를 가져다 주었다. 이에 따라서 백은이 대량으로 해외로 빠져나갔다. 통계에 의하면, 1821년부터 1840년까지 20년 동안 청 왕조의 백은은 적어도 1억 은원(銀元)이 빠져나갔다. 이는 당시 전국 화폐유동 총액의 5/1이나 되는 거액이었다. 아편무역으로 인해 엄청나게 나쁜 결과가 나타나자 청의 조야 인사들은 분노했고, 이 문제에 대해 성토하기 시작했다. 임칙서(林則徐)는 이런 상황에 대해 다음과 같이 울분을 토해냈다. 즉 "이대로 두었다가는 몇 십 년 후의 중원에는 적을 당할 군사조차 없어질 것이고, 군량을 충당할 여지조차 없어질 것이다"93)고 할 정도였다.

나약한 청정부도 이러한 압력을 견디지 못하고 결국 아편무역을 금지한다는 영을 내리게 되었다. 이는 영국을 비롯한 서방 열강들의 경제적 이익에 엄청난 타격을 주었다. 이는 전쟁을 피할 수 없게 만들었던 것이다.

아편무역으로 인해 폭발된 아편전쟁은 청정부의 실패로 끝나고 말았다. 1842년 청정부는 열강의 압력에 굴복하고 영국과 「중영강녕조약(中英江寧條約)」, 즉 「남경조약」을 체결하고 말았다. 이듬해에는 또 「중영5개통상약관」과 「5개통상첨부선후조약」을 맺어야

---

93) 『林文忠公政書』 乙集, 『湖广奏稿』 卷五.

했다. 「남경조약」은 중국근대사에서 외국과 맺은 첫 번째 불평등 조약이었다. 이 조약과 함께 맺게 된 부속조약은 중국의 독립과 주권을 심각하게 파괴했다. 전통사회의 경제구조는 이전에 없었던 위기에 처하게 되었다. 「남경조약」의 주요 조항은 다음과 같았다.

① 홍콩을 할양한다. 즉 영국이 "장기적으로 거주하며 주권을 관장하고 법을 정하여 관리한다"는 것이었다. 이때로부터 홍콩은 영국이 극동에 설치한 군사기지와 상업기지로 변했던 것이다.
② 5개 항구를 개방한다. 즉 청정부는 광주(廣州), 하문(廈門), 복주(福州), 영파(寧波)와 상해(上海)를 세관으로 정하고 영국인이 이 다섯 곳의 세관을 통해 자유롭게 무역할 수 있다고 규정했다.
③ 거액의 배상금을 지불한다. 즉 청정부는 영국에 아편 손실, 군비, 상업 손실 등 모두 2,100만 은원을 배상하는 동시에, 광주의 반환 비용 600만 은원을 지불해야 한다고 했다.
④ 관세협정을 정했다. 즉 청정부에서 내지에다 세관을 설정하거나 증감할 때 영국과 공동으로 상의해서 결정해야 한다는 것이었다.
⑤ 연해무역권을 갖는다. 즉 영국상선은 자유롭게 중국의 각 통상항구를 내왕하면서 무역에 종사할 수 있다는 것이었다.
⑥ 조계지를 개설한다. 즉 영국인이 통상 항구에다 구역을 정하여 가족들을 데리고 와 거주할 수 있도록 한 조치였다.
⑦ 영사재판권을 갖는다. 즉 중국인과 영국교민간에 법률적인

분규가 발생되면, 영국영사는 조사와 소송청구권을 가지며, 영국인이 중국에서 법을 위반했을 때는 영국법에 의하여 처벌된다는 것이었다.

⑧ 최혜국 대우를 받는다. 즉 청정부에서 다른 국가에 새로운 혜택을 주게 되면, 영국도 그 혜택을 받는다는 것이었다.

조약에서는 아편무역과 관련한 문제는 한마디도 언급하지 않았다. 청정부는 아편무역에 한하여 "명분 적으로는 금하되, 실제로는 금하지 않는다"는 방침을 취했던 것이다.

영국을 뒤따라 기타 서방 열강들은 이러한 모습을 보면서 줄줄이 따라 들어와 중국을 협박하여 비슷한 내용으로 일련의 불평등 조약을 체결했다. 미국 특사인 구스힝(C. Cushing)은 이런 저런 구실을 대어 영국보다 더 많은 특권을 획득했다. 미국학자 데니트는 "미국은 망하조약(望廈條約)에서 처음으로 제국주의 색채를 나타냈다"[94]고 말했다.

제1차 아편전쟁 후 서방 자본주의 열강들이 벌떼처럼 몰려들어 중국의 시장을 열어젖히고 점령하고자 했다. 그러나 중국 전통사회의 경제구조는 여전히 서방 열강들의 경제적 침략과 침투를 완강하게 거부하고 저항했다. 문호가 비록 열리기는 했지만 시장을 쉽게 개척하지는 못했다. 그렇기 때문에 1950년대 초 서방 열강들은 '조약에 대한 수정'을 제시했다. 즉 청정부에서 더 많고 더 큰 특권을 부여해 줄 것을 요구한 것이다. 이에 대한 청정부의 거절

94) 丁英楠等著,『帝國主義侵華史』第一卷, 人民出版社, 第58頁.

은 그들이 전쟁을 일으키는 구실이 되었다. 주중영국영사인 야리궈는 "전쟁은 지나갔지만, 전쟁의 시기가 다시 닥쳐왔다." "구실을 만들어 더 많은 이익을 챙기려 했다"라고 말했다. 주중영국공사는 한 술 더 떠서 "간단한 행동을 해서는 안 되고, 강력한 군사압력이 없이는 중국에서 그 어떤 중요한 양보도 얻어낼 희망이 없다."고 했다.95) 서방 자본주의 열강들은 이미 제2차 아편전쟁을 일으킬 충분한 준비가 되어 있었다. 그들이 생각했던 것은 어떤 시기를 선택하고 어떤 구실을 빌어 침략전쟁을 일으키는가 하는 문제였을 뿐이었다.

제2차 아편전쟁을 통해 중국에서 공동적으로 이익을 도모하기 위해 자본주의 열강들은 처음으로 연합했다. 자본주의 열강들은 단합하여 청정부를 유인했고 위협했다. 그 중에서도 영국, 프랑스가 앞장섰다. 그리고 미국과 러시아가 그 뒤를 따랐다. 영국, 프랑스 등 연합군이 북경으로 직접 진군하여 점령했다. 청정부는 이들에 대해 대처할 힘과 방법이 전혀 없었다. 황제는 급히 북경을 내어주고 피난을 가야 했다. 역사적으로 몇 백년간 수도였던 고도 북경이 외국 군대에 의해 약탈을 받았던 것이다. 원명원(圓明院)이 불바다가 되어 북경의 하늘을 검게 물들였다. 청정부는 또 다시 쓰라린 실패의 고배를 들지 않으면 안 되었다. 1858년「천진조약」에 뒤이어 1860년에는 영국과 프랑스 등 자본주의 열강과「북경조약」을 체결했다.「북경조약」은「천진조약」의 모든 조항을 모두 망라한 기초 위에서 서방 열강들에게 더 많은 특권을 주었다.

95)『帝國主義侵華史』第一卷, 人民出版社, 第123頁.

「북경조약」의 주요 내용은 다음과 같았다.

① 공사가 북경에 상주한다. 즉 이 조약은 서방 열강이 청 왕조의 중앙정권을 더 편리하게 통제함으로써 전 중국을 통제하기 위한 조약이었다.

② 통상항구를 증가한다. 즉 우장(牛庄), 천진(天津), 등주(登州), 대남(臺南), 담수(淡水), 조주(潮州), 경주(琼州) 등 연해도시와 진강(鎭江), 남경(南京), 구강(九江), 한구(漢口) 등 강연안도시를 통상항구로 증설했다.

③ 내하를 통행할 수 있게 한다. 즉 서방 열강들은 내하의 항행권을 향유하며 중국 장강에 진입하여 무역 운수활동을 전개할 수 있게 하였다.

④ 내지에서 종교를 전도할 수 있다. 서방 선교사들이 중국 내지에 들어가 종교를 전도하고 교회를 세울 수 있게 하였다.

⑤ 세관을 관리할 수 있다. 즉 청정부는 서방인을 초빙하여 세관 관리에 참여토록 한 것이다. 영국인 레이(Lay), 하트(hart) 등이 중국 세관 총세무사에서 세관 사무에 종사했다. 하트는 세관을 45년간이나 관장했다.

⑥ 중국 노동자를 직접 고용하는 것을 허용한다. 즉 이 조약에 의하여 수백만이나 되는 중국인들이 해외로 팔려나가 노역을 해야 했다.

⑦ 아편무역을 합법화한다. 즉 청정부는 이들의 협박에 못 이겨 아편을 수입하도록 허락했고, 백 근에 은 30량을 징수한 다음 내지에서 판매할 수 있다고 규정했다.

「북경조약」은 「남경조약」보다 훨씬 더 심각한 매국조약이었다. 영국인 링리(呤唎)는 「천진조약」을 중국 애국자들에 대한 사형판결서라고 말했다. 그렇다면 「북경조약」은 중국의 독립과 주권에 대한 사형 집행서라고 할 수 있을 것이다 이때부터 서방 자본주의 열강의 경제세력과 경제는 거침없이 중국에서 활보하게 되었고, 중국 전통사회의 경제구조는 고통스럽게 해체되기 시작했다. 중국은 이들의 핍박에 못 이겨 서방 열강들에게 마지막 대문까지 열어주었던 것이다.

(2)반식민지 경제의 형성

중국의 대문을 열어젖히고, 중국인 4억의 광활한 시장을 개척한다는 것은, 황급히 새로운 세계시장을 찾고 있던 서방 자본주의 열강들에게 있어서는 너무나도 큰 매력이었다. 서방 열강들은 거센 파도가 앞을 막는 수만 리에 이르는 험한 길도 마다하지 않고 원정군을 파견하여 두 차례에 걸친 아편전쟁을 일으켰다. 전쟁의 결과는 중국에게 있어서 너무도 합당하지 않은 국제적 분공(分工)에 말려들어 갔던 것이다. 즉 "대공업중심에 의해 강제적으로 추진된 새로운 국제적 분공은 지구의 한 부분을 농업생산지역으로 만들었고, 다른 한 부분은 공업생산지역으로 만들었다."[96] 중국이 자본주의 세계의 '농촌'으로 전락하는 과정은 반식민지경제가 형성되는 과정이었다.

먼저 중국의 대외무역 구조와 대외무역 판도에 심각한 변화가

---

96) 馬克思, 『資本論』(法文版), 第815頁.

일어났으며, 자본주의 세계에 대한 의뢰도가 전에 없이 증가하였다. 특히 제2차 아편전쟁 이후 중국과 서방 세계의 무역은 확연히 증가하였다. 수출입 무역의 총액이 증가하는 것을 보면, 1864년부터 1875년까지 12년 동안, 매년 평균 무역총액은 약 1억에서 1.4억 세관량(海關兩)이었는데 비해 1876년에서 1887년까지의 12년 동안에는 1.4억에서 1.9억 세관량으로 증가 되었으며, 1888년에서 1894년까지의 6년간은 1.9억에서 2.9억 세관량으로 증가하였다. 수입상품에는 공업제품을 위주로 면제품, 석유, 당류, 강철 등이 망라되어 있었다. 종류와 수적으로 보아도 전에 비하여 뚜렷하게 증가하였던 것이다. 수출상품은 여전히 농부산품 등 기초 산품이 주종을 이루었다. 금방 개척한 중국의 시장은 거의가 서방 공업제품의 쓰레기장으로 되어버렸다. 상해의 세무사는 "공장, 조선공장과 보일러공장 등에서 수입하는 것은 거의가 다 크라스트, 리버플과 런던에서 폐기된 화물마차와 승용마차의 말 밥굽 철이나 낡은 철로의 폐철 등으로 모두 중국의 시장을 찾았다." 중국이 대외무역에서 장기간 우세적인 위치에 있었던 과거의 지위는 아편전쟁 이후부터 근본적으로 동요되었던 것이다. 1877년은 대외 무역사에서 획기적인 한해였다. 이때부터 1949년까지 72년 동안 중국의 대외무역은 시종 적자를 면치 못하게 되었고 적자액은 점점 더 많아졌다.

다음으로, 중국 전통농업 경제구조는 서방 공업품의 강렬한 충격 하에 해체되기 시작했다. 한 집이 작업장이며 생산주체이던 소농경제는 중국 전통농업을 기본 생산구조로 하는 경제세포였다. 이와 같은 소농경제구조는 서방 자본주의 경제가 침입하는 초기에는 한 때 서방 공업제품이 중국시장을 열게 하는 중요한 역량이 되기도 했다. 그러나 제2차 아편전쟁 이후 서방 열강들의 경제침략이 심화되어 가면서 염가의 공업제품이 조수처럼 밀려들어 오자 전통적인 소농경제 구조는 해체되기 시작했다. 이 해체 과정은 방직이 분리되었고, 경직(耕織)이 분리되었으며, 농업에서 파종하는 구조가 변화되는 등 몇 가지 방면으로 나타났다. 첫째 서방의 견사가 중국의 전통적 견사를 대체하게 되자 농업가정에서 수공업 방식으로 생산하던 방직이 분리되는 현상이 나타났다. 기계로 생산하면 물가가 싸고 제품의 질이 좋아 그 우월성은 노동의 투입과 경제적 이익을 계산하지 않았던 전통방식으로 생산하는 가정 제품과는 비교도 안 되었다. 장지동(張之洞)은 1894년에 "강소(江蘇), 절강(浙江), 사천(四川), 호남(湖南) 등의 성에서 서양의 옷감을 제대로 판매하지 못하는 곳이 거의 없으며, 서양의 견사를 사용하지 않는 곳이 전혀 없다"97)고 말했다. 두 번째로는 가정의 방직업이 서방의 기계 방직품에 밀려나게 되었다는 점이다. 1889년 혁광(奕劻)은 "면포는 중국에 유리한 것이어서 외국에 그 자리를 내어줄 필요가 없다. 그런데 서양인들이 기계로 생산한 것은 폭이 넓고 가격이 싸며 사용에 편리하기에 누구나 선호하게 되어 전통 면포를 포기하고 사용하지 않게 되었으니, 이것이야말로 우리의 이익을 탈취해 간 것 중에서 가장 큰 것이다"98)라고 말했다. 세 번째로는 중국 농업부산품에 대한 서방 공업국의 수요가 급증하는 것을

97) 張之洞, 『增設紡紗厂析』, 『張文襄公全集』 卷三十五.
98) 彭澤益, 『中國近代手工業史資料』 第三輯, 三聯書店, 1957年版, 第222頁.

서양 상인과 중국의 매판상인

충당시켜 주기 위해 제2차 아편전쟁 후 강남의 많은 지역에서 재배하던 경제작물 종식 면적이 계속 확대되었으니, 사(絲), 콩, 면화, 기름, 깨, 담배 잎 등의 생산이 현저하게 증가되었다는 점이다.

다음으로 중국의 전통 공상업이 서방 열강의 강대한 경제적 타격 하에서 힘을 쓰지 못하고 부도가 나든가 휴업하게 되는 등 겨우 명색만 유지하는 형상이 나타났다. 전통사회의 공상업은 아편전쟁 이전에는 상당한 규모와 수준으로 발전하였었다. 그러나 전후 특히 제2차 아편전쟁 이후부터 외국 공상업이 대거 중국의 도시와 농촌으로 진입함에 따라 전통 공상업의 생존을 심각하게 위협하게 되었다. 예를 들면, 서방의 강철제품이 대거 들어오면서 전통사회에서 유명했던 제련 작업자들이 직접적으로 위협을 받게 되었고, 전통적으로 생산하던 강철은 서방 강철의 충격을 극복할 수가 없어 점차 자취를 감추게 되었다. 저명한 초오(楚奧)지역의 강철상인들은 1970년대에 이미 90%가 사라졌다. 무호(蕪湖)의 강철공장은 유일하게 80년대까지 존재했던 제련업체였다. 이전 제련업체가 많을 때는 10개가 넘었었다. 중국의 구식 항운업도 외국열강의 항운업에 저항할 힘이 없어 대량으로 파산했다. 60년대 복건성의 각 연해지역에는 중국 선박이 뚜렷하게 감소하였으니, "과거에는 선박이 수십 개나 되었지만 최근 들어서는 몇개 밖에 남지 않았다"고 했다. 영파의 중국 구식 선박은 거의 없어졌으며, 상해의 사(沙), 위(衛) 등의 선박도 70년대에 들어 이미 3,000여 척에서 200여 척밖에 남지 않게 되었다. 대외무역도 외국의 무역조직과 기구에서 통제하게 되었다. 특히 영국의 세력이 매우 강대하여 중국 수입의 80~90%를 차지했으며, 수출의 70%를 점했다. 대외무역에서 청정부는 영국인들에게 끌려다녀야 했던 것이다.

마지막으로 두 차례의 아편전쟁으로 인해 청정부에 의한 본국의 경제적 독립 발전을 보호해야 하는 능력은 심각하게 타격을 받게 되어, 청정부에서 수립하고 확립한 경제정책과 조치는 모두 서방 자본주의 열강과 중국에 있는 그들 산하 조직의 경제적 이익에만 유리하게 되어, 청정부는 서방 열강의 이익이나 지켜주는 '불침번'이 되었다. 굴욕을 묵인하고 착취를 감내해야 했던 시대적 불운은 청정부가 중국인들에게 남겨준 역사적 이미지가 되었다. 서방 열강들은 중국에서 그처럼 쉽게 꿈속에서 추구하던 특권을 손에 쥐게 되었던 것이다. 서방 열강들은 "중국의 특권은 원료를 생산하는데 있다"고 인식했으며, 이것은 이미 중국에 큰 이익을 가져다주고 있다고 인식했다.

19세기에 이르면 이미 중국의 반식민지경제가 형성되어 있었던 것이었다.

3) 중국을 과분(瓜分)하려는 제국주의

1894~1895년 청일전쟁과 전쟁 후 체결한 「시모노세키조약(下關條約=馬關條約)」을 통해 서방 열강들은 중국에서 세력범위를 분할하고자 하는 분위기가 일어났다.

「시모노세키조약」은 중국근대사에서 가장 치욕스런 매국 조약의 하나였다. 이 조약의 주요 내용은 다음과 같았다. "중국은 요동반도, 대만, 팽호열도를 일본에 할양하고, 조선에 대한 일본의 통제를 승인하고, 군비 2억 량을 배상하며, 사시(沙市), 중경(重慶), 소주(蘇州), 항주(杭州)를 통상항구로써 개방하고, '일본신민이 중국의 통상항구 도시에서 각 가지 공예품을 제조하는데 종사할 수 있으며, 각종 기계를 운반하여 수입할 수 있다"는 내용이었다. 이 중에서 마지막의 조목이 매우 중요했다. 이 조목은 제국주의가 중국에 대한 자본 수출을 위해 창문을 열어 놓았던 것이다.

「시모노세키조약」의 체결은 제국주의가 중국을 분할하려는 활동에다 흥분제를 주입한 것이나 다름이 없었다. 당시 겨우 41,557,000명을 가진 일본이 하루 아침에 2억 3천만 량이라는 백

은과 대만을 획득하게 되었으며, 열강은 중국에서의 세력을 대대적으로 강화시켰다. 일본은 제국주의 세계를 위하여 중국과 작전을 펼쳤던 것이다. 영국과 미국 등 국가들은 전쟁 시작부터 "전적으로 일본을 지지했으며 일본을 부추겨서 전쟁을 발동케 하였다".[99] 영국 정계의 반향은 이에 대해 매우 열렬히 지지했다. "일본이 만일 중국을 강박하여 광범한 영역을 대외로 개방하게 한다면, 영국은 세계에서 가장 많은 이득을 보는 나라가 될 것이다"라고 인식했던 것이다.[100] 영국의 자산계급들은 기뻐 날뛰었다. 그들은 "통상조약은 영국사회의 건의서와 비슷했다", 최혜국 대우에 근거하여 영국인은 조약 중의 "모든 특권"을 향수할 수 있다고 생각했다.[101] 영국 침략자들의 영도자는 더욱 더 미쳐 날뛰었다. "일본이 결심을 내려 중국을 대패시킨 것에 대해 감사한다. 그리고 영국정부가 정책을 변화한 것에 감사한다. 영국정부는 재능이 출중한 공사 맥도날도를 파견했다. 이로써 개항의 선봉격인 선박이 중경(重慶)까지 올라 갈 수 있게 되었다."[102]

제국주의시대의 중요한 특징 중 하나는 몇몇 자본주의 대국이 패권을 쟁탈했다는 점이다. 청일전쟁 이후 제국주의열강은 중국을 '극동의 병든 아버지'라고 보고 '운명을 앞두고 병상에 누워 있다'고 인식했다. 이들은 "이 병자의 유산을 분배"하고자 하는데 급급했다. 이로써 중국을 분할하려는 책동을 그들의 일정상에 올

---

99) 井上淸, 『日本近代史』上册, 商務印書館, 1972版, 第195頁.
100) 『帝國主義侵華史』第一卷, 第370頁.
101) 伯爾考維茨, 『中國通与英國外交部』, 商務印書館, 1962版, 第214頁.
102) 『重慶工商史料選輯』第一卷, 第5頁.

려놓았던 것이다. 중국을 할분 하려는 이러한 열망은 러시아, 독일, 프랑스 3국이 구실을 대어 일본이 요동반도에서 할거하려는 것을 간섭하고 제지하는 데서부터 시작되었다.

짜르 러시아는 일찍이 발해만(渤海灣)을 자신들의 세력범위로 보았고, 일본이 요동반도를 독점하는 것에 적극적으로 반대했다. 러시아의 외교대신은 이 점을 아주 명백하게 말했다. "우리의 목적은 두 가지이다. 태평양에서 부동항을 찾겠다는 것이며, 만주의 일부를 점령하여 시베리아 외부에 철로를 건설하는데 유리하게 하고자 하는 것이다"103)

1896년 짜르 러시아는 "우리가 있기 때문에 중국이 온전함을 보증받을 수 있다"는 것을 이유로 해서 러시아 황제 대관식에 참여한 이홍장(李鴻章)을 협박하여 「중러밀약」을 체결했다. 이 밀약은 일본이 러시아의 아시아 동부, 중국 혹은 조선을 침점한다면 중러 양국은 즉시 파병하여 '상호 원조'한다는 내용이었다. 이밖에도 '러시아의 군함'이 중국항구에 정박할 수 있고, 중국은 러시아가 흑룡강(黑龍江), 길림吉林) 등 두 성에서 철로를 건설하는 것을 허락하며 이를 시베리아철로와 연결시킨다는 내용이 망라되어 있었다. 「중러밀약」은 러시아가 중국 동북의 도로권을 약탈하려는 것이었으며, 러시아 군대가 중국 영해와 항구에 정박하는 것을 허락한다는 근거를 제공했던 것이다. 짜르 러시아는 또한 한편으로 「중동철로공사약관」을 제정 반포하여, 중국정부에서 허가만 하면 즉시 중동철로공사에 광산 채굴과 기타 공상기업을 개설할 수 있

103) 張蓉初, 『紅檔雜志有關中國交涉史料選譯』, 三聯出版社, 1957年版, 第150頁.

는 권리를 준다는 내용을 넣었다. 1898년 짜르 러시아는 독일이 교주만(膠州灣)을 점령한 것을 보고, 군함을 여순(旅順)항구로 진입시켜, 청정부를 협박하여 「중러여대조계지조약(中俄旅大租地條約)」을 체결하게 하여, 여순, 대련(大連灣)과 그 부근의 수면, 육지를 25년간 임대하기로 했다. 뿐만 아니라 남만철로 건설권도 취득했다. 또 1900년에는 8국 연합군이 중국을 침략하는 기회를 타서 동북에 많은 군사를 파병했다. 그러다가 2년 후에야 열강들의 압박에 의해 철군하는데 겨우 동의했다.

독일의 극동정책 중 주요 목표의 하나가 중국에서 항구 하나를 획득하여 식민를 확장하는데 필요한 기지로써 사용하고자 하는 것이었다. 청일전쟁 기간 동안 독일은 암암리에 일본을 지지했다. 일본이 승리하자 독일 공사는 '일본정부에게 가장 열렬하게 축하하는 전문을 보냈다".104) 전쟁이 끝나자 일본은 독일에게 중국 동남부의 한 자리를 차지하는 것이 좋겠다고 권유했다. 그리고 이것은 "독일이 아프리카의 모든 식민지보다 더 가치가 있는 것이다"라고 설득했다. 그러나 독일은 일찍이 교주만과 중국의 다른 더 좋은 곳에 눈독을 돌리고 있었다. 1895년 독일은 한구, 천진 등 도시에서 조계지를 설립하는 특권을 향유하게 되었다. 1897년에는 거야교안(巨野教案, 1897년 음력 10월 독일 제국주의가 산동에 출병하여 교주만을 강점하는 구실을 만들어 준 사건–역자 주)을 이용하여 교주만에 군대를 파견했다. 이듬해에 청정부를 강압하여 「교오조계조약(膠澳租界條約)」을 체결하고, 강제로 교주만을 점령했

104) 中國近代史資料叢刊, 『中日戰爭』 第7册, 第420頁.

다. 조계기간은 99년이었다. 동시에 산동에서 교제철도(膠濟鐵道)를 건설하고 연선에 있는 탄광을 채굴하는 권리를 획득했다. 뿐만 아니라 산동의 각종 업무, 이를테면 외국의 협조가 필요한 사항이 있을 때면 먼저 독일 상인들의 의견을 청취한 후에 '자의에 따라 처리한다' 고 규정했던 것이다.

프랑스도 요동반도를 반환하는 일에 간섭했다는 구실로 '대가'를 받으려고 했다. 1895년 청정부를 협박하여 중월변계사무 및 상무에 관한 조약을 체결했다. 이 조약에서는 청정부가 운남(雲南) 변경의 맹오(猛烏), 오덕(烏德) 등 지역을 베트남으로 귀속시키며, 개사모(開思茅), 하구(河口)를 통상항구로 하고, 중국의 운남, 광동(廣東), 광서(廣西) 등지에서 광산을 채굴하려면 먼저 프랑스 상인의 동의를 얻어야 하며, 베트남 철로를 중국 변경 이내로 연계시킨다는 내용이 망라되어 있었다. 1898년 중국과 프랑스 양국 정부는 베트남과 인접한 중국의 여러 성을 다른 나라에 조계로써 양도하든가 할양해서는 안 된다는 각서를 교환했다. 운남, 광서, 광동 등을 프랑스의 세력범위로서 승인한 것이었다. 같은 해에는 또다시 무력적 위협을 동원하여 광주만을 조계지로 취득하고 기간을 99년으로 정했다.

영국은 중국에서 취득한 이익이 가장 많았다. 중국을 분할하는 과정에서 영국의 욕심은 더 더욱 커졌다. 영국은 일찍이 장강유역을 자신의 세력범위로 간주하고 타국이 손을 대는 것조차 허락하지 않았다. 1898년 중영 양국 정부는 "중국정부는 양자강 연안의 각 성을 다른 나라에 조계지로 내주던가, 기타 명의로 할양해서는 안 된다"는 내용의 각서를 교환했다. 짧디 짧은 몇 년 동안 영국과

당산(唐山)↔서객장철로 건설 완공 후의 개통식 광경

청정부는 여러 차례의 교섭을 가졌다. 영국은 온갖 수단을 써서 다른 나라보다 더 많은 철로와 광산권, 그리고 더 넓은 세력범위를 획득했다. 영국이 취득한 철도부설권과 광산권은 다음과 같다. 호녕(滬寧)철로 차관권, 산해관(山海關)에서 우장(牛庄), 산서(山西)에서 하남(河南)을 경유하여 장강(長江)연안까지, 구룡(九龍)에서 광주까지, 산해관에서 신양(信陽)까지, 소주에서 항주, 영파까지의 철로부설권을 취득했다. 그리고 산서, 호남, 사천 등지의 석탄, 철강 석유 등 광산 채굴권도 취득했다. 영국은 이 시기 청정부와 「홍콩조계지를 확대할 것에 관한 전문조약(展拓香港界址專條)」과 「위해위를 조계지로 정하는 전문조약(訂租威海衛專條)」을 체결했으며, 구룡반도와 그 부근의 바다와, 도서들에 대해 조계기간을

99년으로 정했다. 또한 위해위와 그 부근의 수면과 도서들도 조계지로 정했다.

제국주의 국가들이 각각 중국을 분할할 무렵 미국은 스페인과 필리핀을 얻으려는 전쟁에 빠져들었다. 필리핀을 얻은 후에 미국은 곧바로 중국으로 고개를 돌려 중국을 분할하는 일에 참여했다. 1898년 미국의 매킨리 대통령은 국회에 대한 자문(咨文)에서 "중화제국 연해 각성의 일부 지역은 이미 유럽 강국들에 의해 통제되고 있는 비상사태에 대비하여 미국은 수수방관만 하지는 않을 것이다"라고 했다. 이듬해 미국정부는 서방 각국에 조회를 보내 '문호개방'을 실행할 것을 요구했으며, 무역의 기회 균등을 요구했다. 이는 다시 말해서 열강들이 미국에게 중국 내 조계지와 세력범위를 개방하여 미국도 기타 다른 열강과 같이 무역할 수 있는 기회를 가지겠다는 뜻이었다. 1900년 미국이 제기한 '문호개방' 정책은 결국 각 열강들이 받아들였다. 이렇게 돼서 열강들이 중국을 분할하려는 과정에서 잠깐이나마 타협을 이루게 되었다.

20세기 초에 이르러 제국주의 열강간의 일련의 암투와 '재물 분배' 활동을 통해 열강들은 중국을 분할하는 침략 활동을 기초적으로 완성했다고 볼 수 있다. 러시아는 만리장성 이북, 특히 동북지역을 세력범위로 했고, 독일은 산동을 세력범위로 했으며, 일본은 타이완을 점령했고, 복건을 세력범위로 했으며, 프랑스는 광서와 운남, 광동 및 이 두 성에 인접한 베트남 지역을 세력범위로 했다. 영국은 장강 유역의 각 성 및 운남, 광동 두 성의 일부분을 세력범위로 했다. 미국은 '문호개방' 정책을 진행하여 실제적으로 말해서 전 중국을 세력범위에 넣었던 것이다.

의화단(義和團)의 어린 단원

제국주의 열강들이 중국을 분할하려는 활동은 처음부터 중국인들의 격렬한 반대와 영웅적 저항에 봉착하였다. 정부의 지지와 원조가 없는 상황에서 가장 소박한 애국주의 정신의 기치 아래 중국인들은 가장 간단한 무기를 가지고 천지를 감동시키는 반침략 투쟁인 의화단운동을 전개했다. 의화단운동은 비록 8개국 연합군과 청정부와의 연합 진압 작전에 의해 실패하고 말았지만, 중국인들은 장기적으로 식민통치를 당하는 것을 용인하지는 않았던 것이다. 8개국 연합군 통수였던 독일인 왈데르제마저 이 사실을 인정하지 않으면 안 되었다. 그는 "유럽이나 미국, 일본 각국은 머리를 굴리거나 무력으로 천하의 모든 생물의 4/1을 점하고 있는 이 땅을 통치할 수는 없다." "그렇기 때문에 분할은 사실상 하책에 불과하다"105)고 말했던 것이다.

105) 中國史學會編, 『義和團』, 第三册, 第244頁.

6

근대경제의 힘든 성장과 곡절 끝의 발전

근대경제의 힘든 성장과 곡절 끝의 발전

중국의 근대경제 발전의 핵심적 문제는 국가정치가 독립한다는 전제 하에서 공업화를 실현하는 문제였다. 공업화는 일종의 세계적인 운동으로서 이미 몇 백 년의 역사를 가지고 있었다. 공업화는 인류사회가 지금까지 가장 짧은 기간 내에 가장 효과적으로 세계적 면모를 변화시킨 사회경제의 대변혁이었다. 백여 년 동안 중국의 역대정부가 봉착했던 가장 중요한 임무는 중국의 근대공업화를 진척시키는 일이었다. 중국 근대사회 경제의 발전과정에서 외국자본, 국가자본, 개인자본은 근대기업을 창설하여 중국의 공업화를 실현시킬 수 있는 초석을 비로소 놓기 시작했다.

1) 외국 자본의 대량 유입

중국 근대 공업화의 서막은 외국자본이 먼저 열었다. 중국 근대사회 경제생활 중에서 외국자본은 여러 가지 이미지를 떠올리게 하는데, 즉 중국 재부를 약탈한 약탈자이기도 하며, 또한 공업문명의 전파자이기도 했다. 이는 중화민족에게 너무나 큰 치욕을 안겨주었던 동시에, 또한 중국 경제에 커다란 변화를 일으키도록 했기 때문이다. 특히 중국과 외국의 경제가 충돌하는 가운데 중국이 막고 싶어도 막을 수 없던 각국의 가장 유력한 무기가 바로 중국 대지 깊숙이 뿌리를 내렸던 공업문명이었다.

세계 근대사의 그림은 "현대공업의 전파는 춤과 노래에 실려 온 것이 아니라, 피 비린내 나는 돌풍에 감겨왔다"는 듯이 그려지게 되었다.

서방 자본주의가 중국을 침략하기 전에 중국은 현대공업부문이 존재하지를 않았었다. 중국에 존재했던 공업이란 그 숫자부터 많지 않았으며, 생존했던 기업이라고 해야 전통사회의 경제구조 속에 종속되어 있던 수공업 작업장이 전부였다. 아편전쟁 이후 서방의 열강들이 신속하게 중국의 광대한 시장을 개척하기 시작했지만, 중국은 겨우 1940, 50년대에 들어서 현대공업부문이 설립되기 시작했다. 최초로 투자된 영역은 교통운수업, 은행금융업, 근대공업과 주택 부동산업 등이었다. 청일전쟁 전에 외국의 중국에 대한 투자는 약 119,440,000달러였다. 그 중에서 무역업과 은행업에 대한 투자가 7,000만 달러였다. 이 부분은 총 투자액의 58.6%를 차지했다. 항운업과 공업투자는 2,759만 달러로 투자 총액의 23.1%를 차지했다.106) 이러한 투자율을 볼 때, 이 시기 외국자본의 대중국 투자는 주로 상품수출을 위한 투자였다는 것을 알 수 있다. 청일전쟁 이후 자유 자본주의가 제국주의로 넘어가는 과정이 완성됨

---

106) 吳承明,『中國資本主義与國內市場』, 中國是科學出版社, 1985年版, 第16頁.

에 따라 자본 수출은 더욱 중요한 의의를 띠었다. 그후 외국의 대중국 투자는 급격히 증가되었으며, 투자 영역도 신속하게 확장되었다. 1914년 외국의 대중국 투자는 이미 17억 달러로 증가했으며, 1930년에는 33억 달러, 1941년에는 일본제국주의의 대중국 투자만 하더라도 91억 달러나 되었다. 1948년에 이르러서도 투자액은 31억 달러에 달했다. 청일전쟁을 전후로 하여 전쟁 전과 전쟁 후 외국 자본의 대중국 투자상황을 설명하면 다음과 같다.

청일전쟁 이전 서방 열강의 중국에 대한 경제침략의 주요 방식은 상품 수출과 원료 약탈이었다. 그렇기 때문에 열강의 초기 자본 수출은 주로 상품 수출과 원료 약탈과 밀접하게 연관된 부문에 집중되어 있었다. 중국 연해의 통상 항구가 가장 일찍이 열강들이 자본을 수출하는 지역으로 선택되었다. 가장 일찍이 들어온 외국 상행, 선박공사, 부두, 은행, 보험공사와 각종 공장 등은 모두가 연해 항구도시에 설립했다. 1872년 외국기업이 중국에 설립한 각종 공사는 343개였고, 이에 따른 교민은 3,673명이었다. 이것이 1882년에 와서는 외국기업이 440개로 늘어났으며, 교민은 4,894명이었다. 1892년에는 외국기업이 579개로 늘어났고, 교민은 9,945명이었다. 청일전쟁 전야에 외국기업은 580개였으며, 그 중에서 은행과 보험업이 18개, 항운업이 13개, 공업기업이 67개, 무역업이 241개, 대리상이 86개였다. 그리고 각종 점포가 89개, 기타가 66개였다.

항운업은 외국자본이 가장 일찍이, 그리고 가장 집중적으로 투자한 부문이었다. 대략 1850년대에 외국자본은 이미 중국 연해와 내하의 항운을 경영하기 시작했다. 외국 항운공사가 가장 많을 때는 50여 개에 달했다. 1890년대 초에도 공사는 20여 개나 있었다. 그 중에서 미국의 기창(旗昌), 영국의 이화(怡和)와 태고(太古) 등 세 기선공사가 가장 규모가 컸고, 자본 또한 가장 튼튼했다. 이들 세 항운공사는 청일전쟁 이전 중국의 항운업을 거의 독점했다고 해도 과언이 아니었다. 1897년 중국의 각 통상 세관에 진출했던 중국과 외국의 기선 톤수를 보면, 외국 기선이 76.8%를 차지했다. 중국 기선은 겨우 23.2%밖에 점하지 못했다. 중국에서의 외국 항운업의 신속한 발전은 외국의 보험업, 부두와 야적장 등 영역에 대한 투자를 이끌었다.

중국에서 철로를 부설하는 것은 외국 열강들이 일찍부터 눈독을 들였던 영역이었다. 1863년 영국의 철로 전문가 스티븐슨이 중국에 와서 방대한 철로 건설 계획서를 제시했다. 그러나 청정부는 이를 중시하지 않았다. 1865년 영국 상사인 랜드가 북경의 선무문(宣武門)에 철로를 건설했지만 얼마 가지 않아 그 철로는 뜯기고 말았다. 1874년 오송철로(吳淞鐵路) 유한공사가 오송철로를 건설하기 시작했고 2년 후에 운영을 시작했다. 철로가 건설된 후 청정부에서는 그 철로를 구입하여 모두 뜯어버렸다. 청정부에서 철로를 건설하는 것을 반대한 주요 원인은 외국이 "중국의 이익을 다 차지할까 봐 우려했던 것이었다."

선박 수리와 제조업은 외국자본의 투자가 비교적 많았던 부문이었다. 선박 제조업은 계속해서 확대되어 가는 항운업을 위해 봉사했던 것이다. 1893년 각각의 상업도시를 왕래하던 선박만 해도 37,902척이나 되었다. 선박 수리와 제조업에 대한 요청도 상당히 많았다. 외국인이 설립한 선박업은 주로 광주, 홍콩과 상해 등 세

곳에 집중되어 있었다. 광쩌우와 홍콩은 가장 일찍이 근대의 선박을 제조하는 중심이 되었다. 그 중 가장 유명한 대기업이 홍콩의 황포선오(黃埔船塢)공사, 상생조선공장(祥生船장), 야송조선공장(耶松船?) 등 세 공사였다. 청일전쟁 전야까지 홍농 황포선우공사는 화남(華南)의 선박 제조와 수리업을 근 20여 년간 독점했던 공사였다. 상생선박공장은 당시 "동방에서 설비가 가장 완벽한 기업의 하나"였으며, 야송조선공장에서는 1884년에 제조한 '원화호(源和號)' 기선은 그 중량이 2,522톤이나 되었다. 이는 당시 원동에서 제조한 가장 큰 기선이었다.

가공업은 외국자본이 투자했던 또 하나의 중요한 부문이었다. 가공업은 전차(磚茶) 제조와 기계 제사(製絲)가 위주였고, 제당, 제혁, 면화, 두병(豆餅), 포장 등의 업종이 망라되어 있었다. 전차 제조업은 러시아 자본이 통제한 것이었는데, 한구의 러시아 상회 부창(阜昌)전차공장에서 고용된 노동자는 2,000명이 넘었다. 비교적 큰 기계 제사공장은 주로 프랑스상회인 보창(宝昌), 신창(信昌) 등 기계 제사공장이었다. 영국 상회인 윤창(綸昌)제사공장, 미국 상회인 건강(乾康)제사공장, 독일상회인 서윤(瑞綸)제사 공장 등이 있었다.

청일전쟁 이후 제국주의는 「시모노세키조약」을 통해 마침내 대중 자본수출의 조약 근거를 얻게 되었고, 이로써 중국에서 근대공업을 창설하는 합법적 배경을 갖게 되었다. 제국주의는 이에 근거하여 대중국 자본수출을 가속화 하여 근대 공장과 광산 등 부문에 대한 투자가 급격히 확장되었다.[107] 〈6-1 참조〉

이 시기 중국에 대한 외국의 투자는 다음과 같은 몇 가지 특징

〈표 6-1〉 제국주의의 구 중국에서의 자본

(단위 : 백 만 달러)

	1902	1914	1930	1936	1941	1948
기 업	478.3	1,000.3	1,977.1	2,693.5	7,080.4	698.6
부동산	50.1	134.9	440.4	671.3	1,142.2	788.6
대 출	284.4	576.0	897.1	814.1	872.9	1,581.6
배상금	696.5	544.5	173.0	106.5	66.3	30.1
집 계	1,509.3	2,255.7	3,487.6	4,285.4	9,161.8	3,098.9

* 외국기업이 점유한 부동산은 포함하지 않았다. 그러나 외국 부동산공사에서 점유한 부동산은 포함함.
** 대출로 전환하지 않은 부분은 포함하지 않았다. 이 부분이 약 4,709,200,000만 달러가 된다.

을 갖고 있었다.

첫째 중국정부에 대한 정치 군사적 대출액이 대폭으로 증가하였다. 이 부분은 외국자본의 중국에 대한 투자의 중요한 부분이었다. 정치와 군사에 대한 대출은 중국 관세, 염세, 내지 세수를 담보로 했다. 이에 따라 외국자본이 중국의 재정수입을 통제하고, 나아가 중국의 정국 변화를 좌우할 수 있었다. 1895~1910년 사이에 청정부가 대출받은 재정 대출액은 2.7억 달러에 달했고, 1911~1926년 사이에 북양정부가 대출받은 각종 대출액은 5.2억 달러에 달했다. 1927~1948년 사이에 국민정부가 받은 각종 대출액은 무려 15.8억 달러에나 달했다. 외국의 재정과 군사에 대한 대출은 근대 중국의 역대 정권이 정권을 유지할 수 있는 주요 재원이었다.

둘째, 외국자본 중 중국의 철로, 광산에 대한 투자가 신속하게

107) 吳承明, 『中國資本主義与國內市場』, 中國社會科學出版社, 1984年版, 第32頁.

증가하여, 중국의 철로권과 광산권을 획득하는 것이 중국을 분할하려는 주요 내용이었다. 열강들은 중국 각지의 철로 건설권을 획득하는 동시에 중국정부를 압박하여 철로 주변의 광산채굴권을 불하해 줄 것을 강요했다. 1897～1898년, 911～1914년과 1935년 이후의 중국자본은 세 차례에 걸쳐서 중국 철로권과 광산권을 약탈당하는 상황이 형성되었다. 열강들이 취득한 철로권(건설권, 경영권, 대출권 등)은 무려 4만㎞나 되었다. 철로는 재정 대출을 제외하고, 외국자본이 중국에서 투자한 자본 항목 중에서 가장 큰 항목이었다. 근대중국에서 건설한 철로를 보면, 외국자본이 손을 대지 않은 항목이 하나도 없었다. 외국자본이 광산권을 약탈한 것은 92곳이나 되었다. 이는 1931년 이후 일본이 동북지방에서 약탈한 광산권을 포함하지 않은 숫자이다. 많은 주요 광산은 모두가 중국자본에서 탈취해 간 것이었다. 영국자본은 개평(開平)탄광, 문두구(門頭溝)탄광, 초작(焦作)탄광, 일본자본은 무순(撫順)탄광, 본계호(本溪湖)탄광과 철광, 한야평(漢冶萍)탄광과 철광, 독일자본은 정형(井陘)탄광 등을 통제했다. 이들은 모두가 이런 방식을 취했다. 외국자본의 증대와 탄광의 생산량은 밀접하게 관련되어 있었다. 1916년은 700만 톤, 1930년은 1,480만 톤, 1936년은 2,000만 톤에 달했다. 1902년부터 1936년까지 중국 탄광에서의 생산량과 관계되는 외국자본의 비례는 종래 70% 이하로 내려간 적이 없었다. 합자 탄광 중에는 중국자본 부분을 제외하고도 50% 이하로 내려간 적이 없었다.108) 중국 근대의 에너지, 교통은 모두가 외국자

108) (澳)蒂姆 · 賴特, 『中國經濟和是, 社會中的煤礦業 1895～1937』, 東方出版社, 1991年版, 第158頁.

본이 통제하고 있었다.

셋째로는 외국자본의 은행금융업에 대한 투자도 신속하게 팽창하여 금융 독점자본이 중국 재정경제의 명맥을 통제하는 중요한 기구로 자리매김했다는 점이다. 청일전쟁 이전 외국자본이 중국에서 설립한 은행은 8개였고 분점은 16개였다. 청일전쟁 이후 열강들은 중국에 대한 자본 투자를 확대하여 은행과 분점이 급속하게 증가되었다. 1895~1913년까지 은행 13개와 분점 125소를 설립했는데, 1914~1926년 사이에는 은행 44소와 분점 226소를 설치했다. 그 중 영국 회풍(滙豊), 프랑스 동방회리(滙理), 독일 덕화(德華), 러시아 도승(道勝), 일본 정금(正金), 미국 화기(花旗) 등의 은행은 중국의 경제를 약탈하고 통제했던 주요 은행들이었다. 그 중에서 중국에 가장 큰 영향을 미친 은행은 회풍은행이었다. 회풍은행은 외국자본이 중국에 투자하여 설립한 중국을 본부로 한 첫 은행이었다. 회풍은행의 역할은 중국의 국가은행을 훨씬 초과하는 기능을 했다. 회풍은행은 중국정부에 대한 대출을 지배하는 것을 통해 중국의 국가 세입과 국채 기금을 보관하는 권리를 획득했다. 회풍은행은 자금이 풍부하고 신뢰도가 높은 것을 이용하여 중국 내에서 대량의 저축예금을 끌어들였으며, 특권을 통해 중국의 국제적 환불과 외환가격을 독점 조종하기도 했다. 회풍은행은 대량으로 지폐를 발행하여 각 통상항구에서 유통케 했다. 이러한 회풍은행은 외국자본이 중국에 있던 전체 은행의 축소판이라고 할 수 있었다.

네 번째로는 국제 독점자본집단이 중국에 대해 경제적 침투를 시작했다는 점이다. 많은 세계적 독점조직은 중국에 기구를 설립하고 상품시장과 투자의 기회를 찾았다. 미국의 미부(美孚)석유공사, 두방(杜邦)공사, 통용(通用)전기공사와 복특(福特)자동차공사 등, 영국의 영미연초공사, 복내문(卜內門)알카리공사, 등록부(鄧祿普)고무공사 등이 대표적이다.

다섯째, 외국자본은 중국에서 대량으로 공장을 건설했다. 공장의 숫자가 직상승했으며 공장규모도 계속해서 확대되었다. 청일전쟁 이전 남아 있던 외국자본의 공장은 겨우 10여 개 밖에 안 되었다. 그러나 1913년에 이르러 외국자본의 공장은 무려 166개나 되었다. 1936년에는 820개나 되었다. 이 숫자는 일본이 동북지역에서 설립한 공장을 포함한 것이 아니었다. 많은 부문에서의 업종은 거의가 다 외국자본에 의해 설립된 공장이든가, 그들의 통제 하에 있었다. 예를 들면, 상해에서 가장 큰 조선공장은 1936년 합병하여 영국 자본의 조선공장으로 탈바꿈했다. 중국에서 가장 큰 화력발전소인 미국이 투자한 상해전력공사, 중국에서 가장 큰 담배공사인 영미 양국이 합자 투자한 의중(頤中)연초공사 등이 좋은 예이다. 외국자본은 면방직, 밀가루 가공 등 중국에서 비교적 일찍부터 경영해 왔던 공업영역으로까지 확장하여 1911년 일본의 방직업 공사인 투라스(拖拉斯) 내외면방직공사가 상해에서 제3공장을 신축하여 그 세력을 중국으로 뻗쳤다. 밀가루 공업도 장기간 동안 일본과 러시아 자본이 중심이었다.

이밖에 중국의 자원과 시장을 쟁탈하는 과정에서 나타난 열강 각국 세력의 강약 변화도 매우 극렬했다. 아래의 〈표 6-2〉[109]를

109) 『中國資本主義与國內市場』, 앞의 책, 第25頁.

〈표 6-2〉 제국주의의 구 중국에 대한 투자 상황

(단위 : 백 만 달러)

	20세기초기 (1902)	제1차세계대전 이전(1914)	'918' 사변 이전 (1930)	항일전쟁 이전 (1936)	태평양전쟁 이전 (1941)	해방 이전 (1948)
영 국	344.1	664.6	1047.0	1045.9	1095.3	1033.7
미 국	79.4	99.1	285.7	340.5	482.4	1393.3
프랑스	211.6	282.5	340.8	311.9	285.1	197.3
독 일		300.7	385.7	174.6	136.4	137.0
일 본		53.6	290.9	1411.6	2096.4	6829.0
재정러시아	45.3	440.2				
기타국가	69.6	92.7	263.9	354.4	333.0	374.6
합 계	1509.3	2255.7	3487.6	4285.4	9161.8	3098.9
경제적 배상금은 제외	812.8	1711.2	3314.6	4178.9	9095.5	3068.8

* 대출이 실현되지 않은 미국의 '원조' 부분은 포함되지 않았음, 이 부분의 액수는 4,709.2백만 달러였다.
* 1944년은 일본의 투자가 최고 수준에 올랐던 시기의 통계숫자이다.

통해 볼 수 있듯이, 영국, 일본, 미국은 중국에 대한 주요 투자국이었다. 각국의 중국에 대한 투자 순서의 변화는 그들의 중국에 대한 경제, 정치와 군사 침략 및 약탈과 긴밀하게 연계되어 있었던 것이다.

2) 국가자본으로 창설한 근대공업

아편전쟁 이후 서방 열강들은 군사적 침략과 근대공업이라는 두 양날이 선 칼을 중국 전통사회의 심장에 깊숙하게 박았다. 이는 전통사회에서 잠에 곯아 떨어져 있던 사람들을 깨우게 하였다. 현실은 그들의 왕국을 짓밟고 있었다. 이와 같은 상황에 대한 소회는 이홍장(李鴻章)이 말한 것과 같았다.

> "서방 열강들은 겉으로는 화해를 도모한다는 체 하면서 실질적으로는 중국을 삼켜 버리려고 하고 있다. 한 나라가 사건을 만들어 내면 여러 국가에서 다 같이 선동하여 따라 나선다. 이것은 수천 년 역사에도 없었던 변국(變局)이다. 기선과 전보의 속도는 눈 깜짝할 사이에 천리를 날아가고, 정밀한 군기와 기계는 그 힘이 몇 백 배나 훌륭하여 포탄이 떨어지는 곳에 함락되지 않는 곳이 없으니, 수륙의 요새조차도 모두 그들을 막지 못한다. 이 또한 몇 천 년 동안 만나지 못했던 강대한 적이다."110)

이홍장이 말한 것처럼 몇 천 년래 없었던 '변국'과 '강적'의 압력 하에서 청정부는 압박에 의해 공업화를 발전시키는 첫 발을 떼지 않으면 안 되었다. 즉 근대공업 활동을 창설코자 한 양무운동(洋務運動)이 그것이었다. 강대하고 부유한 국가를 건설하겠다는 의도로 청정부는 일련의 근대 군사공업과 민영 공업기업을 창설하는데 매진했던 것이다.

(1) 강성함을 구하다 : 근대 군사공업의 창설

강성함을 추구하는 것은 청정부가 1860, 70년대에 적극적으로 근대 군사공업을 창설하자는 중요한 사상이었다. 1840년대 위원

110) 『李文忠全集』, 「奏稿」 卷二十四, 第11頁.

이홍장(李鴻章)의 모습

(魏源)은 "서방의 장점을 따라 배워 서방을 제압해야만 한다"고 주장했다. 1850, 60년대에 이르러 청정부는 외부와 내부에서 오는 전례 없던 강력한 군사적 도전에 봉착하게 되었다. 국외로부터는 서방 열강들의 끊임없는 군사적 위협과 도전을 해왔다. 현대적인 대포와 군함으로 중국 해안선을 위협하여 원래부터 있던 해안선 방위가 맥없이 무너지는 상황이 되고 있었다. 국내적으로는 태평천국(太平天國) 운동이 남방의 각 성들을 석권하며 직접 청정부의 통치를 위협하고 있었다. 이런 배경 하에서 청정부는 근대 군사공업을 일으켜 자체적 군사력을 강화하고자 했다. 강성함을 추구하려면 우선 스스로가 강대해져야 했다. 자강(自强)에는 두 가지 뜻이 포함되어 있었다. 첫째는 태평천국 혁명을 진압해야 했다. 둘째는 열강들의 중국에서의 세력을 억제해야 했다.

양무운동의 전기를 총 지휘한 혁흔(奕訢)은 "국가를 관리하는 도리를 살펴보면, 먼저 자강해야 한다. 시대에 따라 보조를 같이 하려면 자강을 앞세우고 군사를 잘 훈련시켜야 하며, 군사를 잘 훈련시키는 첫 조치가 바로 무기를 만드는 일이다"라고 무기의 중요성을 설파했다. 이홍장도 "기계를 제조하는 것이 서방의 시기를 억제케 하는 가장 중요한 바탕이며, 자강의 근본이다"라고 강조했다. 이것이 양무파의 실질적인 사상이었다.

청정부가 대규모로 근대 군사공업을 창설하기 시작한 것은 1860년대부터 19세기 말까지였다. 이 시기를 전후하여 모두 24개의 근대 군사공업 기업이 창설되었다. 이들 기업 중에는 강남제조국(江南製造局), 금릉제조국(金陵製造局), 복주선정국(福州船政局), 천진기계국(天津機械局), 호북창포창(湖北槍炮廠)의 규모가 가장 컸

혁흔(奕訢)의 모습

으며, 지위도 가장 중요했다. 이들 군사공장에서 생산하는 제품은 주로 총, 대포, 탄알, 화약 등이었다. 복주선정국과 강남제조국에서는 군함을 제조했다.

강남제조국은 청정부가 가장 빨리 창설한 공기업으로 규모가 가장 큰 근대 군사기업이었다. 1865년 이홍장이 상해 홍구(虹口)에 위치한 '양경빈 외국창(洋涇浜外國廠) 중에서 기계가 가장 컸던 미국의 기기철공창(旗記鐵工廠)을 매입했다. 이전에 소주, 상해에 설립한 양포국(洋炮局)을 병입시키고, 용굉(容閎)이 미국에서 구입한 100대의 기계로 강남제조총국을 설립했다. 1867년에는 상해성 남쪽 고창묘(高昌廟)로 이전했다. 부지면적은 400여 묘(畝)였다. 이 총국의 비용은 주로 청정부에서 조달한 것인데 창업비용이 54.3만 량에 달했다. 1870년대 이후 해마다 30~60만 량씩의 비용을 지불했다. 1890년에는 79.3만 량에 달했다. 이 총국의 생산설비는 기타 다른 제조국보다 월등했다. 강남총국은 13개 공장과 공정처(工程處) 한 곳을 설립

호북 한양에 있는 병기공장

했다. 중요한 공장으로는 기계공장, 조선공장, 보일러공장, 총포공장, 포탄공장, 수뢰(水雷)공장, 제강공장 등이 망라되어 있었다. 각 공장은 증기기관 에너지를 사용했으며, 대소 동력기계가 361대나 되었고, 각종 기계가 662대나 되었다. 강남제조국에서는 대량으로 총과 탄약 등 각종 무기를 생산했다. 예를 들면, 선박 15척을 만들었는데, 해안(海安), 환원(驩遠) 두 선박의 중량만 2,800톤에 달했다. 이는 국내에서 가장 큰 배였다. 1867~1904년 동안에 생산한 각종 기계설비는 692대이며, 1891~1898년 사이에는 강철 3,928톤을 생산했다. 이 총국의 제품은 양무파들이 통제하는 남북 두 해군에 배포되었다.

그러나 강남제조국의 기업관리 방면의 성과는 그리 크지 못했다. 주로 전통적 아문식(衙門式)의 관리와 군대식 관리를 결합한 관리방식이었다. 1891년 이 총국의 각 부문의 총 인원수는 3,592명이었다. 그 중 노동자가 2,913명이었다. 강남제조국에서 중국이 자체적으로 처음 제조한 군함, 기계, 근대 화약, 철물 등은 일련의 기술노동자와 공정기술자를 양성케했다. 강남제조국의 관리체제와 기업제도는 그 후 기타 각 제조국의 귀감이 되었다. 특별히 지적해야 할 점은, 강남제조국의 부설기구인 방언관(方言館), 번역관(飜譯館), 공예학당 등의 기구는, 기술인재를 양성하고 과학기술과 지식을 전파하는 방면에서 중요한 공헌을 했다. 이곳에는 당시 국내에서 가장 저명한 과학자들, 예를 들면 이선란(李善蘭), 화형방(華衡芳), 화세방(華世芳), 서수(徐壽), 서건인(徐建寅), 왕덕균(王德鈞) 등이 모두 이곳에서 일하고 있었다. 1868~1907년 동안 번역관에서 번역한 책만 하여도 160여 종 1,075권에 달했다. 많은 중요한 과학기술 서적은 모두 이곳에서 번역 출판되었던 것이다.

금릉제조국은 이홍장이 1865년 남경에서 창설한 것인데 그 일부 기계는 소주양포국에서 가져온 것이었다. 금릉제조국은 80년대 초 기계공장 주물공장, 숙철(熟鐵)공장, 로케트공장, 화약공장, 수뢰국 등 14개가 있었다. 이곳에서 생산한 총포탄약은 주로 남양, 북양 두 주둔군에 공급하여 사용하게 했다. 이 제조국은 장기간 동안 영국인 마거리스가 통괄했다. 복건성 선정국(船政局)은 좌종당(左宗堂)이 1866년 복주의 마미소(馬尾所)에서 창설한 것인데 후에 심보정(沈葆禎)이 이어받아 계속 유지했다. 이 선정국은 청정부에서 창설한 해군선박을 제조하는 첫 군사기업이었다. 최초의 기획은 5년 내에 선박 16척을 생산하고자 했고, 1874년에 5척을 완성하기로 했다. 복주선정국은 장기간 프랑스인 지갤이 통제했다. 그는 프랑스 기사와 기술노동자 등 몇 십 명을 고용했다. 선정국의 공장이 16개, 선박건조대가 3개, 선박수조(船槽)가 1개 있었다. 1875년 중국인의 선박 제조를 의뢰받자 750마력이나 되는 선박과 2,400마력에 배수량이 2,200톤이나 되는 순해(巡海) 쾌속정 3척을 생산했다. 선정국에서 부설한 선정학당(船政學堂)은 총 12회 170여 명이 졸업했다. 이들은 중국 조선업의 최초 인재들이며 또한 기술자였다. 청나라 해군의 고위 장교들이 이 선정국 출신들이었다. 예를 들면, 유보섬(劉步蟾), 임태증(林泰曾), 등세창(鄧世昌), 임영승(林永昇) 등이 그 대표적 인물들이다.

천진기계국은 숭후(崇厚)가 혁흔의 뜻을 받들어 1867년 천진에서 창설한 기업이었다. 후에 이홍장이 이를 인수하여 확장 건립했다. 천진기계국은 동서 두 곳으로 나누어져 있었고, 동국(東局)은 화약, 총포, 탄알과 수뢰 등을 주로 생산했고, 서국(西局)은 군용기구와 특수 탄알을 생산했다. 동국에서는 수수(水師), 수뢰, 전보(電報) 학당을 부설했다. 이 기계국은 1900년 8개국 연합군이 침략했을 때 큰 타격을 받아 거의 괴멸상태에 빠지게 되었다.

호북의 창포공장은 장지동(張之洞)이 1890년 한양(漢陽)에서 창설하였다. 창업비용은 70만 량이었으며, 1년 동안의 정상비용이 40만 량이었다. 이 공장은 청정부에서 마지막으로 창성했는데 규모가 가장 큰 군사기업이었다. 이 공장의 기계설비는 각 공장과 각 제조국 중 가장 신형이었으며, 이곳에서 생산한 총포, 탄약은 질이 가장 좋았다. 1893년 독일의 1888식 79보병총을 후에 한양식 보병총으로 개량했고, 1894년 37곡사포를 모방해 생산했으며 1899

년에는 57산포를 모방해 생산했다. 1913년 독일 크루프식 75야포를 모방하여 생산했다. 호광총독(湖廣總督) 진기룡(陳夔龍)은 1908년 처음 이 공장을 살펴보고는 "제도가 일괄적이며 효과도 매우 좋다", "다른 성에서는 이런 공장이 없다"라고 평가했다.

그러나 단순히 군사공업만을 발전시켜 국가의 강성함을 실현시키려 한 것은 순진한 생각이었다. 결국 1870년대의 군사공업은 심각한 어려움에 빠지고 말았다. 1894년 청일전쟁은 군사공업을 창설하려는 청정부의 노력이 철저하게 실패했다는 것을 선포한 것이나 다름 없었던 것이다.

(2) 부를 추구하다 : 근대 민영공업의 창설

1870년대 청정부는 근대 민영공업을 창설하기 시작하여 80, 90년대에는 고조기에 달했다. 근대 군사공업을 발전시켜 강성한 나라를 만들겠다는 전략을 실현하고, 근대 민영공업을 발전시켜 부유해 지겠다는 전략으로 전환은, 청정부의 양무파가 중국 근대공업화에 대한 인식이 점차 심화되어 가고 있었다는 것을 보여주는 것이었다. 비록 이러한 심화가 자각적으로 완성된 것은 아니었지만 말이다.

청정부에서 근대 민영공업을 발전시키려 한 직접적인 동기는 근대 군사공업의 어려움을 완화시키려는데 있었다. 1870년대부터 근대 군사공업이 일련의 곤란에 봉착하게 되었다. 가장 중요한 원인은 원자재, 에너지, 교통운수업과 자금이 심각하게 부족한 때문이었다. 이러한 어려움은 근대 군사공업의 생존과 발전을 직접적으로 제약했다. 이는 청정부의 양무파 앞에 놓여진 발등의 불이었다. 우선적으로 해결하지 않으면 안 될 난제였다. 이홍장은 1872년 “군함을 생산하고 총포를 생산하려면 철강과 석탄이 없으면 안 된다. 영국 등 일부 열강들이 서방에서 먼저 일어날 수 있었던 것은 바로 이 두 가지에 의지한 바가 있었기 때문이었다. 복건과 상해의 공장은 국외로부터 석탄과 철광을 수입해야 한다. 국내의 제품은 질이 낮아 쓸 수가 없고, 심지어 선박을 사용할 때도 수입 석탄을 사용해야만 할 정도다. 해금이 되게 되면 각 강철공장이 문을 닫아야 할 것이고, 이미 생산한 선박도 석탄이 없으면 한 걸음도 나아갈 수가 없다. 이것이 가장 큰 걱정이다.”라고 당시 상황을 갈파했다. 이를 보면 이 문제를 해결하는 것이 코 앞에 닥친 급선무였다는 것을 알 수 있을 것이다.

군사공업이 경제적 곤란에 봉착하게 된 것도 양무파가 근대공업을 새롭게 인식하게 된 원인 중의 하나였다. 이홍장은 “우선 부유해져야 강대해 질 수 있다”고 인식했다. 그는 “민생의 부를 우선순위에 놓아야 하며, 민생이 부유해져야 국가의 기본이 확고하게 될 것이다”111) 라는 사상을 주장했다. 그는 또 “중국이 취약한 것은 빈궁하기 때문이다. 서방의 작은 국가의 세수가 몇 억이나 된다는데, 이 모든 것은 석탄, 강철, 철물 등 광산분야, 철로, 전보, 통신 인구에 의한 세수에 힘입었기 때문이다. 이제 시세를 보아하니 일찌감치 대책을 강구해야 할 것이다. 주요한 것을 먼저 실시하고, 기타 다른 것은 차차 실행하면 된다. 이러한 것을 먼저 실현해야 가난으로부터 부유하게 될 수 있고, 약한 것이 강하게 될 것

111) 『李文忠全集』, 「奏稿」 卷一九, 第49頁.

이다"라고도 갈파했다. 그의 이런 생각에 동조하여 왕도(王韜), 설복성(薛福成), 마건충(馬建忠), 정관응(鄭觀應) 등도 여론을 조성하여 청정부에서 근대공업의 중점을 민영공업으로 이전할 것을 호소했다.

청정부에서 창설한 민영공업은 주로 항운, 석탄, 제련, 전보통신, 방직 등 공업부문에 집중되었다. 청일전쟁 이전 이미 20여 개의 기업이 창설되었다. 그 중 비교적 저명한 것으로 윤선초상국(輪船招商局) 기륭(基隆)탄광, 개평(開平)탄광, 막하(漠河)금광, 천진(天津)전보총국, 난주(蘭州)기계방직국, 상해기계직포국, 호북방직관국(湖北紡織官局), 한양(漢陽)철공장 등이 있다.

윤선초상국은 1872년 이홍장이 주기앙(朱其昻)에게 위임하여 상해에서 창설한 것이다. 윤선초상국은 청정부가 창설하고 경영한 첫 민영기업이었다. 또한 중국의 첫 기선공사였다. 주식 총액이 100만 량이었는데, 1881년에야 이 자금이 다 조달됐다. 1876년 초상국에서 관할하는 기선은 12척이 있었다. 1877년에 미국 상인의 기창(旗昌)윤선공사를 매입하여 27척으로 증가하였다. 이 초상국은 국내의 19개 통상 항구에 분국을 설치하고 해외에 판사처를 설치했다. 1873년, 1881년 일본, 필리핀, 싱가포르, 미국 등을 향해 하여 기선의 원양항로를 개척했다. 그러나 항운업의 경쟁이 날로 치열해갔고, 기업의 경영상태가 좋지 못해 1885년 성선회(盛宣懷)는 "상인이 경영해야만 이익을 취할 수 있고, 정부서 감독해야 폐단을 예방할 수 있다"는 이유를 들어 초상국을 관상합작 형식인 관독상판(官督商辦)으로 전환시켰다. 1909년에는 이를 다시 개조하여 완전히 상업 형으로 전환시켰다. 초상국은 청정부가 창설해서 경영한 규모가 비교적 큰 민영기업으로서, 중국에서 중요한 위치를 차지하고 있었다.

개평탄광은 이홍장이 당정추(唐庭樞)에게 위임하여 1878년 창설한 청나라에서 규모가 가장 크고 이익이 가장 좋았던 관독상판의 탄광이었다. 개평탄광의 매장량은 풍부하고 석탄의 질이 좋았다. 그러나 창설 초기에 주식금액 80만 량 모금이 어려움을 겪게 되었다. 그리하여 1881년에 가서야 석탄을 채굴하기 시작하면서 이름을 날리게 되었고, 투자자도 많아지게 되었다. 이렇게 되고부터 개평탄광의 생산량이 신속하게 증가되었는데, 1991년 1일 생산량이 300톤이었는데, 1882년에는 500톤이 되었고, 1883년에는 600톤, 1884년 7월부터는 900톤 이상을 유지했다. 1894년에는 1일 생산량이 1,500톤에 달했다. 1980년대 후기에 들어 개평탄광은 드디어 중국 시장에서 서양 석탄을 밀어내는데 성공했다. 이홍장이 이를 보면서 자만해 하며, "부강의 기초는 바로 여기에 있다"라고 말했을 정도였다. 개평탄광의 이윤이 풍부해 지자 서방 열강들이 군침을 흘리게 되었고, 결국 1900년 영국 상회는 사기적 수단을 통해 개평탄광의 모든 재산을 독점하게 되었다.

상해기계직포국은 1878년 이홍장의 뜻에 의해 창설하기 시작한 관독상판 기업이었다. 1880년에 정식으로 주식을 모금했는데, 원래 주식 기초금은 40만 량이었는데, 실제로는 50만 량이 모금되었다. 1882년 건설을 시작해서 1890년에 정식으로 개업했다. 상해기계직포국의 기계설비는 모두 영국과 미국에서 구입한 것으로서, 당시 중국인 자금으로 경영하는 공장으로는 가장 선진적이었다. 이홍장은 생산이 순조롭게 발전하는 것을 확보하기 위하여 "10년 내에는 중국 상인들이 주식을 투자하여 별도로 직포국을 창설해서는 안 된다”라고 정해 버렸다. 상해직포국은 1892년부터 면방직품을 생산했다. 판로는 아주 좋았다. 이는 서방 견사와 면사에 거대한 위협이 되었다. 그러나 1893년 불행하게도 이 직포국은 화재가 나서 잿더미가 되어버렸다. 그 손실은 150만 량이나 되었다. 중국의 최초 기계방직공장은 이렇게 해서 역사무대에서 사라져 버렸으니, 실로 애석하지 않을 수 없었다.

천진전보국은 이홍장이 성선회(盛宣懷)에 위탁하여 1880년에 천진에 설립한 관독상판 기업이었다. 총국은 천진에 설치하고 일부 지방에다가 분국을 설립했다. 그리고 진호선(津滬線 즉 천진-상해), 소절민오선(蘇浙閩奧線, 강소, 절강, 복건, 광동), 장강전선(長江電線), 광서운남선(廣西雲南線), 섬서감숙선(陝西甘肅線) 등 많은 전선을 설치했다. 1895년에 전국의 전보통신망이 이로써 기본적으로 형성되었으며, ‘만 리가 떨어 졌지만 숨 쉬는 소리를 전할 수 있게 되었다” 고 말해지게 되었다. 천진전보국의 전화전보선 가설은 청정부의 정치, 경제, 군사와 외교에 있어서 매우 중요한 역할을 발휘했다.

한양철공장은 장지동(張之洞)이 창설한 것으로 청나라시기 가장 큰 강철공장이었다. 1890년 한양에서 공장을 건설하기 시작해서, 3년 만에 준공했다. 강철공장은 10개의 지분공장이 있었으며, 100톤짜리 용광로가 2개 있었다. 강철을 제련하는 전로(轉爐)는 2개, 평로(平爐)는 하나였다. 한양철공장은 1894년부터 강철을 생산하기 시작했다. 설계에 따르면 정밀철강, 숙철 3만 톤을 생산할 수 있었는데, 실제로는 이런 수준에 도달하지 못했다. 강철공장은 총 580만 량을 투자했는데, 이는 청정부가 창설한 근대공업 활동에서 가장 큰 투자공장이었다. 한양철공장은 당시 원동에서 가장 큰 강철공장이었다고 했다. 장지동은 "중국에서 이러한 거대한 역사가 있게 되었으므로 이제 이권을 다시 찾아올 수 있을 것이다"라고 말하기도 했다. 그러나 강철공장에서 생산한 강철의 생산기본가가 높고 질이 떨어진데다가, 인(磷)의 함량이 많아 정부의 질책을 받아야 했다. 1896년 관판(官辦)을 관독상판으로 전환시켜 성선회가 이를 인수했다.

청정부에서 창설한 근대 민영공업은 주로 관판, 관상합판, 관독상판 세 가지 유형이 있었다. 청정부가 창설한 민영공업의 발전변화를 볼 때, 관판은 관상합판으로 전환했고, 관상합판은 다시 관독상판으로 전환하는 추세를 보여주었다. 이것은 역사 발전의 필연적인 추세이기도 했다. 관독상판은 청정부에서 민영공업을 창설하는데 있어서 가장 중요한 형식이었을 뿐만 아니라, 중국 근대 공업화 발전의 기본 단계이기도 했다.

이상을 종합하여 보면, 청정부가 창설한 근대 군사공업과 근대 민영공업은 매우 곤란한 역사적 환경조건에서 현저한 발전을 가져왔음을 볼 수 있었다. 이는 중국이 현대공업사회로 나아가려 했던 첫 걸음이기도 했다. 이 첫 걸음이 비록 평온한 것은 아니었지만, 그 중요한 의의는 경시할 수 없는 것이다. 근대 공업기업은 청 왕조의 멸망과 더불어 소실되어 진 것이 아니라, 북양정부 통치시기 일부 기업들은 계속해서 확장 발전했으며, 군사와 민영공업 분야에서 매우 중요한 역할을 했던 것이다.

2) 민간자본으로 창설한 근대기업

민간자본이 창설한 근대공업은 순수한 자본주의 성격의 공업이었다. 1860, 70년대 외국자본과 국가자본이 근대공업을 창설할 때, 중국에서는 근대공업을 창설하려는 기운이 상당히 고조되어 있었다. 근대공업은 많은 이윤과 광활한 시장을 형성함으로써 전통수공업 작업장에 근본적인 타격을 가했다. 근대경제의 영향을 비교적 깊이 받은 지주, 상인과 매판(買辦)들은 그리하여 근대공업에 투자하기 시작했다. 특히 매판자본은 중국 민간자본의 주요 내원이었다. 기초적인 통계에 따르면 아편전쟁 이후부터 청일전쟁 이전까지 50여 년간 매판들의 각종 고용료과 수수료, 커미션 등은 무려 4억 량 이상이었다.112) 당시 상황에서 볼 때 엄청나게 거액인 이 자금 중에서 일부를 근대 공상업에 투자했던 것이다. 연구결과에 의하면 1913년 이전 민간자본기업을 창설한 사람, 혹은 주요 투자자 중 절반 이상은 지주였고, 18.3%는 상인이었으며, 24.8%는 매판자본이었다. 중국 산업자본의 총액(외국자본, 국가자본, 민간자본의 종합)에서 민간자본이 차지하는 비중은 계속해서 상승세를 보여주었다. 1894년 민간자본이 8%를 점하였고, 금액은 722.5만 위앤(元)이던 것이 1913년에는 10.1%로 올라가 금액은 15498.7만 위앤(元)이나 되었다. 1920년에는 18.2%를 점하였고, 금액은 42987.4만 위앤(元)이었다.113) 1913년 민간자본 투자액은

112) 黃逸峰等, 『旧中國的買辦階級』, 上海人民出版社, 1982年版, 第69頁.
113) 『中國資本主義与國內市場』, 앞의 책, 第114, 124, 126頁.

1894년에 비하여 무려 20.5배나 증가했던 것이다. 1920년의 민간자본은 1894년에 비하여 58.5배나 증가하였다. 특히 제1차 세계대전 기간 동안 민간자본이 차지하는 비중의 상승세는 더욱 선명했다. 자본 투자액이 177.4%나 증가했던 것이다. 만일 국가자본과 민간자본의 비례를 본다면 1894년에는 1:0.26이었던 것이, 1913년에는 1:1.04로 되어, 민간투자액이 이미 국가 자본투자액을 초과했음을 알 수 있다. 1920년에는 1:1.59가 되었는데, 민간자본이 이렇게 활발하게 발전했던 것은 이 시기 중국 공업발전의 돌출된 특징이었다.

민간자본의 내원은 주로 지주의 소작료, 고리대자본, 상인자본과 매판자본, 관료, 화교 등 사회계층에서 누적되어 있던 화폐자본이었다. 이 부분의 화폐자본은 비교적 분산되어 있었고 누적하기까지 필요했던 시간이 오래 걸렸기 때문에, 투자영역을 선택하는 것에 신경을 쓰고 조심스러워 했었다. 중국 근대자본에서 중공업부문의 투자량과 규모는 십분 제한되어 있었다. 이와 같은 현상이 나타나게 된 것은 주로 중공업기업에 대한 자본 투자가 많았고 자금 회전이 느렸으며 이익을 내는 것이 확실하지 못했던 것과 떼어놓을 수 없었다. 뿐만 아니라 중공업은 각급 정권과 지방 실력파의 약탈과 착취를 쉽게 받는 분야였기에 민간자본은 이 방면에 대해 투자하는 것을 꺼려했었다. 민간자본이 창설한 근대공업의 개황은 대체로 다음과 같다.

첫째, 견직공업

견직공업은 중국 민간자본이 가장 일찍 투자하고 창설한 근대의 기계공업이었다. 견사는 유구한 역사가 있는 중국의 전통 수공업 제품이다. 장기간 전통농업과 긴밀하게 결합해 발전했으며 가정수공업과 수공업 작업장 단계에 머물러 있었다. 1872년 광동 남해화교상인인 진계원(陳啓源)이 고향에서 창융(昌隆)견직물 공장을 설립하여, 이듬해에 개업했다. 이것은 중국 근대사에서 가장 일찍 설립한 개인자본 기업의 하나이다. 이 공장은 창설 초기에는 규모가 매우 작았다. 그러나 진계원은 경영에 신경을 써서 이 공장의 규모를 점차 확대 발전시켰다. 가장 성황을 이루었을 때는 사부(絲釜)가 800여 부에 달했고, 노동자는 700여 명이나 되었다고 한다. 이 공장에서 사용하는 기계는 프랑스제품이었다. "생사가 정밀하여 유럽과 미국에서 널리 판매되었으며, 가치가 높았다. 판매가격은 과거의 견사에 비해 2배나 되어 이윤이 아주 높았다". 진계원의 성공은 광동 기계견사사업의 발전을 촉진시켰다. 1910년 "전 성에 견사의 생산은 모두 기계를 사용하게 되었다. 많을 때는 백여 개나 되었다. 여성을 고용해서 살아가는 사람이 십 수 만 명이나 되었다".114) 광주는 전국에서 기계로 견직물을 생산하는 중심이었다. 1880년 절강 호주(湖州) 사람인 황좌경(黃佐卿)이 상해에서 공화영사공장(公和永絲廠)을 세웠는데, 이는 강소와 절강 일대에서 처음으로 출현한 견사공장이었다. 청일전쟁 이후 무석, 소주, 항주 등 지역이 기계견사업의 중심이 되었다. 1911년 무석에만 견사공장이 6개나 있었다. 20세기 초 이후 중국의 견사업은 일

114) 孫堂編, 『中國近代工業史資料』, 第一輯, 科學出版社, 1957年版, 第957～958頁.

본 견사업의 강력한 충격을 받아 발전 템포가 매우 느려지게 되었다.

둘째 면방직공업

민영자본이 투자하여 건설한 면방직 공업은 처음에는 면방직장이었다. 1887년 영파에서 통구원알화창(通久源軋花廠)이 출현했다. 1894년 방사직장(紡絲織場)을 확대 건립하여 알화방사공사(軋花紡絲公司)를 건립했다. 이는 중국에서 첫 민영자본이 경영하는 방사공장이었다. 19세기 말에서 20세기 초까지는 면방직업이 신속하게 확대 발전하는 추세가 나타났다. 1899년 장건(張謇)이 창설한 대생(大生) 면사공장은 방추가 20,300매나 있었다. 이는 당시 국내에서 가장 큰 민영 방직공장이었다. 그 후 대생 자본집단은 근대 면방직업에도 투자하여 민영 면방직업의 발전과 번영에 크게 기여했다. 1895~1913년까지 사이에 상해에서는 중국인 민영 방직공장이 6개나 되었으며, 1914~1922년까지 사이에는 전국에 54개로 늘어났다. 1913~1924년 동안 전국에서 방직공장 직포기(織布機)의 증가상황을 보면, 중국의 민영자본 방직공장의 직포기가 매우 빨리 증가되었다는 사실을 알 수 있다. 중국인 방직공장의 직포기는 2,016대로부터 9,481대로 증가되었고, 일본 방직공장의 직포기는 886대로부터 3,929대로 증가되었으며, 영국 상인이 설립한 방직공장의 직포기는 800대로부터 2,863대로 증가하였다.[115] 중국

115) 中國社會科學院經濟硏究所主編, 『上海民族机器工業』 上册, 中華書局, 1979年版, 第179, 256, 268頁.

소주에 있는 소경실크방사공장, 만청시기

상인의 방직공장 내 직포기 증가 속도가 외국 상인이 경영하는 방직공장의 직포기 증가 속도보다 더 빨랐음을 알 수 있다. 1927년 전국에는 방직공장이 119곳이나 있었다, 그 중 중국상인이 경영하는 방직공장이 73개였으며, 전체의 61.3%를 점했다. 방추는 3,541,584매나 되었는데, 그 중 중국상인이 경영하는 방직공장의 방추는 13,459매로서 전체의 45.1%를 점했다.[116] 중국 민영 면방직업은 짧은 기간 동안에 신속하게 발전하는 시기를 맞이했던 것이다.

116) 陸仰淵等, 『民國社會經濟史』, 中國經濟出版社, 1991年版, 第133~134頁.

셋째 제분공업

중국의 전통적인 제분업은 주로 석마(石磨)를 사용했었다. 1878년 주기앙(朱其昻)이 천진에서 이래모(貽來牟)기계제분소를 설립했다. 제분기계는 한 대만 있었다. 1898년 손다삼(孫多森)이 상해에서 부풍(阜豐)제분공장을 설립했다. 하루에 밀가루 천 푸대를 가공했다. 그후 장건이 남통(南通)에 부흥(復興)제분공장을 설립했다. 이로써 민영자본이 근대 제분공장을 세우는 분위기가 조성되었다. 그 중에서 영씨(榮氏) 자본집단의 발전이 가장 빨랐다. 1922년 영씨 일가는 12개의 제분소를 경영했다. 이들이 가공한 밀가루는 동남아지역까지 판매되었다. 이러한 제분공업의 발전은 중국이 기계 밀가루라면 전면적으로 수입에만 의존하던 국면을 타개했다. 1918~1921년 중국은 밀가루 1,080만 석을 수출했고, 수입한 것은 불과 154만 석에 불과했다. 수출이 수입보다 926만 석을 초과했던 것이다.

네 번째, 담배 공업

외국자본이 오랫동안 중국의 담배공업을 독점했었다. 1905년 간조남(簡照南)이 홍콩에서 남양(南陽)형제연초공사를 창설했다. 이것은 어느 정도 규모가 았는 첫 민영 권련공사였다. 1916년 상해에 공장을 설립했고, 전국 각 도시와 남양군도 일대에 걸쳐 지점을 설립했다. 1916~1919년 사이에 해마다 창조한 이윤은 100만 위앤(元)이 넘었다. 자본은 1,500만 위앤으로 증가하였다. 그리하여 당시 가장 큰 민영자본의 기업으로 부상했다. 같은 시기 기타 다른 민영자본도 연초공업에 투자했지만, 규모가 작고 자금이 적었으며 생산기술이 낙후해 있었다.

청나라 말기에서 민국 초기에 이르는 기간에 민영자본들은 대량으로 근대 경공업에 투자하는 동시에 중화공업 부문에도 투자하기 시작했다. 비록 이 부문에 대한 투자 비중은 민영자본이 경영하는 공업에서 적은 비중을 차지했지만, 그러나 민영자본의 산업구조를 효과적으로 변화시켰으며, 신흥산업의 생산량을 추종하게 되었다. 제염업을 보면, 1914년 범욱동(範旭東)이 창설한 당고(塘古)의 구대정염(久大正鹽)주식유한공사는 1922년에 자본이 210만 위앤에 달했다. 그는 1919년에는 연태통익(烟臺通益)공사를 성립했으며, 1021년에는 하북통달공사(河北通達公司)를 설립했다. 1918년 범욱동은 천진의 당고에서 영리(永利)소다제조공장을 설립했다. 그 자본은 200만 위앤에 달했다.

고무공업을 보면 1917년에 광동에서 남양형제고무공사가 창설됐고, 이어 1919년 이이(怡怡)고무제조공사, 조광(祖光)고무공사, 광주실업고무제조공사와 대중화(大中華)고무공사 등이 설립되었다. 강철공업은 1917년 상해 화흥(和興)강철공장을 창설했다. 자본금은 100만 위앤이었다. 1917년에 설립한 산서 양천(陽泉)강철공장의 자본금은 50만 위앤이었으며, 1919년에는 탕자(湯子)기계공사에서 강철공장을 설립했다. 1927년 민영자본이 투자한 강철공장은 모두 7개나 되었다.

기계제조업을 보면, 제1차 세계대전 기간 민영자본이 기계제조업 분야에서 비교적 큰 발전을 이루었음을 볼 수 있다. 민영제조업에서 생산한 기계는 비교적 품질이 좋았고 판로도 매우 좋았다. 상해만 하더라도 1914~1921년 사이에 각종 기계 제조공장 98개가 설립되었다.

광산채굴업을 보면, 민영자본이 창립한 기계로 석탄을 채굴하는 공사가 급증했다. 1914~1920년 사이에는 모두 12개의 탄광이 건립됐으며, 그 자본은 1,300만 위앤이나 되었다. 그리고 텅스텐, 안티몬 등의 생산량은 세계에서 가장 많았다.

전력공업 면에서는, 1914~1919년 사이에 기록된 자료에 의하면, 대소 발전소가 103개나 되었으며, 자본금은 1,200만 위앤에 달했다. 1924년에는 발전소가 219개로 증가하였고 자본금은 5,000만 위앤으로 늘어났다.

시멘트 공업은 당산계신(唐山啓新)시멘트공사, 광주시멘트공사, 강남시멘트주식유한공사, 상해용화(龍華)시멘트공장 등이 계속해서 건립되었다. 1927년에 이르자 시멘트공장은 8개로 증가되었고, 그 중 하나만이 외국인 자본이 투자한 공장이었다.

특히 중요한 것은 중국 민영자본의 팽창과 투자로서 건립된 기업이 증가함에 따라 마침내 중국사회에는 새로운 사회계층이 출현하게 되었으며, 새로운 기업조직이 나타났고, 새로운 자본집단과 새로운 문화적 가치관이 형성되게 되었다. 이 모든 것은 실력 있고 영향력 있는 일련의 기업가와 민영자본집단의 출현에 의해 나타난 것이었다. 장건의 대생자본집단, 영씨 가족의 신신(申新), 무신(茂新)자본집단, 간씨(簡氏) 형제의 자본집단, 곽씨(郭氏)의 영안(永安)자본집단 등은 서방의 기업제도 및 기업집단을 동방사회의 가족조직과 잘 연결시켜 형성 발전한 자본주의적 가족구조로서 민영 자본기업의 경영관리와 시장에서의 경쟁 등 방면에서 모두 나름대로 선전하는 모습을 보여주었다. 이는 서방의 공업문명이 중국에서 성장할 수 있는 포인트를 찾게 되자, 중국의 근대기업으로 하여금 더욱 더 활력을 불어넣어 주어, 기동성과 경제위기에 대처할 수 있는 능력을 키워 주었다. 자본주의 기업제도와 경영관리방식으로 건립한 근대기업이 점차 많아지면서 근대공업문명은 중국이라는 이 고루했던 토양에서도 뿌리를 내리고 꽃을 피우며 열매를 맺게 되었던 것이다.

이상에서 서술을 바를 종합해 보면, 몇 십 년의 끈질긴 노력과 힘든 발전을 지나면서 중국의 근대공업화가 1920년대에는 이미 거대한 발전이 있게 되었으며, 상당한 규모를 확보하게 되었음을 알게 해준다. 산업자본은 1894년의 8,952.6만 위앤으로부터 ,1913년에는 154,095.6만 위앤으로 증가되었고, 1920년에는 236,825만 위앤으로 증가하였다. 모든 산업자본은 26년간 25배나 증가하게 되었던 것이다. 그 중 중국의 자본액은 19배나 증가하였고, 외국자본은 30배나 증가하였음을 또한 보여주고 있다. 이는 대단히 빠른 증가속도였다. 산업구조도 나날이 합리적으로 발전해 나갔는데, 창건 초기의 경공업과 가공공업이 천하를 통일하던 산업 판도에서 산업부문은 점차 전면적으로 확대되어 경공업, 중공업, 교통운수업 등 모두가 새로운 발전을 가져오는 산업구조를 형성시켰다. 1920년 공공사업에 투자한 자본을 1이라고 하면, 공영사업, 제조업, 광산업, 철로와 항운업 등의 자본비례는 1:4.23:1.25:6.15:1.27로 나타났다. 중국 자체의 자본주의 발전 방향과 모델을 탐색하는 과정에서 국가자본의 관독상판기업 경영체제와 민영자본의 가족자본 집단기업조직은 모두가 중요한 모델이 되었던 것이다. 다만 유감스러운 점이 있다면 이런 적극적인 모델 탐색이 이후 국가자

수도 북경의 전문 상업지역, 청대

본주의 공업화에 의해 중단되고 말았다는 사실이다.

동시에 지적할 것은 중국 자본주의가 발전하는 과정에는 곡절이 많았고 완만하게 진행됐다는 점이다. 전통사회경제의 강대한 압력과 서방 열강의 경제침략은 중국 자본주의가 극복하기 어려운 거대한 장애물이었다. 1920년 중국 근대공업이 공농업 생산 총액에서 차지하는 비중은 약 4.9%였다. 그러나 중국과 거의 같은 시기에 근대공업을 추지한 일본은 전면적으로 부국강병, 산업진흥, 문명개화 등 3대 국책을 실행하여 곤란을 모두 이겨내며 제1차 세계대전 이전에 이미 산업혁명을 기본적으로 완성했던 현상은 중국에서 나타나지 못했던 것이다. 이와 같은 선명한 명암의 차이는 중국인이라면 심각하게 생각해 보지 않을 수 없는 문제이다. 이홍장이 1864년에 말한 한마디 말은 우리에게 많은 것을 생각하게 해준다. 그는

> "중국의 문인들과 무장들은 일이 발생하지 않았을 때는 외국의 훌륭한 선진적인 기계를 웃음거리로 보면서 배울 것이 없다고 큰소리만 치다가도 일단 일이 발생하면, 외국의 훌륭한 기계가 너무도 신기하여 배울 수가 없다고 고개를 흔들어 대니, 서방인들의 최신 무기화약이 그들 학자들에 의해 몇 백 년에 걸쳐 연구에 연구를 거듭하여 생산된 것이라는 것을 모르고 있다"

고 한탄했다.

거의 같은 시기에 일본 메이지유신의 선구자인 다카스기 신사쿠(高杉晋作)는 "일본인들은 정신을 차려야 한다. 중국과 같은 일이 발생해서는 절대로 안 된다" 라고 큰소리로 호소했다. 메이지정부의 수뇌인물인 오구마 시게노부(大隈重信)도 "서방 문명과 선진적이며 진보적인 물질은 모두가 일본에 도움을 가져다 줄 것이다. 서방의 장점을 배우고 우리의 단점을 보완하여 백성들의 지혜를 열어 주어야 한다. 정(政), 법(法), 이(理), 화(化), 육군, 해군, 상공 등 각 방면에서는 모두가 다 서방의 학술과 기술을 배워야 한다"고 강조했다.

역사는 중국에서 공업화를 실현케 하는 기회를 주지 않았다. 그러나 역사는 또한 중국이 영원히 기회를 상실하도록 하지는 않았다.

7

자본주의 경제발전 과정에서의 시도와 실패

자본주의 경제발전 과정에서의 시도와 실패

1927년에서 1945년까지 국민정부는 국가자본주의 공업화 정책을 실시했고, 발전전략을 실시했던 시기였다. 중국에서 국가자본주의 공업화를 실시하는 발전전략은 손중산이 가장 일찍 제시했다. 이는 청나라 말기 양무파가 근대공업 활동을 창립했었던 것과 비교할 때 국민정부의 공업화는 일련의 이론을 바탕으로 해서 지도되었던 것이다. 그러나 이런 발전전략과 이론은 청나라와 마찬가지로 제국주의에 의지하지 않으면 안 되는 상황을 면할 수 없었고, 중국 농업생산과 농촌경제의 낙후된 국면을 효과적으로 해결할 수도 없었다. 그 결과 사회경제의 전면적인 진보와 발전을 추진하려는 전략은 실패로 끝나고 말았다. 특히 지적해야 할 것은 짧디 짧은 10여 년 동안 국민정부의 국가자본은 이미 국가독점자본으로 변색되어 그 자체가 중국 공업화를 추진할 수 있는 능력이 없었거니와 민영자본의 공업화를 발전시키는 가능성 또한 압박하고 잠식시켜 버렸다. 국민정부의 재정고문을 담당했던 미국인 영(Arthur N. Young)은 후에 국민정부는 현대화와 발전 방면에서 겨우 '작은 일만 했을 뿐이다' 라고 지적하였다.[117]

1) 국가자본에서 국가가 농단하는 자본으로 : 국민정부의 공업화

중국은 무엇 때문에 국가자본주의 공업화의 길을 선택했는가? 손중산은 중국이 국가 자본주의를 선택한 기본 뜻을 논할 때 자유자본주의는 불가피하게 빈부의 양극화를 초래하게 될 것이며 사회혁명을 초래하게 될 것이라고 인식했다. 그는 "영국의 소득은 과거보다 몇 천 배 증가했으나 백성들의 빈부격차는 과거보다 또한 몇 천 배로 나타나고 있다. 뿐만 아니라 부유한 자가 적어지고 빈궁한 자가 많아 졌다"고 했다. 이와 같은 "사회문제는 유럽이나 미국같은 국가에서는 이미 고질화 되었지만, 중국에서는 이제 초기적인 시기에 처하고 있다. 그러나 앞으로 이런 일은 반드시 발생할 것이다. 그때 이 문제를 제대로 해결하지 못하면 대혁명이 일어나게 될 것이다". 그렇기 때문에 반드시 "대책을 내놓아 사회의 경제조직을 개선하여 사회혁명을 미연에 방지해야 할 것이다. 이것은 매우 큰 우리들의 책임이다"[118]라고 인식했다.

이 문제에 대하여 1923년 1월 「중국국민당선언」에서는 더욱 명백하게 지적하였다.

> "유럽경제의 걱정은 불균형에 있다. 불균형은 경쟁을 초래하게 된다. 중국의 걱정은 빈곤에 있다. 빈곤하기에 부유해 질 수 있는 길을 찾아 부유해져야 한다. 그러나 부유하더라도 불균형하게 되

117) 楊格, 『1927~1937年 中國財政經濟情況』, 中譯本, 1981年, 第456頁.
118) 『孫中山全集』 第1卷, 中華書局, 1981年版, 第326~327頁.

면 투쟁을 면하기 어려울 것이다. 그렇기 때문에 이런 걱정을 사전에 예방하여 유럽을 거울로 삼아 사회경제의 균등한 발전을 도모해야 하며, 사회경제의 모든 문제에 관한 일체의 문제를 적당하게 해결토록 해야 한다."119)

손중산(孫中山)의 모습

1917년～1919년 사이에 손중산은 전력을 기울여 중국 현대화를 위한 길을 생각하고 생각했다. 그는 『건국방략』 제3편을 저술했는데, 이는 손중산이 중국 현대화에 관한 전면적이고 계통적이며 비교적 원견이 있는 설계였으며 구상이었다. 다만 그가 일찍이 세상을 떠났기에 몸소 자신이 구상한 것을 실현시키는 못했다.

가장 먼저 국가자본주의 공업화 전략을 구체적으로 실시했던 것은 국민정부였다. 1927～1945년 사이에 국민정부는 통치구에서 자본주의 공업화 전략을 실시했었다. 국민정부의 공업화 건설은 두 단계를

119) 中國人民大學党史系編, 『中國國民党歷史教學參考資料』(油印), 第1册, 第398頁.

거쳐서 실시되었다. 즉 10년 건설시기(1928~1937)와 8년 항전시기(1937~1945) 두 차례였다.

(1) 10년 건설시기

1927년 국민정부는 국가를 통일하고 사업 중심을 무력통일에서 경제건설로 전환한다고 성명을 냈다. 이듬해 국민당 제2회 4중 전체회의에서 "중국의 혁명은 이론적인 선전과 무력 정복기로부터 점차 이 두 개의 사업과 정치건설 및 경제건설을 병행하는 시기에 진입했다"라고 밝혔다. 그후 10년간 국민정부는 점차 국가자본주의 경제체제를 확립하고 국가정권이 출두하여 사회경제, 재정금융, 공상, 세수, 교통운수, 농촌경제와 대외무역 등 방면에서 일련의 개혁과 조직을 새롭게 건립하는 일을 단행했다. 동시에 각 제국주의 국가와 교섭하여 제한되기는 했지만, 일부 제국주의 열강들이 그동안 얻어냈던 경제적 특권을 회수하기 시작했다. 이를 아래 몇 개 방면으로 나눠 개괄하고자 한다.

① 통일적인 재정금융제도를 건립했다. 재정금융제도는 한 국가의 근본적인 경제제도의 하나이다. 양호한 재정금융제도는 한 국가의 경제가 순리적으로 건전하게 발전하는 중요한 보장이 된다. 그러나 중국 근대에 있어서 현대경제로 발전하기 위한 요구에 부합되는 재정금융제도는 시종 건립하지 못했다. 이런 국가 사정에 비추어 국민정부는 1929년 재정을 정돈하고 세수, 채무와 금융화폐를 정돈하는 10개 항목에 걸친 "근본정략"을 제시했으며, 이로부터 재정금융 등 영역의 혼란 국면이 변화되기 시작했다.

첫째로는 재정체제를 정돈했다. 주요한 조치로는 재정관리 기구를 건립하고 강화했다는 점이다. 국가수입과 지방수입의 구분을 명백하게 하고, 중앙, 성과 현, 시 등 3급 재정체계를 확립했다. 이로써 비교적 완정한 재정체제가 건립되었다. 그러나 10년 건설기간 동안 재정상황은 이상적이지 못했다. 그러한 문제점은 네 가지 면에서 볼 수 있다. 먼저 재정적자가 많았다는 점이다. 1927~1937년 사이에 재정적자는 모두 43.6억 위앤에 달했다. 또 내부적으로도 외부적으로도 채무가 많았다는 점이다. 10년간 모두 내채만 23.2억 위앤을 발행했다. 다음으로는 세수가 많았다는 점이다. 세수가 평균 실제 수입의 85.3%를 차지했다. 세수는 주로 관세, 염세, 통일세(統一稅) 등 세 가지로 나뉘었다. 끝으로 군비지출이 많았다는 점이다. 실제 지출의 40% 좌우를 차지했던 것이다.

둘째로는 세제개혁을 실행했다. 중국 세제가 혼란하게 된 것은 중국 경제가 정상적으로 발전하지 못한 중요한 원인의 하나였다. 국민정부가 성립한 후 즉시 세제 개혁에 착수했다. 세제 개혁의 주요 내용은 관세의 자주, 염세의 정돈, 통일세의 건립 등 세 가지였다. 관세의 자주는 국민정부의 대외관계에서 견지한 주요 원칙으로서 낡은 조약을 폐지하고 새로운 조약을 체결하여 서방 열강들로 하여금 중국의 관세 자주를 일부 승인토록 했다. 동시에 수입 관세를 여러 번 올리고 수출 관세를 내리는 조치를 취해 관세 수입을 증가시켰다. 염세정돈(鹽稅整頓)의 주요한 조치는 염정(鹽政)을 개혁하고, 염장(鹽場)을 정돈하며, 염세를 통일시킨 것이었다. 1932년 염세를 세 가지로 병합하기로 결정했다. 즉 정세, 판매세, 부가세 등으로 병합한 것이다. 통일세를 창설한 것은 국민정부가 1931년에 책정한 세의 한 종류로서 담배, 밀가루, 면사, 석냥, 시멘트 등 공업제품에 한해 징수하는 공장 도매가에 대한 세수였다. 전국은 1936년에 20개의 성에서 통일세를 실행했다. 세제개혁을 통해 국민정부의 세수는 1928년의 259.3만 위앤에서 1936년에는 1057.3만 위앤으로 증가했다.

셋째로 금융체계를 건립했다. 국민정부가 성립한 후에 우선 봉착하게 된 임무는 금융체제를 완벽하게 건립하는 것이었다. 국민정부는 중앙은행, 중국농민은행, 우정(郵政)저축국, 중앙신탁국을 건립하여 중국은행, 교통은행을 개조하고 확건하였으며, 초보적이나마 은행금융에 대한 국가의 통제를 실현했으며, 일련의 완벽한 현대금융체계를 건립했다. 중앙의 네 은행은 모든 은행에서 독점적 지위를 차지했고, 1936년 이 네 은행의 실제 자본은 전체 금융업의 42%를 차지했으며, 자산총액은 59%를 차지했고, 예금액은 59%를 차지했으며, 순익금은 44%에 이르렀다.

넷째로 화폐개혁을 진행했다. 중국 근대의 화폐제도는 각종 제도 중 가장 혼란스런 제도였다. 화폐를 통일하는 것은 공상 각계의 강렬한 소원이면서, 또한 경제 발전의 절박한 요구이기도 했다. 국민정부는 건립 후 즉시 화폐개혁에 착수했다. 화폐개혁은 두 단계로 진행됐다. 첫 단계는 1932년 량(兩) 단위를 폐지하고 위앤(元)으로 고쳤다. 은량(銀兩) 제도를 폐지하고 은원(銀元)제도를 실행한 것이다. 두 번째 단계는 1935년 법폐정책(法幣制度)을 실행하여 은본위 화폐제도를 폐지하고, 법폐제도를 실행했다. 화폐개혁은 국민경제의 발전과 공상업의 번영을 촉진시켰다.

② 국가에서 경제자원과 기초시설을 통제하였다. 국가자본주의 공업화 건설에서 국민정부는 민생에 관계되는 중요한 경제자원과 중요한 기초시설, 그리고 중요한 산업부문에 한해서 엄격한 국가통제를 실행했다. 국가에서 이와 같은 영역에 통제를 실행한 목적은 국가 현실의 조화와 경제실력의 약화를 방지하는 것을 확보하기 위한 것이었다. 또한 국가에서 공업화 건설을 가속화 하는 정책과 전략이 순조롭게 실시되는 것을 확보하기 위한 것이었다. 발전도상의 국가상황을 살펴볼 때 중요한 경제자원과 기초시설 및 산업부문에 한해 어느 정도 달리 국가에서 통제하든가 국유화 정책을 실행하는 것은 하나의 기본 준칙이 되었던 것이다.

중요한 경제자원에 한해 국가통제를 실행하는 것은 1930년에 통과한 「광업법(鑛業法)」에 잘 나타난다. 「광업법」은 "중화민국 영역 내의 모든 광산은 모두 국유이며, 광산 발굴권을 취득하지 않은 자는 일률적으로 채굴하지 못한다"고 규정해 놓았다. 이 법에 적용되는 광산은 50여 종에 달했다. 제9조에는 또 "철광, 석유광, 동광, 코크스 제련에 적합한 탄광은 국가에 귀속시켜 국가에서 자체 채굴한다"고 규정해 놓았다. 그리고 기타 다른 광산도 "농광부(農鑛部)가 보류할 필요가 있다고 인증할 때면 구역을 확정하여 국가 보류구역으로 정해놓고, 인민들은 채굴할 권리가 없다"고 규정했다. 통계에 의하면 1930~1936년 사이에 실행부(實幸部)에서 구역을 국영광업권 지역으로 설정한 곳은, 철광이 14곳, 강철광이 2곳, 석유광산이 3곳, 천연가스가 2곳, 코크스 제련탄광이 6곳, 텅스텐 광산이 6곳, 안티몬 광산이 1곳이었다. 항일전쟁 후 국민정부는 이런 전략적 물자자원에 한해서 더욱 더 엄격하게 통제를 실행했다.

중요한 기초시설에 대한 국가 통제는 집중적으로 교통운수업 영역에 반영되었다. 10년 동안의 경제건설시기에서 국민정부는 교통운수업을 국가 투자의 중점 대상으로 정하고 전략산업으로 육성 발전시켰다. 국가에서 자금을 조달하여 철로, 공로, 항운 및 항공사업의 건설을 순조롭게 진행시켰다. 교통운수업의 발전은 국민경제 기타 부문의 발전을 촉진시켰다. 예를 들면, 국민정부는 1928년 철도부를 설립하고 철로건설을 경제건설의 중점으로 정하여 우선적으로 발전시켰다. 짧디 짧은 10년 동안 철로를 3,795㎞나 건설했다. 그리하여 중국 철로(동북 3성은 포함하지 않음)는 11,700㎞나 되었다. 1937년 전국의 공로망(公路網)이 기본적으로 형성되었으며, 간선 21갈래, 지선 15갈래로 구성된 공로망의 총 길이는 10만㎞나 되었다.

공상희(孔祥熙像)의 모습

중요한 산업부문에 대한 국가의 통제는 주로 국가자본 공업방면에 집중되었다. 1928년 공상부 부장 공상희(孔祥熙)는 국가자본공업을 건설하는 방안을 제시했다. 이 방안에 의하면 강철, 기계, 수력발전, 방직, 화학공업, 제염, 제지 등 공업을 정부에서 창설하는 범위에 망라시켰다. 1936년 국민정부 자원위원회에서 「중공업 5개

년 건설기획」을 책정했는데 이 기획에 따르면 총 투자액이 2.7억 위앤이나 되며, 국가에서 중공업, 광산, 공장 등의 기업을 건설하고 경영하게 되어 있었다. 이로써 광산 채굴, 야금, 기계, 화학공업, 전기를 주체로 하는 국영중공업 발전체제가 확립되었던 것이다. 그러나 항일전쟁이 폭발하는 바람에 이 기획은 좌초되고 말았다.

③ 중화학공업 전략을 확정하고 공업화 발전을 가속화 했다. 중화학공업의 상황은 한 국가의 공업화 수준을 표시해 준다. 중화학공업은 보통 자본과 기술이 밀집된 산업으로서 한 국가의 공업화가 높은 단계에 도달했을 때 출현하며, 점차 이 분야가 경제를 주도하게 되는 분야이다. 1929년 국민당 제3차 대회에서 통과한 「훈정시기(勳政時期) 경제건설 실시요강 방침」은 강철, 석탄 등 기본공업을 "국가의 강력한 물질 기초로 건설"하는데 아주 중요한 위치에 놓이게 했다. 1937년 국민당 제5차대회 중앙집행위원회 제3차 회의에서 통과한 「구국대계촉진안(救國大計促進案)」은 기본공업 건설, 이를테면 강철, 기계 석유, 비행기, 자동차 등 중공업을 "경제건설의 근본이며 국방건설의 기초"라고 규정했다. "이렇게 하지 않는다면 군사나 경제는 독립할 수 없다"고 인식했던 것이다.

중화학공업은 중국 경제에서 가장 빈약했던 부분이었다. 남경국민정부가 성립하기 전에 중화학공업은 비록 어느 정도 발전하고 있었다고는 하지만, 근대 공업에서 차지하는 비중은 5/1도 안 되었다. 말하자면 이제 금방 걸음마를 떼는 단계에 처해 있었다고 말할 수 있었다. 이와 같이 낙후된 경제구조를 변화시키고 중화학공업을 발전시키는 일은 중국의 공업화를 실현하는 가장 중요한 분야였으며, 국민정부가 이 시기 중화학공업에 대해 국가에서 중점적으로 투자하고 중점적으로 발전시키고자 하는 분야였다. 1933년 국민정부는 「중공업 5개년 건설기획」을 확정했다. 이 기획은 8,000만 위앤을 투자하여 중앙강철공장 등 중공업 항목을 발전시키기로 기획한 것이었다. 1935년 3월 국민정부는 국방설계위원회를 자원위원회로 고치고 정부에서 국방자원을 조사하고 기본적인 공업건설을 진행하는 관리기구로 정했다. 그리고 이 부문을 군사위원회에 귀속시켰다. 자원위원회는 성립초기부터 기본적인 공업건설을 적극적으로 추진했다. 자원위원회는 「국방공업 3개년 기획」을 책정하여 강서, 호남, 호북 등을 기본 공업구로 선정하고, 이들 지역에서 60여 개의 생산과 관리기구를 설치했다. 이와 동시에 중공업 발전기획도 제정하여 야금 등 5개 부문을 중점적으로 발전시켜야 할 업종으로 정하고 2.7억 위앤을 투자한다는 기획을 책정했다.

이 10년 동안 강철공업, 기계공업과 전자공업, 전력공업 및 화학공업이 기초적인 발전을 가져왔는데, 당시 심각할 정도로 낙후되었던 중국 중공업의 국면을 어느 정도 변화시켰다.

기타 농업, 상업, 대외무격 등 영역에서도 국민정부는 필요에 따라 일련의 정돈, 개조, 건설에 관한 정책, 조치 등을 제정하여 또한 일정한 효과를 얻을 수 있었다. 그러나 앞에서 말한 몇 가지 분야와 비교하면 부족한 점이 많았던 것을 인정하지 않을 수 없다. 그 중 농촌과 농업영역의 조치는 그 어떤 효과도 가져오지 못했다. 1927~1937년 사이에는 중국의 자본주의가 가장 빨리 발전했던 한 시기였다. 통계에 의하면 중국 산업자본은 1920년의 23.7억 위앤으로부터 1936년에는 82.1억 위앤으로 증가되었(1936년의 숫자는 동북지역이 포함되지 않은 통계임, 이하 같음)는데, 이는 2.5배가 증가한 것이었다. 그 중 본국의 자본은 7억 위앤에서 17.8억 위앤으로 증가하였는데, 이는 1.5배가 증가한 것이었다. 외국자본은 16.7억 위앤에서 64.3억 위앤으로 증가 되었는데, 이는 2.9배나 증가한 액수였다. 1936년 중국 공농업의 생산 총액은 약 306.12억 위앤이었으며, 그 중 공업과 광산업의 생산치가 106.89억 위앤으로 34.9%를 차지했다. 근대공업(광산업을 망라해서)의 생산치는 33.19억 위앤으로 공농업 생산 총액의 10.8%를 차지했다. 이는 1920년에 겨우 4.9%를 차지하던 것과 비교할 때 매우 높아졌음을 알게 해준다.

(2) 8년간의 항전시기

중국인들은 평화를 사랑하는 사람들이다. 근대이래 중국인들은 한 차례의 침략전쟁도 도발하지 않았으며, 타국의 토지를 한 치도 약탈하지 않았다. 중국인들은 평화와 발전의 환경을 진심으로 희망했으며, 일심전력하여 자국을 건설할 것을 희망했다. 그러나 제국주의는 중국의 평화를 허락하지 않았다. 중국이 발전하는 것을 좋아하지도 않았다. 1937년 부터 전 중국을 정복하고자 도모해 오던 일본제국주의가 결국 공공연히 침략전쟁을 일으켰던 것이다. 전쟁의 재난은 또 한 차례 중국인들의 머리 위에 떨어지고 말았다.

노구교에서 일본 침략군을 저지하는 중국군인들

국민정부는 전쟁이 일어나는 것을 반대했다. 국민정부는 그러나 일본 군대가 중국에서 빈번하게 도발해 오는 것을 보면서도 그저 참고 견디면서 양보하는 정책으로써 평화를 유지하고자 했다. 항일전쟁이 폭발할 때도 국민정부와 장개석은 여전히 전쟁은 뒤로 미룰 수 있다고 인식하고 경제와 군사 등 방면에 필요한 항전준비를 촉구하지 않고 있었다. 전쟁이 발발하자 그때서야 허겁지겁 응전하기 시작했다. 1937~1945년까지 8년 동안 국민정부는 국가자본주의 경제발전 전략을 추진하는 한편, 전쟁의 수요에 맞춰 경제를 발전시키는 방향으로 정책을 조정했다. 전략적 자원과 전략적 물자를 일률적으로 통제하고 군사공업을 특별히 발전시키면서 전시경제체제로 전환할 것을 재촉하였다. 당시 상황을 정리하면 다음과 같다.

① 국민경제를 조정하고 전시경제체제를 확립했다. 1938년 3월 국민당 임시전국대표대회는 「항전건국강령」과 「비상시기의 경제방안」을 통과시켰다. 이로써 정식으로 전시 경제체제로 넘어가기 시작했다. 경제건설은 전시라는 특수 상황에 맞춰 군사를 중심으로 하고 계획경제를 실행해야 했으며 전시 생산을 확대하는 대책을 세웠다. 항일전쟁의 필요성에 따라 공업, 농업, 교통, 상업, 무역, 금융 등 부문을 모두 조정했다. 국민경제 조정 8조 원칙과 전시경제로 넘어가는 구체적인 방침과 과정도 확립했다. 1941년 3월 국민당 제5차 8중 전회는 「적극적으로 인력, 물력, 재력을 동원하여 전쟁 경제체제를 확립하는 것에 관한 방안」이라는 결의를 통과시켰다. 이 방안은 전국에 "지금 국가가 전시에 처해있으며 이 시기에 우리의 경제가 얼마나 오래 지탱하는가 하는 문제는 최후 승리의 관건이다"라고 호소했다. 이러한 목표와 요구를 실현하기 위해 「전시경제체제 기본강령 10조」를 채택했다. 그 목적은 국민들이 "군사제일과 경제국방화의 기본 신념을 수립하고 전시 경제체제를 실현시키는 방침을 확립하기 위한 것"이었다.[120] 1941년 12월 태평양전쟁이 발발함과 더불어 중국에서의 전쟁이 확대되게 되었고 이와 같은 형세에 따라 국민정부는 전국의 항전역량을 총동원하는데 힘을 기울였다. 이듬해 12월 국민당 제5차 9중 전회에서는 「국가 총동원을 강화하는데 대한 실시 강령 방안」을 채택했다. "현대전쟁은 국가의 총 국력을 동원한 결투로서 전국의 한 사람까

120) 秦孝儀主編, 『中華民國經濟發展史』, (台北)近代中國出版社, 1983年版, 第612頁.

지 총집결하여 이를 엄밀하게 조직하고 합리적으로 운용하여 하나의 강하고 건실한 전투체계를 형성하여 강대한 전투력을 유지토록 하며 이를 통해 전쟁을 승리로 관철시켜야 한다"[121]고 선언했다. 이것은 총동원령이며 이로써 전시경제체제가 확립되었다는 것을 표명한 것이었다.

② 전략물자를 통제하고 전시 경제체제를 확립했다. 전시의 경제 통제란 국가가 전쟁을 진행하기 위한 필요성에 따라 정권의 힘을 빌어 국민경제와 인민생활에 직접 관여하고 통제하는 임시적인 조치였다. 이것은 전쟁기간 중 필요한 군사 기계의 대량 소모와 인민생활의 기본 수요를 확보하기 위한 것이었다. 항일전쟁이 폭발하자 국민정부는 전시 경제통제를 실행하기 시작했다. 「적 화물의 유통을 금지시키는데 관한 조례」, 「적 화물 운송을 금지하는데 관한 조례」, 「비상시기 물가 책정과 투기 조종을 조사하는데 관한 방법」, 「비상시기 중요한 일용품의 투기와 매점매석을 조사하는데 관한 방법」, 「물가 통제를 강화하는데 관한 방법」 등 많은 법규를 반포했다. 이로써 국민경제의 전시 통제롤 실현하려고 했던 것이다.

전시 통제에 포함된 물품은 사회생산 및 인민생활과 긴밀하게 연관된 모든 물품이 망라되어 있었다. 의식주에 필요한 일용품으로부터 철물 광산 등이 모두 포함되었다. 첫째는 전시 식량을 통

121) 榮孟源主編, 『中國國民党歷次代表大會及中央全會資料』(下), 光明日報出版社, 1985年版, 第745頁.

제했다. 1941년부터 1945년까지 26,011.5만 섬에 달하는 식량을 마련하여 조달했다. 둘째는 전시기간 중 면화와 견사를 통제했다. "면화를 통제하여 면사를 통제하고, 면사를 통제하여 면포를 통제하고, 면포로써 가격을 통제한다"는 정책을 제정하여 엄격하게 공장 생산과 상업적 유통을 통제했으며, 면포를 평가(平價)하여 정량으로 분배하는 제도를 실행했다. 셋째로는 전시 공업기재에 관한 통제였다. 국민정부는 1942년 공업기재에 대한 부분적인 통제를 전면 통제로 전환시켰다. 넷째로는 전시 대외판매 물자를 통제했다. 국민정부는 전시 대외판매물자를 통제했는데, 주로 특종 광산과 지방 특산품이 망라되어 있었다. 전시 통제를 실행함으로써 항일전쟁 중 각종 전략물자의 공급을 확보할 수 있었다.

③ 경제적 곤란을 극복하고 후방 공업교통사업을 건설했다. 항일전쟁 초기 일본 침략군은 전 중국 경내로 쳐들어 왔다. 중국과의 전쟁에서 속전속결하려는 방식으로 전쟁을 끝내려고 했던 것이다. 북평(북경), 천진, 상해, 남경, 무한, 광주 등이 전후하여 함락되었다. 그러자 국민정부는 중경으로 천도했다. 비상 경제상황에서 항일전쟁을 견지하기 위하여 국민정부는 대 후방을 건설하기 시작했던 것이다. 대 후방 건설은 다음 몇 가지 사업으로 설명할 수 있다.

첫째 공장과 광산기업을 내지로 이전시켰다. 국민정부는 1937년 7월에 공장의 내지 이전을 결정했다. 이 프로젝트는 자원위원회에서 추진했다가 후에 공장광산조절위원회에서 책임지게 되었다. 내지 이전의 목적지는 주로 중경이었다. 1937～1940 공장 광산조절

중국을 침략한 일본군이 중국의 어느 해안에 상륙하는 모습

위원회는 448개 공장을 이전시키는데 성공했고, 이전한 기계자재는 무려 70,991톤에 달했으며, 기술 노동자는 12,164명이나 되었다. 내지로 이전한 공장에서 사천으로 이전한 것이 254개이며, 호남으로 이전한 것이 121개이며, 섬서로 이전한 것이 27개, 기타 다른 곳으로 이전한 것이 23개였다. 내지로 이전된 공장은 비교적 짧은 시일 내에 재생산에 투입되었다. 이는 항일전쟁을 위해 제때에 지원을 가능하게 했을 뿐만 아니라 대 후방 경제의 발전을 전격 지원하게 했다. 이러한 상황은 객관적으로 볼 때 중국의 산업분포를 더욱 합리적인 방향으로 전개되는 결과가 되었다.

둘째 후방에 중화학공업과 국방공업을 건설하여 전쟁의 수요를 만족시키도록 했다. 대후방의 공업건설은 주로 중화학공업과 국방공업에 집중되었다. 광산 채굴, 야금, 기계, 화공, 에너지, 교통기

자재와 의약공업 등이 총 망라되어 있었다. 광산 채굴업에 관해서는 일련의 관리방법도 반포했다. 즉 한편으로는 서남지역의 원유광산을 국유로 만들었고, 다른 한편으로는 내지로 기계를 이전시켜 서남 각 광산의 생산을 촉진케 하여 채굴 능력을 향상시켰고, 광산품 생산량을 증가시켰다. 전력공업 방면에서는 낡은 발전소를 수리 복원하여 정리했고, 새 발전소를 대대적으로 건설했다. 1945년 새로 건설한 발전소는 19개 공사의 27곳이나 되었다. 발전량은 1937년의 5,992.2만 도(度)에서 19,669.5만 도에 달했다. 강철공업은 정부가 서남지방에다 투자하여 일련의 소형 강철공장을 건설했는데, 8년 동안 생산한 강철 생산량은 45,264톤이나 되었다. 철 생산량은 41.3만 톤에 달했다. 기계공업은 정부의 지원과 군공(軍工)의 수요 등에 자극 받아 비교적 빨리 발전했다. 이는 후방 공업의 주된 중심이 되었다. 기계공장이 가장 많은 때는 948개가 있었으며, 405개 철물공장이 있었다. 기계공장의 자본은 83,939만 위앤이나 되었다. 화학공업 분야는 대 후방에서는 전무하였었는데, 내지로 이전한 공장의 기술과 설비로 인해 내지에서 생산을 가동하기 시작했다. 1938~1944년 동안 유산 3,346톤, 염산 1,536톤, 소다류 16,640톤을 생산했다. 기타 시멘트공업, 방직공업, 성냥공업 등도 매우 어려운 환경에서 어느 정도의 발전을 이룩할 수가 있었다.

셋째 교통운수 방면으로 선로를 건설하여 서남지역의 교통 운수망을 기본적으로 형성케 했다. 항전 이전 서남의 교통 운수사업은 매우 낙후되어 있었다. 이는 이곳의 경제발전을 제약하는 중요한 장애 요인이었다. 그러나 항전이 발발되자 중경과 각 대 전쟁구역의 연계를 하루 빨리 원활하게 소통시키고, 중국과 버마(미얀마), 인도 등지의 전쟁지역 수요에 따라 국민정부는 각 가지 조치를 취해 교통운수 건설을 강화했던 것이다. 새로 건설한 철로가 1,955㎞이며, 철로를 측량한 것이 5,814㎞였다. 공로의 건설은 「신축과 개선 병행」이라는 방침을 실시하여, 중점적으로 국제교통선과 서남 서북간의 연결선을 건설했다. 주요 국제 공로선으로는 운남과 버마를 잇는 선로, 귀주와 베트남을 있는 선로, 운남과 베트남을 잇는 선로, 감숙과 신강을 잇는 선로, 중경과 신강을 잇는 선로를 건설했다. 1937년~1945년 사이인 8년 동안 교통운수 건설에 투자한 총액은 718.7억 위앤이나 되었다. 8년 동안 새로 건설한 공로는 11,675㎞였으며, 수리한 공로는 88,901㎞나 되었다. 항공운수 방면에서도 중국과 유럽의 두 항공공사를 사천과 운남으로 이전시킨 후 계속해서 국내선과 국제선을 개통시켰다. 1939년 중소(中蘇)항공공사를 설립하여 소련의 원조물자를 운송토록 했다. 기타 방면의 운수방식도 이 시기에 비교적 큰 발전을 이룩했다.

이상에서 살펴보았듯이 10년간의 건설시기와 8년 동안의 항전시기에, 국민정부는 적극적으로 자본주의 경제 발전을 추진했으며, 공업화 전략을 추진했다. 그리고 그에 버금가는 성과를 이룩했다. 그러나 지적하지 않으면 안 될 것은 이 기간 동안에 국가자본의 성질이 명확하게 변질되었다는 점이다. 즉 일반적인 국가자본이 독점적 국가자본으로 탈바꿈했다는 점이다. 국가독점자본은 1940년대 전반까지 현대적 경제부분과 모든 국민경제를 거의 모두 완전히 통제했다. 이에 영향을 받은 중국 자본주의 경제는 너무나 일찍 궤멸의 길로 진입하게 하여, 중국경제를 발전시킬 수 있는 가능성을 상실토록 하였다. 국가독점자본경제는 항전 후 국민정부가 궁여지책으로 내놓아야 했던 군국주의를 걷는 중요한 경제적 기초가 되었다.

2) 곤란이 가중되는 민영자본의 운영체계

1920년대 후반부터 전국이 해방되기 전까지 민영자본주의 경제는 극히 사회적, 정치적으로 문란한 가운데 바람 앞 등잔불처럼 위태롭기 그지없어 발전이라는 말을 떠올리기조차 어려운 상황이었다. 제1차 세계대전 기간과 전후 잠시적으로 있었던 민영자본의 발전 국면을 다시 재현하지는 못했다. 동북지방은 일본이 점령한 지역으로서 일본 자본과 만주국 자본이 공상 각 업종을 독점했고, 중국의 민영 개인자본이 투자한 기업은 일제의 압력으로 인해 유지하는 것조차 힘들어 대부분 부도가 나지 않으면 파산하였다. 그 중 일정한 규모를 갖추고 있던 기업도 거의가 다 일본자본에 잠식되든가 통제를 받아야 했다. 국민정부 통치지역에서는 국가자본주의 전략을 실시함과 더불어서 국가독점자본이 팽창하게 되면서 민영자본주의 경제는 마찬가지로 순리롭게 발전하지 못했다. 민영자본의 투자영역과 업종은 엄격하게 제한되었으며, 국가자본이 독점한 부문과 업종은 반대로 계속 증가하였다. 이들 틈에서 성장한 민영자본주의 경제는 기약할 수 없는 운명으로 앞길이 거의 막혀 있었다. 민영자본과 국가 독점자본의 충돌은 날로 심각해져 갔다.

이러한 상황에서 그나마 발전하고 있었던 국민당 통치지역에서 민영자본의 상활을 다음과 같이 고찰해 보고자 한다.

국민정부의 10년 건설기간 중 민영자본은 총체적으로 말해서 어느 정도 발전을 가져오기는 했다. 1921년부터 1936년까지 민영공업자본은 해마다 7.53%씩 증가했다. 1936년 민영공업 자본은 동북지방을 포함하지 않고도 총액이 14.48억 위앤에 달했다. 이는 같은 해 국가자본의 4.3배나 되는 액수였다. 그러나 민영공업자본 부분은 1930년대의 증가율이 20년대에 비하여 매우 작았다. 1930년대 중국 민영자본의 발전에 영향을 준 요인으로는 전쟁과 정국의 변화가 가장 중요했다. 특히 1931년 동북지방이 함락되면서 경방직업의 15%나 되는 시장을 상실하게 되었다. 외국상인들이 중국에 건립한 기업도 커다란 압력이었다. 나날이 많아지고 강대해지는 외국인 기업들은 독점형 경쟁, 특히 1929년부터 1933년까지 세계적인 경제위기의 충격파가 1931년 가을부터 중국 민영자본경제에게 심각한 타격을 주었다. 세계적인 경제위기는 비록 뒤늦게 중국에 영향을 가져다주었지만 이러한 충격 하에서 물가는 끝없이 추락했고 환율은 천정부지로 올라 수출이 급격히 감소했고 백은이 대량으로 외국으로 흘러 나가자, 많은 공상기업들이 줄줄이 문을 닫게 되었다. 통계에 따르면 상해의 공상기업 중 부도가 난 것이 1,065개나 되었다. 전국 각 업종의 민영자본 상황도 이와 비슷했다. 특히 국제시장에 대한 의존도가 큰 업종들은 무역조건이 악화되면서 치명적인 타격을 받았다. 예를 들면, 1930~1936년 동안 면사공장은 겨우 6개만 새로 증설되었으며, 연간 방사기 증가수는 6만 정(錠)도 안 되었다. 기계제분공장도 189개로부터 152개로 줄

어들었으며, 상해, 광동, 무석(無錫)의 기계 방직업도 281개에서 147개로 감소되었다.

항일전쟁시기 민영자본주의 경제는 항전을 지원하고 서남을 개발하기 위하여 커다란 공헌을 했다. 그러나 국민정부는 전시경제 통제를 실행해야 한다는 빌미로 국가독점자본을 확장했고 이에 영향을 받은 민영자본 활동은 여러 가지로 제한을 받았다. 통계에 의하면 대후방의 공업자본 중 국가자본은 51.8%를 차지했고, 민영자본은 48.2%를 차지했다. 주요 제품의 생산치를 보면, 민영자본 공업이 차지한 비중은 1938년의 78.8%에서 1944년에는 46.3%로 급감했다. 1947년부터 1948년까지의 민영공업자본은 전쟁 전인 1936년 수준의 78.6%밖에 회복하지 못했다. 제품의 가치는 전쟁 전의 화폐가치로 계산할 때 14.85억 위앤에 불과했다. 그러나 국가 독점자본은 전쟁 전보다 1.8배나 증가했고 전쟁 전 화폐로 15.99억 위앤에 달했다. 8년 동안 민영공업자본의 발전은 매우 불균형했다. 1938년~1942년 사이에 민영공업자본의 발전은 해마다 11.4%씩 증가하였는데, 1942~1945년에는 평균 12.8%나 되었다. 마이너스 증가가 연속해서 이어진 것이다. 1938~1949년까지의 평균 증가 속도는 겨우 0.3%에 불과했다. 대 후방 민영자본경제가 쇠락하게 된 직접적 원인은 첫째, 악성 통화팽창의 파괴성적 결과였고, 둘째, 국가독점자본이 실시한 물자의 통제였으며, 셋째, 국가독점자본이 민영자본에 대한 탈취와 압박이었다. 중국 자본주의의 경제발전은 국가자본과 민영자본이 공동으로 발전시켰지만, 국가자본이 국가독점자본으로 변색되자 민영자본의 앞길은 완전히 막혀버리고 말았다. 자본주의를 발전시키는 길은 중국에서 사실상 이미 성공할 희망이 없게 되었던 것이다.

3) 일본의 중국에 대한 식민통치와 약탈

근대 중국은 제국주의의 '낙원'이었다. 중국에서 제국주의자들의 온갖 악행은 나날이 가중되어 갔다. 그들은 중국에서 마음대로 종횡무진하면서 중국의 주권은 전혀 생각지도 않은 채 비리를 저질렀다. 이들 제국주의자들 중에서도 가장 제국주의적 행위를 저지른 것은 바로 일본제국주의였다.

일본제국주의는 중국을 침략하려는 야심을 일찍부터 가지고 있었다. 메이지 정부시기 일본은 전력을 다해 동방의 유럽으로 부상코자 꿈꾸고 있었다. 동방의 프랑스로 자리매김하고자 했던 것이다. 청일전쟁은 일본이 중국의 대만성을 점령토록 했으며, 대만에 대한 식민통지를 50여 년간 유지하였다. 일본은 또한 중국으로부터 백은 2.3억 량이라는 거액의 전쟁 배상금을 얻어 갔다. 당시 인구가 겨우 4,155.7만밖에 안 되는 일본에게 있어서 이러한 배상금은 공중에서 금맥이 떨어진 것과 다를 바 없었다. 일본은 이때부터 군사대국인 군국주의의 길을 걷기 시작했다. 동북 3성을 점령하고 전 중국을 정복하는 것이 일본 군국주의자들의 미몽(迷夢)이었다.

1931년 일본 침략자가 9.18사변을 일으키고 공공연하게 군사력을 동원하여 동북 3성을 점령했다. 일본은 일찍부터 동북 삼성을 점령하려는 야심을 품고 있었다. 전범인 이다가키 소시로(板垣征

四郞)는 일찍이 사변이 일어나기 전에 “만몽은 제국의 국방과 국민의 경제생활에 매우 큰 관계가 있다”, “만몽의 자원은 매우 풍부하다. 국방자원에서 없어서는 안 될 모든 자원이 이곳에 다 있다. 이는 제국의 자급자족 정책에 있어서 절대로 필요한 지역이다”라고 공개적으로 동북지방을 점령하려는 의사를 표시한 바 있다. 그는 또 “이곳에 제국의 국방 제1선을 두어야 한다”고까지 말했었다. 1937년 일본이 위만정부에 책정한 「주요산업 5개년 계획」에는 “일본, 만주, 중국이 제휴하여 일본과 만주 그리고 화북에서 중요한 자원을 획득하는 것은 서로의 국력을 비약적으로 발전시킬 수 있을 것이며, 안정된 동아시아의 실력을 구축할 수 있게 될 것이다”라고 밝혔다. 1938년 11월 일본 어전회의에서 “일본, 만주, 중국은 동아시아의 새로운 질서를 건설하는 것을 이상으로 하여 친선적인 상호 결합을 추진하여 동아시아 평화의 축을 형성시키는 것을 공동의 목표로 삼아야 한다”고 제시하기도 했다. 1939년 확정된 일본의 대외경제정책 대강은 “일본, 만주, 중국을 포함하는 경제권 내의 자급자족을 추진하고, 목전의 국제형세에 부합시켜 전후의 상황에 부합되는 제국의 신경제정책을 수립해야 한다”고 제시하였다. 1942년 1월 일본 수상 도조 히데키(東條英機)는 일본이 대규모 전쟁을 일으키는 것은 “대동아 공영권을 건설하는 대사업으로서 이 일에 매진하는 것”이며 그 목적은 “제국을 중심으로 하여 공존공영의 질서를 확립하는 것”이라고 공공연하게 외쳐댔다. 2월 일본은 또 “제국의 자원권은 일본, 만주, 중국과 서남 태평양지역 등을 포함하며, 이 지역 내에서 생산자급을 확대하고, 호주와 인도 등지는 이 자원권을 보충하는 권역이 될 것이다”라고 결정했다.[122] 이상에서 인용한 자료를 통해 우리는 일본제국주의가 일찍부터 중국을 침략하는 전쟁을 일으키려고 꿈꾸고 있었다는 사실을 알 수 있을 것이다. "공업일본, 농업중국' 은 일본이 확립한 중일 경제관계의 기본구조였다. 동북 3성을 점령하고 전 중국을 통괄하는 것은 일본 제국주의의 기본 국책이었던 것이다. 이는 요시다 시게루(吉田茂)가 말한 것처럼 "일본의 소장파 장교와 사병들은 1929년 세계경제 위기의 영향 하에서 일본 농촌이 날로 빈곤하게 되자, 이 곤경을 해결하는 극단적인 방법을 취한 것이다"[123]라는 말로 얼버무려 넘어갈 일이 아니었다.

20세기 초부터 일본제국주의는 중국에 대한 경제 침략을 강화해 왔다. 1914년 일본의 재중 투자는 겨우 2.9억 달러였으며, 이는 영국, 러시아, 독일보다 적은 숫자였다. 1930년 중국에 대한 투자는 일약 14.11억 달러로 급증하여 수위를 차지했다. 1936년에는 20.96억 달러로 증가되어 기타 다른 열강들의 총투자 액과 비슷했다. 1937년 77사변(중일전쟁)이 일어난 후 일본은 대중 투자를 더욱 확대하고 중국을 통제했다. 특히 동북 3성의 경제를 완전히 통제했다. 1937~1944년 사이에 일본의 중국에 대한 총투자 액은 3배나 증가하여 68억 달러에 달했는데, 그중 동북 3성에 대한 투자액은 57.4억 달러였다. 일본은 중국을 침략하는 전쟁 중 중국의 경제에 대한 침략과 약탈을 통해 다음과 같은 몇 가지 특징을 나타냈다.

첫째, 동북 3성을 완전히 일본의 식민지로 전락시켜 식민통치와

122) 이상 자료는 모두 『日本帝國主義對外侵略史料選編 1931~1945』, 上海人民出版社, 1975年版에서 인용.

123) 吉田茂, 『激蕩的百年史』, 世界知識出版社, 1980年版, 第37頁.

만주국 황제 부의(溥儀)의 모습

약탈을 감행했다는 점이다. 1932년 3월 일본은 폐위된 청나라 황제 부의(溥儀)를 부추겨 괴뢰정권을 건립했다. 새로 건립된 위만(僞滿)정부는 "중국의 중앙정부를 이탈하여 독립한다"고 결정했다. 일본이 나서서 '만몽의 치안"을 유지하고, "만몽지역을 제국의 러시아에 대한 국방의 제1선으로 정한다"고 규정했다. 6월에 책정한 「만주국 지도 강요」(초안)에는 "제국은 만주국에 대한 국책으로써 문치기관을 별도로 두지 않고 관동군이 그 책임을 담당하며, 다만 문치를 실시하는 과정에서 신국가가 독립국이라는 것만은 지켜줄 것이다. 그러나 만주국이라는 명의 하에서 일본인 관리를 통해, 특히 총무장관을 통해 실현할 것이다"라고 규정했다. 1934년 일본은 자만심에 빠져 "만주의 현실상황은 관동군의 위력을 떠나서는 아무런 효과적인 조치도 수행하지 못한다"124)라고 떠들어 댔다. 일본은 위만정권의 정치, 경제, 군사적 대권을 확고히 장악했고, 그 결과 동북 3성은

일본이 만주국에 건립한 비행기 제조공장

일본의 식민지로 전락되어 경제적으로는 일본의 부수적 시장이 되고 말았다. 그 후 일본은 왕정위(汪精衛)의 괴뢰정권을 조종하여 일본 식민통치의 도구로 삼았던 것이다.

둘째, 중국의 경제자원을 약탈하고, 특히 농업과 공업, 광산업 제품을 약탈하여 대규모 침략전쟁을 위해 지원토록 했다. 일본제국주의는 일찍부터 중국 동북지역에 손을 뻗쳤는데, 이는 동북의 풍부한 지하자원에 눈독을 돌였기 때문이었다. 농업자원에 한해서 일본은 '점지이민(占地移民)'과 '양곡출하(糧谷出荷)' 방식을 통해 광란적으로 약탈을 감행했다. 일본은 동북지역으로 100만 세대, 500백만 인구를 이민케 하여 토지 1,000만 정보(약 625만 헥

124) 『日本帝國主義對外侵略史料選編 1931～1945』, 第64, 65, 85頁.

터)를 점령하는 방대한 기획을 세워놓고 있었다. 그러나 항일전쟁의 승리로 일본은 이 목표를 달성하지는 못했다. 오로지 일본인 18만 세대, 55만 명만을 이민시킬 수 있었던 것이다. 동북 3성의 농산품을 엄격하게 통제하여 '출하', 즉 강제적으로 양곡을 수매약탈하는 방식으로써 대량의 곡물을 일본 국내로 운송해 갔다. 공업과 광산자원에 한해서, 특히 석탄, 강철, 석유 등에 대해서는 독점적 통제를 강행했다. 일본은 "접수', '수매' 등 방식으로 대량의 공업과 광산을 강점했다. 통계에 따르면 1940~1944년 동안 일본이 출하한 곡물은 3,330.8만 톤에 이르렀고, 1932~1944년까지 획득한 동북지역의 석탄량은 1.15억 톤에 달했다. 일본은 야만적으로 동북의 경제자원을 약탈하여 대규모 침략전쟁을 유지할 수 있었던 것이다.

셋째, 중국에서 공사를 독점하여 식민지와 점령구의 경제를 통제했다는 점이다. 일본 제국주의는 한편으로는 적나라하게 직접적인 약탈을 감행하여 중국의 경제자원을 통제했고, 다른 한편으로는 중국에 있는 독점공사를 통해 중국 점령구의 경제를 통제했다. 남만철도주식회사('만철'로 약칭함), 만주국중공업회사('만업'으로 약칭함) 등 소형 몇 대형 독점 공사는 동북 3성의 경제를 확고히 장악하였다. '만철'은 일본이 동북에서 가장 큰 독점기업의 하나였다. 원료공업으로부터 정밀기계 제조업을 망라한 트러스트조직으로서 동북의 채굴업, 강철업, 금속공업, 자동차공업 등 전 부문을 독점했다. 1945년 일본이 동북에 건립한 공장과 광산 등 기업은 무려 6,878개나 되었는데, 그 중 만철은 55개, 자본은 23.4억 위앤(만주국 화폐)이 되었으며, '만업'은 40개, 자본은 8,73억 위

연안 각계가 참석하여 거행한 항전 승리 경축대회

앤, 특수회사가 21개, 자본은 16.52억 위앤에 달했다. 준 특수회사는 19개, 자본은 1.53억 위앤이었다. 기타 중요 회사가 179개, 자본은 10.81억 위앤에 달했다. 이상에서 말한 314개 회사의 총자본금은 61.06억 위앤으로 모든 공사 자본의 86%를 점했다. 일본의 독점공사는 동북에서의 경제적 지위가 얼마나 강했는지 이로써 잘 알 수 있을 것이다. 관내에서 일본의 독점회사는 화북개발공사와 화중진흥공사였다. 전자는 화북지역에 있는 대부분의 광산, 석탄, 강철, 전력, 교통운수, 방직, 제분 등 전 생산부문을 독점했고, 후자는 주로 화중 각 성의 철로, 수력발전소, 항운, 전기통신 등의 업종을 독점했다. 일본의 재중 독점자본공사는 정치와 경제적 특권을 이용하여 중국기업과 재산을 대거 겸병하고 통합했으며, 이에 피해를 입은 대량의 중국 민영자본기업은 줄줄이 파산하고 말았다.

그런 중에서도 가장 악독했던 것은 일본 침략자들이 중국의 무고한 백성들을 마음대로 도살하고 인민재산을 약탈하고 도시와 농촌을 불바다로 만들었다는 점이었다. 일본 침략자들이 저지른 수많은 죄행은 중국인들에게 엄청난 재난을 가져다주었으며, 중국경제는 전례 없이 파괴되었다. 역사는 중국인이 피 흘리며 일제에 항전했던 사실을 잊지 않을 것이며, 역사는 또한 침략자의 죄행을 영원히 기억할 것이다.

8

중국현대화의 전도와 선택

중국현대화의 전도와 선택

1945년 중국인들은 드디어 항일전쟁에서 승리하였다. 이는 중국인들이 근 백 년 동안 제국주의 침략에 반대해 온 투쟁 중에서 얻어낸 가장 위대한 승리였다. 그러나 이 승리가 쉽게 얻어진 것은 아니었다. 이 승리를 얻기 위하여 중국인들은 피 흘려가며 8년 동안 고군분투해야 했다. 그렇기 때문에 장기적인 전화의 시련을 이겨 온 중국인들은 발전과 건설을 구가하는 평화의 시기를 누구보다 더 갈망했던 것이다. 그러나 엄연한 사실은 국민당 국가자본주의 공업화의 실행이 이미 파산되었고, 공산당이 영도하는 신민주주의 경제가 생기 있게 발전하는 과정에 있었다는 사실이었다. 중국의 전도와 운명에 관해서 국공 양당은 전연 다른 길을 선택했다. 역사는 중국인들에게 또 한 차례의 기회를 가져다주었으니, 바로 인민들로 하여금 중화민족의 전도와 운명을 결정하도록 한 것이다.

1) 중국은 어디로 갈 것인가? 국민당 통치구 경제의 붕괴

항일전쟁의 승리는 남경정부와 국민당 통치구역의 경제에 그다지 큰 활력을 불어넣어 주지 못했다. 전후 힘든 복구건설과 전쟁의 피해를 극복하고 국민경제를 회복시키는 역사적 임무 앞에 남경정부는 무력했으며, 뚜렷한 방책을 내놓지도 못했다. 비록 남경정부는 일제의 모든 재산을 거의 다 접수했지만 중국을 독립, 민주, 부강한 국가로 나아가게 하는 방안과 전략을 수립하지 못했던 것이다. 1946년 9월 경제부에서 접수한 공업, 광산 사업과 그 산하의 공사 총수는 3,255개나 되었다. 그 중에서 공장은 2,665개였다. 남경정부는 이들을 접수하면서 당시 가장 중요한 모든 공업부문과 공업기업들을 손에 넣을 수 있었다 그 중에서 제련 공업이 86개, 기계공업이 269개, 철물공업이 100개, 전기공업이 66개, 화학공업이 598개, 방직공업이 261개였다. 남경정부가 각 부문에서 접수한 일본의 공업과 광산기업의 총 가치는 20억 달러에 이르렀다.

남경정부는 실지를 수복하고 재산을 접수한다면, 국가 독점자본주의 공업화를 계속해서 수행해 나갈 수 있을 것이라고 생각했다. 그러나 역사는 남경정부에게 이미 이런 능력이 없을 뿐만 아니라, 또한 그러한 기회도 주어 지지 않을 것이라는 사실을 알려 주었다. 이와 같은 결론을 얻게 되는 데에는 다음과 같은 몇 가지 요인이 있기 때문이었다.

첫째, 항일전쟁 중 군사역량의 팽창은 남경정부로 하여금 평화를 짓밟는 준 군국주의의 길을 걷도록 했다. 전쟁 중에 건립한 400만에 달하는 방대한 군대와 100만 개가 넘는 일본군의 장비는 남경정부의 군사력을 전에 없는 수준에 이르도록 하였다. 남경정부는 기타의 정치역량과 평화적인 담판을 통해 평화를 이룩하려는 진의도 없었거니와 그렇게 할 의향도 없었다. 군사 역량만을 추구하고 군사적 수단만을 믿으려 한 것은 장개석의 일관된 신념이었다.

둘째, 국가자본주의 공업화를 진행하는 과정 중에서 필요한 정부의 참여가, 오히려 극단적인 정부독점으로 변하여 사회경제의 회복과 발전에 심각한 방해물이 되었던 것이다. 남경정부는 일제가 남긴 것들을 접수하고 또한 약탈을 통해 전에 없던 대량의 물자와 축적된 외환을 손에 쥐게 되었으며, 4행(行) 2국(局)과 많은 독점적 공사를 통해 사회경제 각 부문을 엄격히 통제했다. 자원위원회, 중국방직건설공사, 중국잠사공사 등이 그 좋은 예였다. 민영자본기업은 이러한 극단적인 독점 환경에서 생존하기란 너무도 어려웠기에 줄줄이 파산하고 말았던 것이다.

셋째, 남경정부는 점점 부패일로를 달리고 있었기에 장개석(蔣介石), 송자문(宋子文), 공상희(孔祥熙), 진립부(陳立夫) 등 4대 가족이 모든 국가의 재산을 개인의 재산으로 치부하였고, 독단적으로 좌지우지했다. 군정 관원들은 위로부터 아래까지 국가 재물을 개인 재물로 전환시켰고, 공공연히 뇌물을 받고 탐오를 저질렀다. 이러한 심각한 정치적 부패는 당연히 경제의 건전한 발전을 추진할 수 없게 한다.

넷째, 극단적으로 심각한 경제 곤란, 특히 악성의 통화팽창은 국민당 통치구역의 경제를 파멸로 내몰고 말았다. 이러한 상황에서 국민당 통치구역의 인민들은 도탄 속에서 생활하지 않으면 안 되었다. 거액의 내외 부채와 책임지지 않는 재정 적자 정책은 남경정부의 재정을 위기에서 나락으로 떨어지게 했으며, 높은 줄 모르게 뛰어오르는 가렴잡세는 정부의 경제적 곤란을 그대로 백성들에게 전가시키는 상황으로 변해갔다. 이로써 공업과 상업이 휴업을 하지 않으면 안 되게 되자 민중들의 분노는 한없이 들끓게 되었다.

지폐의 남발은 통화팽창을 더욱 가중시켰다. 1947년 남경정부의 국산품 도매가격은 1937년에 비하여 10.4만 배나 올랐으며, 소매가격은 10.05만 배나 올랐다. 지폐의 가치가 끝없이 추락하자, 남경정부는 1946년 2월 미국 달러에 대한 법폐의 환율을 1:20 위앤에서 1; 2020 위앤으로 정했고, 1947년 2월에는 다시 12,658 위앤으로 환율이 하락했으며, 1948년 2월에는 213,250 위앤으로 추락했다. 이해 8월에는 11,088,000 위앤까지 내려갔다.125)

다섯째, 남경정부는 무너져가는 정권을 유지하기 위하여 국민들의 자유를 엄격히 제한했으며, 자유 민주 인사들에게 박해를 가하는 등 독재정치를 강화했다. 이런 역행적인 독재정치는 국민당 통치구역에 있는 각 계층 인사들의 불만을 야기 시켰으며, 결국 남경 국민당 정권은 이들로부터 버림을 받게 되었다.

이밖에도 국가자본주의 공업화의 길은 심각한 기형적인 2원적 경제구조라는 진흙탕에 빠지게 되어 발을 뺄 수가 없게 되었으며, 재도약 할 수 있는 기반을 잃게 되었다. 이는 국가자본주의 공업화가 필연코 파산될 수밖에 없는 원인이 되고 말았다.

---

125) 吳剛,『旧中國通貨膨脹史料』, 上海人民出版社, 1958年版, 第145～146頁.

근대중국의 경제발전 과정을 살펴보면, 우리는 전통경제와 현대경제의 병존이라는 중국 근대의 2원적 경제구조가 경제 발전에 합리적이지 못한 매우 낙후한 경제구조라라는 사실을 알 수 있을 것이다. 근대공업은 국민정부가 비록 양성시키려고 노력을 했지만, 너무 무력하여 근본적으로 전통농업을 개조할 수 있는 튼튼한 경제적 능력을 보장해 주지는 못했다. 전통농업은 외국자본의 제국주의 경제압박과 약탈, 그리고 중국 공업화의 목표를 실현하고 경제발전을 도모해야 하는 2중적 압력 하에서, 경제발전을 촉진하고 공헌할 수 있는 경제적 능력을 모두 상실하고 말았다. 이것이 근대중국의 기형적인 2원경제구조의 특징이었다. 세계 공업화의 진행과정을 살펴보면, 다음과 같은 사실을 발견하게 된다. 즉 일반적인 공업화의 진행과정에서, 한 나라의 공업화는 그 국가의 농업이 일정한 정도로 발전하여 공업을 위해 대량의 농업 잉여물과 기타 경제적 요소를 제공해 줄 수 있을 때라야 가능한 것이며, 지속적인 발전을 가져올 수 있다는 것을 알 수 있을 것이다. 그러나 이와 반대일 경우에 있어서 공업화의 진행은 좌절을 맛보든가, 혹은 지속적인 발전을 가져올 수 없게 된다. 중국근대 국가자본주의의 공업화는 도시와 농촌이 분리되고 노동자와 농민이 분리되어, 농업이 엄청나게 낙후된 상황 하에서 진행된 것이기 때문에 그 발전은 반드시 쉽게 이루어 질 수 없었던 것이다.

중국의 근대농업과 농촌경제가 낙후한 원인은 전통농업의 지주의 토지 점유관계와 경영방식 때문이었다. 농업과 농촌경제에 있어서 낙후하고 빈곤한 문제를 해결하기 위해서는 우선 지주의 토지소유제를 폐지하고 경영방식을 개선해야 했다. 이 외의 다른 방도는 없었다. 손중산은 국가자본주의의 공업화 이론을 구상하는 과정에서 농민의 토지문제와 경제적 이익에 대해 커다란 관심을 보여 주었다. 그는 “농민은 중국인민들 중에서 대다수를 차지한다. 만일 농민이 혁명에 참가하지 않는다면 우리의 혁명은 기초가 없게 된다”고 명백하게 제시했다.126) 농민문제의 근본적인 해결책은 ‘경자유기전(耕者有其田－농사를 짓는 사람에게 땅이 있어야 한다-역자 주)’에 있으므로, ‘지권평균(地權平均)’이라는 주장을 통해 근대농업의 낙후한 국면을 해결하려고 했었다.

국민정부는 구두 상으로는 손중산의 지권평균 사상을 계승한다고는 했지만, 실제 행동에서는 농촌 중의 지주토지소유제와 경영방식을 근본적으로 건드리지도 않았다. 국민정부는 각종 방식을 취하여 농촌경제를 약탈하고 가난한 농민만을 확대시켰다. 전통농업이 낙후된 상황은 국가자본주의 공업화 과정에 개선과 발전을 가져오기는커녕 오히려 더 심각한 위기로 몰아갔다. 국민정부 통치기간 동안 농촌경제를 진작시키는 것은 정부 내외 및 조야 상하간에 있어서 중요한 의제가 된 적도 있었다. 행정원은 1933년에 농촌진흥위원회를 설립하여 농업경제를 구제하고 만회케 하는 책임을 담당토록 했다. 국민정부는 또한 일련의 농촌경제와 농업생산에 관한 정책과 법령을 제정하고 반포하기도 했다. 그리고 일부 농업생산의 개량을 추진하기 위한 금융기구, 합작조직과 과학연구기구를 건립하기도 했다. 그러나 근본적인 문제를 개조하려고 하지 않던 이와 같은 일련의 조치는 이미 낙후될대로 낙후한 농업상

126) 『孫中山選集』下卷, 第865頁.

황을 진정으로 변화시킬 수는 없었다. 1949년 전국에서 사용 가능한 농업용 트랙터는 겨우 401대가 있을 뿐이었고, 콤바인은 13대밖에 없었으며, 농업용 화물차는 28대밖에 없었다.[127] 붕괴 일보 직전에 처해 있던 농촌 경제적 입장에 있어서 국민정부의 농촌과 농업에 대한 정책은 그저 일회성 미봉책에 불과했지 큰 효과를 볼 수 없다는 것은 너무나 당연한 일이었다.

이렇게 극도로 낙후돼 버린 전통농업은 마침내 국가자본주의 공업화를 이룩하려는 노정에서 깊은 함정이 되고 말았던 것이다.

2) 희망찬 전경(前景) : 신민주주의 경제의 장대함

그렇다면 중국은 어디로 가야했던 것인가? 중국의 전도와 운명을 어떻게 결정지을 것인가? 이들 문제는 중국의 각종 정치계파와 정치역량이 모두 깊히 관심을 두어야 했던 문제이면서, 또한 중국공산당이 줄곧 이 문제 해결을 위해 탐색해 왔던 문제였다. 이 문제에 대해 제대로 답을 하는가, 못하는가 하는 문제는, 한 정당과 정치계파의 전도와 운명에 직접적으로 관계되는 문제였다. 이러한 상황에서 역사는 중국공산당이 제정한 신민주주의 강령과 노선만이 중국인민들의 지지와 호응을 받을 수 있었음을 증명해 주었다.

중국공산당은 1920년대 초부터 이미 구국의 길을 탐색하기 시작했다. 30, 40년대에 형성된 신민주주의 이론은 모택동 등 제1세 공

127)『偉大的十年』, 人民出版社, 1959年版, 第119頁.

중경 담판시기의 모택동과 장개석

산당원들이 탐색했던 구국을 위한 이론적인 결정체였다.

항일전쟁시기 모택동은 당원들에 대해 항일전쟁을 중국 신민주주의 혁명의 한 단계로 인정하고 진행해야 한다고 지적했다. 항일전쟁을 진행하는 것은 일본제국주의 침략자를 구축하는 중요한 일면도 있지만, 신 중국을 건설하는 조건을 창조하는 일면도 있다고 설파했던 것이다. 그는 「중국혁명과 중국공산당」, 「신민주주의론」 등 저술을 통해 계통적이며 명석하게 중국혁명의 역사 변혁과 신민주주의 사회제도의 설계도를 설명했다. 그는 중국혁명은 두 다리로 걷는 방식을 취해야 한다고 제시했는데, 하나는 독립적인 민주주의 사회를 먼저 건립해야 하며, 이에 기초하여 사회주의 사회를 건립해야 한다는 견해였다. 즉 "민주주의 혁명은 사회주의 혁명의 필요한 준비이며, 사회주의 혁명은 민주주의 혁명의 필연적인 추세이다", "소위 신민주주의 혁명이란 무산계급 영도 하에서 일어나야 하는 인민대중의 반제반봉건 혁명이다."128)라고 그 성격을 밝혔다. 이것은 신민주주의 혁명시기 중국 공산당의 총 노선이었다. 그는 또 신민주주의의 기본 강령은, 정치적으로는 '무산계급이 영도하는 모든 반제, 반봉건 인사들이 연합하여 독재를 실행하는 민주공화국을 건설하는 것으로, 이것이 바로 신민주주의 공화국이다"라고 주장했다. 경제적으로는 '대은행, 대공업, 대상업을 모두 이 공화국의 국가소유에 귀속시킨다", "이 공화국은 기타 자본주의 사유재산을 몰수하지는 않는다", "이 공화국은 앞으로 필요한 조치를 취하여 지주의 토지를 몰수하여 토지가 없던가, 토지가 적은 농민들에게 분배해 줄 것이다"라고 규정했다.

문화적으로는 제국주의, 봉건주의 문화사상의 영역에서 해방되어, 인민대중의 반제 반봉건 문화를 실행해야 한다고 말했다. 즉 "민족적이며, 과학적이며, 대중적인 문화"129)를 실행해야 한다는 것이었다. 신민주주의에 관한 모택동의 주장은 중국혁명의 미래에 대한 전체 당원과 인민대중들의 믿음을 북돋아 주었다.

해방전쟁시기 모택동은 신민주주의 이론을 계속적으로 풍부하게 발전시켰다. 1947년 12월 중공 중앙회의에서 모택동은 「목전 형세와 우리의 임무」라는 제목으로 연설했다. 모택동은 이 연설에서 신민주주의 혁명의 3대 경제강령을 제시했다. 즉 "봉건계급의

128) 『毛澤東選集』 第2卷, 人民出版社, 1991年 第二版, 第651, 647頁.
129) 『毛澤東選集』 第2卷, 人民出版社, 1991年 第二版, 第675, 678, 698頁.

토지를 몰수하여 농민들이 소유하게 하고, 장개석, 송자문, 공상희, 진립부를 우두머리로 하는 독점자본을 몰수하여 신민주주의 국가소유로 하고 민족의 공상업을 보호한다". 동시에 "신중국의 경제구조는 ①국영경제, 즉 이것은 영도적 지위이다. ②개체에서 점차 집체적 방향으로 발전하는 농업경제, ③독립적인 소형 공상업자의 경제와 중소 민영자본 경제"로 구성된다고 설명했다. 이 모든 것을 합친 것이 신민주주의의 국민경제였다. 신민주주의 국민경제의 지도방침은 생산을 발전시키고 경제를 번영시키며, 공사를 겸하고, 노사 양자가 모두 이익을 취득할 수 있게 하는 것이 목표였던 것이다."[130] 이로써 해방전쟁시기 공산당의 경제사업의 기본 방침이 확정되었던 것이다.

해방 전야에 열린 중공 제7차 2중 전회에서 모택동은 당의 중심사업을 농촌에서 도시로 이전하고, 도시사업은 생산건설을 중심으로 하며, 신민주주의 각종 경제 성분의 상황과 공산당이 반드시 취해야 할 정확한 정책을 분석하여 중국은 농업국에서 공업국으로 전환해야 한다면서 신민주주의사회는 사회주의사회로 발전해야 한다고 제시했다. 이를 보더라도 신민주주의 이론은 계속적으로 발전하는 과정이며, 이 또한 중국공산당이 부단히 실천하고 탐색하며 궁극적인 승리를 얻어야 할 과정이었다.

특히 강조하고 싶은 것은, 철저하게 토지개혁을 진행하는 것이 중국공산당의 신민주주의 이론의 핵심내용이며, 중국공산당이 국민당에게 승리할 수 있는 근본 원인이었다는 점이다. 모택동은

130) 『毛澤東選集』第4卷, 人民出版社, 1991年 第二版, 第1253, 1255～1256頁.

1947년에 당은 "토지제도의 철저한 개혁만이 현 단계에 있어서 중국혁명의 기본임무라는 것을 잘 알아야 한다. 만일 우리가 철저하게 토지문제를 해결한다면 우리는 모든 적으로부터 승리할 수 있는 가장 기본적인 여건을 획득하는 것이다"131)라고 지적했다.

농민문제는 중국혁명의 가장 중요한 문제였다. 이런 농민문제를 해결하는 관건은 토지개혁을 철저하게 실행하는 것이었다. 중국 근대사회 경제의 발전 과정에서 먼저 봉착하는 문제가 농업에 있어서 낙후된 토지제도와 속박이라는 문제였다. 낙후된 토지점유제도를 폐지하지 않으면 중국 근대사회의 경제는 발전할 수 없었던 것이다. 1947년 10월 중공 중앙이 「중국 토지법 대강을 공포하는 것에 대한 결의」에서는 다음과 같이 지적하고 있다.

> "중국의 토지제도는 매우 불합리 하다. 일반적인 상황을 보더라도 농촌인구의 10%도 안 되는 지주 부농이 70~80%나 되는 토지를 점유하고 있으며, 농민을 잔혹하게 착취하고 있음을 알 수 있다. 농촌인구의 90% 이상을 차지하는 고용농, 빈농, 중농과 기타 인민들은 겨우 20~30%의 토지를 점유하고 있을 뿐이다. 이들은 일 년 내내 고역을 하며 일에 종사하지만 배불리 먹지 못하고 따뜻한 잠을 자지 못하고 있으니 이처럼 심각한 상황은 중국 민족이 침략을 당하고, 압박을 당하고, 빈곤하고, 낙후하게 된 근원이었으며, 중국의 민주화, 공업화, 독립, 통일, 부강 등의 목표를 달성하는데 있어서 근본적인 장애요소였다".

---

131) 『毛澤東選集』 第4卷, 人民出版社, 1991年 第二版, 第1252頁

즉 토지문제는 결국 농민문제이며, 농민과 농촌경제 문제는 이미 경제문제에만 그치는 것이 아니라, 사회정치 문제로까지 이어지고 있었던 것이다.

중국공산당의 혁명활동은 농민혁명으로부터 시작했다. 제1차 국내 혁명전쟁시기에 중국공산당은 전국에서 농민운동을 일으키고 영도했다. 토지혁명시기 토지문제를 해결하는 공산당의 인식이 계속적으로 심화되어 갔다. 각 농촌근거지는 모두 토지개혁을 진행했다. 이 시기를 전후하여 「정강산토지법(1928년 10월)」, 「소비에트토지법(1930년 9월)」, 「중화소비에트공화국토지법(1931년 11월)」 등 법적 규정과 토지문제에 관련된 일련의 정책 법령이 반포되었다.

토지혁명시기 중국공산당이 영도한 토지개혁은 먼저 강서의 중앙혁명근거지와 기타 근거지에서 대규모로 진행되었다. 1927년 「87회의」 때, 토지혁명문제는 이미 중국 민주혁명의 중심문제라는 의견이 확립되었다. 정강산(井江山)혁명근거지를 건립한 후 토지혁명을 곧바로 진행했다. 토지혁명은 농민과 혁명근거지 경제생활에 심각한 변화를 가져다주었다. 주덕(朱德)은 후에 자기의 회고록에서 1929년 말 복건 서부의 상황을 언급하면서 다음과 같이 말했다. "그 해의 농사는 정말 잘 되었다", "지주를 모두 쫓아낸 후 토지를 분배했다. 농민들의 식량은 충분했으며, 잉여량을 군대에 팔았다."[132] 또 1930년 복건 서부에 대해서는, 아래와 같이 말했다.

---

132) 史沫特萊, 『偉大的道路』, 湖南人民出版社, 1979年版, 第308頁.

"농촌에서의 봉건 착취는 없어졌다. 농민들은 토지를 분배 받아 식량을 갖게 되었다. 그리하여 ①다시는 짐을 나르며 생계를 유지하지 않아도 됨으로 전력을 기울여 토지를 경영했다. ②화적, 도적, 걸인, 아편과 도박이 없어졌다. 말 그대로 밤에 문을 잠그지 않고 잘 수 있었고, 들에는 유랑민도 없어졌다… ③수리건설이 활발해 졌다. ④노동력이 충분하여 토지를 개량할 수 있었다. ⑤비료는 인력으로 제조했고, 자본에 의한 구입으로 인해 증가되었다. 그 결과 그 해의 곡식은 아주 풍성해졌다. 그 지난해에 비해 약 20%나 증산되었던 것이다. 이는 토지생산자가 봉건적인 속박에서 해방되어 대 발전을 가져왔다는 것을 증명하는 것이다."133)

또 등자회(鄧子恢)는 당시 복건 서부에서의 생활을 회고하면서, 다음과 같이 기록했다.

"농민들은 토지를 분배받고 세금을 내지 않았으며, 빚을 갚지 않아도 됐고, 토지세는 아주 낮은 수준으로 징수했다. 집집마다 자신의 토지에서 적극적으로 노동했고 알뜰히 경작했으며, 비료를 증가시키고 수리 건설을 추진했다. 이 해의 여름 벼는 풍년을 맞이했으며, 농민들의 수입은 증가되었고, 생활이 개선되자 농촌은 기쁨에 넘쳐흘렀으며, 시장에서의 교역도 나날이 번성했다. 사람들은 생활이 개선됨에 따라 도적이나 화적무리가 없어지자 밤에 문을 닫지 않고 잘 수 있었으며, 길에서도 흘린 물건을 줍지

---

133) 『中共閩西第二次代表大會土地問題決議案』, 1930年 7月 30日.

않는 풍속이 형성되기도 했다. 이것은 토지혁명의 위대한 성과였다."134)

적극적으로 토지혁명을 진행했던 다른 혁명근거지에도 복건 서부지역과 같은 그런 정경들이 나타났다. 즉 "사발 한 쪽과 같은 땅이라도 얻어지면 그것을 분배하느라 바빴다"는 열렬한 정경이 나타나기도 했다. 이를테면, 강서 서남의 30여 개 현에서 토지를 분배하자 농민들은 "경제적으로 해방되었다. 과거 지주가 좌지우지 했던 시대에는 농민들이 각종 가렴잡세를 내야 했고, 더구나 소작료와 고리대에 발목을 잡혀 땅을 치며 한탄하기만 했으나, 이제 소비에트 정권이 건립되면서 소작료를 내지 않고 지난날의 빚을 갚지 않아도 됐고, 토지세를 내지 않았으며, 노동자들은 임금이 증가했고, 농민들은 토지를 분배받을 수 있었다. 이는 마치 족쇄를 풀어놓은 것과 같아 얼굴에는 희색이 감돌았다." 미곡을 "소비에트 구역에서는 2원으로 1석을 살 수 있는데 국민당 통치구에서는 20원을 주어야 1석을 살 수 있다. 이처럼 미 혁명지역과 비교할 때 그 차이가 너무도 컸다"고 당시의 기록들은 전하고 있다.135)

항일전쟁이 폭발하자 중국공산당은 항일의 기치 아래서 단결할 수 있는 전 중국의 일체 역량을 단결시켜 가장 넓은 항일통일전선을 건립하여 일본 침략자들 격파했고, 그러자마자 때를 맞춰 토지

134) 鄧子恢, 『龍岩人民革命斗爭回憶录』, 福建人民出版社, 1961年版 ; 『中央革命根据地財政經濟時長編』 上册, 人民出版社, 1980年版, 第378頁.
135) 『閩西南特委劉士給中央的综合報告』, 1930年 10月 7日 ; 『中央革命根据地財政經濟時長編』 上册, 人民出版社, 1980年版, 第376頁.

혁명시기에 진행됐던 토지개혁을 조정했다. 1937년 8월 낙천회의(洛川會議)에서 중공은 감조감식(減租減息)을 항전시기 농민의 토지문제를 해결하는 기본정책으로 결정했다. 모택동은 이를 언급할 때 "먼저 해결해야 할 문제는 중국의 토지가 일본인의 수중에 들어가는가, 아니면 중국인 수중에 들어가는가 하는 것이다. 즉 중국을 보위한다는 대전제 하에서 농민의 토지문제를 해결해야만 하는 것이다. 그렇다면 폭력으로 몰수하는 방법을 새로운 적당한 방법으로 변화시키는 것은 반드시 필요하다"라고 설명했다. 동시에 "「농사를 짓는 자에게 땅이 있어야 한다」는 방침을 실행하는 토지혁명은 손중산 선생이 제시한 정책이다. 우리가 지금 이 정책에 대해 실행하는 것을 멈추는 것은 더 많은 사람을 단합시켜 일본제국주의에 저항하기 위한 것이다. 이것은 결코 중국에서 토지문제를 해결하지 않겠다는 것이 아니다."[136]라고 해석했다. 1939년 겨울에서 1940년 봄까지 행했던 감조감식운동은 각 적후 항일민주근거지에서 계속해서 전개되었다. 중공중앙은 1942년 1월「항일근거지의 토지혁명 정책에 관한 결정」을 반포하고 이를 항일전쟁시기 감조감식 운동의 강령과 같은 성격의 문건으로 정했다.

감조감식 정책을 관철시킨 후, 농민들이 획득한 물질적 이익은 대단했다. 해마나 납부하는 토지세가 4/1이나 감소되었으며, 이자도 1할이 감소되었다. 그리고 오랫동안 갚지 못했던 소작료와 빚을 갚지 않아도 되었다. 이러한 조치는 당시 농민생활을 개선하였고, 근거지의 경제발전을 추진하는 데에 적극적인 역할을 발휘토

136)『毛澤東選集』第二卷, 人民出版社, 1991年版 第2版, 第368頁.

록 했으며, 장기적으로 치러지고 있는 항전을 지원할 수 있었다.

항일전생 승리 후 국공 양당은 중국의 전도와 운명문제에 관해 의견이 첨예하게 대립되게 되었다. 중국이 이미 국가독점자본주의로 변화된 길을 계속적으로 걸어가야 하는가, 아니면 이를 개정하여 중국인민 특히 농민의 뜻에 따라 신민주주의 경제발전의 길로 가겠는가 하는 문제였다. 이는 국공 양당이 피할 수 없는 문제가 되었다. 당시 이와 같은 역사 배경과 형세 하에서 중국공산당의 기본적 임무는 아래와 같았다. 인민대중의 혁명전쟁을 영도하여 국민당 통치를 철저하게 전복시키고, 전 중국을 해방하여 무산계급이 영도하고, 노농연맹을 기초로 하는 인민민주국가를 건립하는 것이었다. 1945년 겨울부터 1946년 봄까지 많은 신 해방구에서는 대규모로 감조감식 운동이 전개되었다. 농민들은 여러 과정을 통해 지주의 손으로부터 대량의 토지를 획득했다. 1946년 5월 4일 중공중앙은 「감조와 토지문제를 청산하는데 관한 지시(즉 「54지시」)를 명했다. 중공은 농민들을 영도하여 각종 방식으로 지주의 수중에서 대량의 토지를 탈취하는 일에 찬성하고 이를 비준한다고 표명했으며 '농사 짓는 자에게 토지가 있어야 한다' 는 정신을 실현한다는 것을 표명했다. 「54지시」는 중공의 토지정책의 중대한 전환을 의미했다. 즉 항전시기의 감조감식정책에서 지주의 토지를 몰수하여 농민들에게 분배해 주는 정책으로 변화했던 것이다. 다시 말해서 낙후한 토지제도와 착취제도에 대한 정책을 약화시키는 정책에서 이를 아주 없애버리는 소멸정책으로 전환해 버린 것이다. 1947년 10월 중공중앙은 「중국토지법대강」을 반포하고 실시했다. 이 대강은 비교적 완벽하고 철저한 토지개혁 강령이었다. 이

대강은 모든 지주의 토지와 공공 토지를 몰수하고, 부농의 여유 있는 토지를 징수하여 토지가 없던가, 작은 농민들에게 분배하여 소유토록 하며, 토지개혁의 권력을 농민대회, 빈농단 대회와 그 위원회에 귀속시키며, 90% 이상의 농촌인구를 단합시켜 반봉건 착취제도의 통일전선을 결성한다고 규정했던 것이다. 이 대강은 비록 적지 않은 부족함과 결함이 있었지만, 그러나 중국공산당이 앞장서서 외친 호소력이 아주 강한 하나의 기치였다.

토지개혁을 진행하는데 관한 중국공산당의 중대한 결책은 각 해방구의 토지개혁운동을 대규모로 전개하도록 촉진시켰다. 신중국이 건립되기 전에 전국의 인구 4.75억 명 가운데 이미 1.6억 명의 인구가 있는 지역에서 「농사 짓는 자에게 토지가 있어야 한」는 기치를 실행했다. 이 지역에서는 몇 천 년이나 되는 토지제도와 착취제도를 뒤엎고 지주계급이 타도되었으며, 빈궁 농민들이 토지를 분여 받아 정치적으로 변신하게 되었다. 이 시기의 토지혁명은 이후 중국의 정치경제 국면에 큰 영향을 주었다고 하는 것은 결코 과언이 아니었다. 미국인 한딘은 "1947년 중공이 새로 발표한 「토지법대강」이 1947년부터 1950년까지 중국 내전에 미친 영향은 마치 링컨이 선언한 「흑인노예해방선언」이 1861년부터 1865년까지 미국 남북전쟁에서 발휘한 역할과 같았다"[137]고 설파했다.

토지개혁은 중국농촌의 토지점유관계에 근본적인 변화를 가져왔다. 전국에서 토지개혁을 치룬 지구의 토지점유 상황을 살펴보면, 빈농과 고용농이 토지개혁을 통해 대량의 토지를 획득했을 뿐

---

137) (美)韓丁, 『翻身-中國一个村庄的革命記事』, 中譯本, 第7頁.

해방전쟁시기 가두 시위하는 학생들

만 아니라, 중농도 일반적으로 이익을 얻고 있었다. 약 30%의 중농이 토지를 분여 받았으며, 50%이상의 중농은 지주의 재산을 분배받았다. 섬감녕변구(陝甘寧邊區)의 농동분구(隴東分區) 25개 향에 대한 조사에 의하면, 토지개혁 전 지주와 옛 부농은 1인당 토지를 26.6 향(垧, 지방마다 크기가 다르나 서북지방의 경우 1향이 3-5묘였음-역자 주)을 점유했으며, 신 부농은 13.5향, 중농은 8.1향, 빈농은 5.8향, 고용농은 2.5향을 점유했다. 토지개혁 후 지주와 구부농은 매 1인당 평균 7.23향, 신 부농은 8.2향, 중농은 7.25향, 빈농은 7.6향, 고용농은 9.77향을 점유했다. 산동 제성현(諸城縣) 안가철구촌(安價鐵溝村)에서는 토지개혁 후의 농촌 각 계층이 점유한 토지는 평균 수치에 가까웠다. 원래의 부농은 토지 3.23묘(畝)를 점유했고 중농은 3.31묘, 빈농은 3.03묘를 점유했다.[138] 토지개혁을 통해 십분 첨예해 있던 토지문제가 근본적으로 해결되었던 것이다.

모택동은 인민해방전쟁은 주로 토지개혁을 완성한 해방구의 1억 6천만 인민들에 의해 승리할 수 있었다고 말했다. 토지개혁의 역할이 얼마나 컸었는가를 가늠하게 하는 말이었다. 그 원인은, 첫째, 중국공산당과 인민해방군의 실력을 공고히 했고, 강화했다. 토지를 분여 받은 농민들은 진심으로 공산당을 옹호했고, 토지를 지키기 위하여 용감하게 군에 들어와 싸웠다. 동시에 대량의 양식과 피복 등의 물자를 수집하여 전선을 지원했다, 3년간 진기노예(晋冀魯豫)해방구에서는 59만 명의 청년이 참군했으며, 700만 명의 청장년이 민공(民工)으로 나서 군대를 따라 함께 전쟁에 참가했다. 둘째, 토지개혁은 각 해방구의 농업생산 발전과 농민생활의 개선을 촉진했다. 토지를 분여 받은 농민들의 생산에 대한 적극성은 전에 없이 높았으며, 양식 생산량은 현저하게 증가되었다. 예를 들면, 토지개혁 후 흑룡강성은 1향당 평균 생산량이 1947년의 1,500근에서 1948년에는 1,800근, 1949년에는 가뭄이 들었지만 여전히 2,000근에 달했다.[139] 셋째 인민대중은 중국의 미래에 대한 전도와 운명에 관한 국공 양당의 결전에서 공산당을 지지했다. 토지개혁에 대한 서로 다른 입장이 양당의 흥망성쇠를 결정했다고

---

138) 『中華人民共和國農業稅收史稿』, 第64, 65頁.

139) 田流, 『土改三年后的北滿農村』, 載『土地改革參考資料選輯』.

말해도 과언이 아니었던 것이다. 한 미국기자는 토지개혁에 대해 "국민당이 무엇보다 무서워했던 것이다. 국민당은 토지개혁은 공산당의 유일한 '비밀무기'라는 것을 알고 있었다. 이는 그 어떤 신식무기보다 더 효과적으로 장개석 정권에 치명적인 타격을 주었다."140)고 평가했다.

토지개혁은 토지를 지주의 수중에서 농민들의 수중으로 이전시키는 간단한 변혁이 아니라, 토지개혁은 하나의 엄청난 경제 변혁이었다. 이는 아주 치열한 정치혁명이었다. 토지개혁은 전통사회의 경제구조가 의존하고 있던 토지소유제를 폐지케 했으며, 봉건착취제도를 궤멸시켰고, 중국 사회경제, 특히 농촌경제의 장기적인 빈곤, 낙후의 근원을 뿌리채 뽑아냈던 것이다. 이는 실제적으로 말해서 신중국의 사회주의 공업화를 위하여 필요한 전제조건을 창조해 놓았던 것이다.

3) 두 가지 전도와 운명 : 대결과 선택

국공 양당의 대결은 결코 간단한 과거에 맺힌 원한에 의한 대결이 아니었다. 국공 양당의 대결은 중국 미래의 전도와 운명에 관한 대결이었다. 모택동은 1945년 항전에서 승리한 초기에 국공 양당 대결의 실질적 성격을 언급한 바 있다. 즉 "무산계급이 영도하는 인민대중의 신민주주의 국가를 건립할 것이냐, 아니면 대지주

---

140) 百蒂格蘭恩,『中共的土地改革』, 載『群衆』第14卷, 第9期.

대 자산계급 독재를 실시하는 반식민지 반봉건 국가를 건립하느냐 하는 문제였다"는 관점이었다.[141]

역사는 일시적으로는 장개석과 국민당정부에 그들의 정치적 이상과 강령을 실현시킬 수 있는 기회와 무대를 제공하여 주기도 했다. 그러나 장개석과 국민정부는 중국인민들에게 만족할만한 비전을 보여주지 못했다.

후발 국가는 어떤 공업화 건설을 행하던 간에 강건한 정치 영도집단이 없으면 안 되는 일이다. 이는 현대경제가 전통경제와 다른 중요한 차이점이다. 전통경제는 경제의 자발적인 발전과정이지만 현대경제는 그 자체가 사람들이 자각적으로 탐구하고 지도하는 사회의 변혁이다. 후발 국가일수록 사람들이 참여하는 정도와 발휘하는 역할은 더욱 크게 마련이다. 동시에 후발 국가는 현대사회의 정치와 경제가 발전하고 커가는 기초를 구비하지 못했기 때문에, 강건한 정치 영도집단이 현대정치와 경제를 발전시키고 양성케 하는데 더욱 필요한 것이다. 따라서 규칙적인 발전 질서가 무너졌을 때, 현대화 된 영도집단이 위로부터 아래로 낡은 질서를 철저하게 소멸시켜야 하는 것이다. 그러나 이러한 분쇄가 신질서의 건립을 파괴해서는 안 될 것이다. 이는 설계자, 통제자, 집행자를 한 몸에 집약한 집단이어야 했다. 이러한 정치집단은 한편으로는 각종 역량을 운용하여 공업화와 경제발전을 추진하며, 다른 한편으로는 자신의 권력을 억제하여 새로운 질서에서 자신의 이미지를 확립해야 한다. 이에 대해 헌팅턴(亨廷頓)은 다음과 같이 지적하고 있다.

---

141) 『毛澤東選集』第4卷, 第1130頁.

즉

> “현대화를 늦게 시작한 국가도 역시 현대화를 일찍 시작한 국가가 상당히 긴 역사기간 동안에 봉착했던 각종 문제에 봉착하게 된다. 이것은 매우 어려운 문제이다. 그러나 동시에 많은 문제에 봉착한다는 것은 또한 도전이기도 하다. 말하자면 이것은 도약할 수 있는 한 차례의 기회라고 볼 수 있다. 이런 국가의 엘리트들은 자기가 우선 무엇을 해야 하는가 하는 문제를 잘 선택해야 한다. 그러기 위해서는 먼저 현대화를 시작한 국가가 역사의 지휘봉을 들어야 하는데, 만기에 접어든 현대화 된 국가에서는 의식적으로 이를 선택할 수밖에 없다”142)

고 했다. 그렇기 때문에, 후발 국가는 유력하고 공정하며, 철저히 공중의 이익을 위해 봉사할 수 있는 정치 영도집단이 필요한데, 만일 없다면 현대의 사회, 정치, 경제 등 새 질서와 새 구조 건립에 불리할 수밖에 없는 것이다.

그렇다면 국민당과 장개석은 중국의 공업화와 현대화라는 역사적 소명을 담당할 수 있었으며, 이를 촉진시킬 수 있었겠는가? 이에 대한 대답은 매우 부정적이다.

국민당은 손중산이 세운 정당이다. 국민당은 손중산의 영도 아래 중국 인민들을 위하여 거대한 공헌을 했다. 국민당은 손중산

---

142) 사무엘. P. 헌팅턴, 『變化社會中的經濟秩序』, 三聯書店, 1989年版, 第368頁에서 인용.

장개석의 모습(蔣介石像)

시대에 중국 인민들의 옹호와 지지를 받았다. 그러나 손중산이 세상을 떠난 후, 이 당은 많이 변화하였다. 민주를 숭상하고, 자유를 숭상하던 혁명당으로부터 극권정치를 숭상하고 보수주의를 숭상하는 당으로 변화되었던 것이다. 건강하게 단합되었던 당이 연약하고 분열된 당으로 전락하고 말았던 것이다. 중국의 현대화를 추구하던 당으로부터 군사역량으로 당을 좌지우지 하려는 정치국면을 초래하는 당으로 변화되었던 것이다.

장개석은 극단적으로 군사역량을 맹신했던 사람이었다. 그는 손중산과 같은 민주사상적 수양이 부족했고, 명확한 민주공화국에 대한 이상도 부족했다. 1986년 홍콩의 『중보(中報)』에 게재한 기사에서 지적하고 있는 것처럼 그는 "비록 한 국가의 원수였지만, 관념, 사상, 작풍이 시대의 변화에 따라 변하지 못했다. 시대는 부단히 개명하고 이성적이며 민주적인 방향으로 발전하였는데, 그는 여전히 20세기 보수적인 '강인정치'의 본보기였다. '강인정치'는 사실 제왕사상의 연속이며, 국가를 사유재산으로 간주하고 개인의 이익과 국가의 이익을 일체로 만들려는 것이다."[143] 손중산은 혁명 초기인 1906년에 혁명가들에게 황제사상을 방지할 것을 제시했다. 그는 "혁명하는 사람에게 일부라도 황제사상이 존재한다면 결국은 망하게 될 것이다"[144]라고 지적했다. 그러나 장개석은 손중산의 이러한 가르침을 귓전으로 흘려버림으로 해서 결국은 망국이란 결과를 면치 못했던 것이다.

그리하여 중국 현대화에 대한 전도는 결국 어떤 관건적인 시각을 가져야 하는지 결정하기에 이르렀고, 전 중국인민들의 선택을 요청받게 되었던 것이다.

그러다가 중국인민은 국민당과 장개석 및 그들의 국가자본주의 현대화의 길을 포기하는 쪽을 선택했다. 이는 낡은 질서에 의지해서는 독재와 빈곤을 제거할 수 없으며, 중국인민들에게 실질적인 혜택을 가져다주지 못한다고 판단했기 때문이었다.

중국인민들은 공산당과 모택동 및 그들의 신민주주의 경제발전의 길을 선택했다. 이 길이야말로 독립, 자주, 민주와 부강한 새 사회를 앞당겨 실현할 수 있으며, 중국인민들에게 광명의 미래를 가져다 줄 수 있다고 믿었기 때문이었다.

---

143) 『參考消息』, 1986年 11月 5日.
144) 『孫中山全集』 第1卷, 第326頁.

모택동은 하북성의 서백파(西柏坡)로부터 북경에 들어설 때, 전국의 해방을 앞에 둔 시점에서 의미심장한 말을 했다. "공산당이 상경하여 '과거(科擧)를 보는 것이다" 라고 했다. 그렇다. 이 과거 시험지야말로 역사가 당대 중국인들에게 남겨준 시험지였다. 또한 중국인민이 공산당과 공산당원들에게 주는 시험지이기도 했다. 따라서 중국인민들은 완벽한 답장을 기대할 이유가 있는 것이다.

中國經濟史

발행일_ 2010년 9월 1일
저　자_ 허야오민(賀耀敏)
역　자_ 김승일(金勝一)
발행인_ 김미영(金美英)

발 행 처_ 집옥재(集玉齋)
등록번호_ 104-06-30074
우편번호 100-846 서울시 중구 을지로3가 320-12 인화빌딩 201호
전화 02)2279-3372, 팩스 02)2279-3340

값 15,000원
ISBN 978-89-964478-2-5